Leistung und Leichtigkeit

Lizenz zum Wissen.

Sichern Sie sich umfassendes Wirtschaftswissen mit Sofortzugriff auf tausende Fachbücher und Fachzeitschriften aus den Bereichen: Management, Finance & Controlling, Business IT, Marketing, Public Relations, Vertrieb und Banking.

Exklusiv für Leser von Springer-Fachbüchern: Testen Sie Springer für Professionals 30 Tage unverbindlich. Nutzen Sie dazu im Bestellverlauf Ihren persönlichen Aktionscode C0005407 auf *www.springerprofessional.de/buchkunden/*

Jetzt 30 Tage testen!

Springer für Professionals.
Digitale Fachbibliothek. Themen-Scout. Knowledge-Manager.

- Zugriff auf tausende von Fachbüchern und Fachzeitschriften
- Selektion, Komprimierung und Verknüpfung relevanter Themen durch Fachredaktionen
- Tools zur persönlichen Wissensorganisation und Vernetzung

www.entschieden-intelligenter.de

Springer für Professionals

Thomas Schulte

Leistung und Leichtigkeit

Das wahre Potenzial von Organisationen

 Springer Gabler

Thomas Schulte
Mühltal
Deutschland

ISBN 978-3-658-08645-9   ISBN 978-3-658-08646-6 (eBook)
DOI 10.1007/978-3-658-08646-6

Die Deutsche Nationalbibliothek verzeichnet diese Publikation in der Deutschen Nationalbibliografie; detaillierte bibliografische Daten sind im Internet über http://dnb.d-nb.de abrufbar.

Springer Gabler

Lektorat: Stefanie A. Winter, Wiesbaden

Gedruckt auf säurefreiem und chlorfrei gebleichtem Papier

Springer Fachmedien Wiesbaden ist Teil der Fachverlagsgruppe Springer Science+Business Media
(www.springer.com)

Vorwort von Martin Bremer

Im amerikanischen Sprachgebrauch ist der „Trainer" ein Physiotherapeut und der „Coach" der eigentliche Trainer. Diese sprachliche Unterscheidung ist hierzulande leider noch nicht überall vollzogen: „Coaching" und „Training" verschmelzen häufig zu einem Begriff oder werden miteinander verwechselt. Dieses Buches wird Ihnen, lieber Leser, ein klares Verständnis dieser beiden Begriffe vermitteln.

Aber das nur am Rande. Viel wichtiger ist die Idee von Thomas Schulte, ein Unternehmen mit einer Fußballmannschaft zu vergleichen und es mit einem Coaching-Stab zu unterstützen. Das trifft es – aus meiner Sicht – hervorragend auf den Punkt. Ich selbst habe in allen Klassen des deutschen Fußballs gespielt und trainiert und bin ein großer Freund präventiver und ganzheitlicher Ansätze. Fußball ist für mich tatsächlich ein Spiegelbild unseres modernen Lebens, im Besonderen eines von Unternehmen. Ich würde mir wünschen, dass auch Unternehmen sich mehr als Mannschaften begreifen. Das würde sie nicht nur erfolgreicher machen, sondern die Mitarbeiter und Führungskräfte auch zufriedener und gesünder. Dieses Buch wird einen Beitrag dazu leisten.

Vor einigen Jahren führte ich für Manager eines großen Konzerns ein Fitnesstraining durch und war erstaunt über ihre miserable Kondition. Wirklich überrascht war ich aber, als ich hörte, dass alle in der Verbandsliga Tischtennis spielten. Wie hielten sie das durch? Sie erzählten mir, dass sie nur im Stand spielten und daher gute Reaktionen brauchten. Nun, damals war das noch machbar, heute würden sie ein paar Klassen weiter unten spielen. Ohne ein umfassendes und viele Fachgebiete abdeckendes Coaching geht im Sport schon lange nichts mehr.

Wie auch bei der Fußball WM 2014 wieder hautnah erlebt, hat der Coach großen Einfluss auf Erfolg oder Misserfolg mit der taktischen, strukturellen und psychologischen (philosophischen) Einstellung einer Mannschaft. Diese Situation ist mit der Leitung einer Firma vergleichbar, wo die Struktur und die Hierarchie ähnlich sensibel beeinflussbar sind. Menschen, die ihr Unternehmen voranbringen wollen, werden von diesem Buch profitieren. Ich denke, dass das ihm zugrundeliegende Erfahrungswissen als ein Meilenstein gesehen werden kann, wie das Coaching entscheidenden Einfluss auf ein Unternehmen

nehmen kann. Ich wünsche dem Buch und der Arbeit von Thomas Schulte deshalb alles
erdenklich Gute.
Martin Bremer
Ehemaliger Fußballbundesligaprofi, Sportlehrer der TU Darmstadt und Präventionsbeauf-
tragter der FIFA

Inhaltsverzeichnis

Abbildungsverzeichnis

Einleitung

Zusammenfassung

Im Lauf der Jahre war ich für viele Organisationen tätig. Zunächst als Banker, später als Berater und dann als Coach. Eines hat sich dabei nicht geändert: Ich bin immer wieder entsetzt und fasziniert zugleich. Entsetzt, weil ich selten ein Team sehe, das wirklich gut zusammenarbeitet, kaum eine Abteilung, in der es nicht knirscht und kaum eine Organisation, die optimal funktioniert. Und fasziniert bin ich von den gigantischen Potenzialen, die hier überall schlummern.

Im Lauf der Jahre war ich für viele Organisationen tätig. Zunächst als Banker, später als Berater und dann als Coach. Eines hat sich dabei nicht geändert: Ich bin immer wieder entsetzt und fasziniert zugleich. Entsetzt, weil ich selten ein Team sehe, das wirklich gut zusammenarbeitet, kaum eine Abteilung, in der es nicht knirscht und kaum eine Organisation, die optimal funktioniert. Und fasziniert bin ich von den gigantischen Potenzialen, die hier überall schlummern.

Angesichts dieser Zustände habe ich mir viele Gedanken darüber gemacht, was Organisationen – oder besser gesagt die Geschäftsführer, Vorstände, Führungskräfte, Projektmanager und Mitarbeiter, die in ihnen arbeiten – wirklich wollen. Im Grunde möchten alle das Gleiche: Sie möchten Großartiges leisten und eine angemessene Anerkennung dafür bekommen. Sie möchten zufriedene Kunden, die von den Produkten und Dienstleistungen ihrer Organisation begeistert sind. Sie möchten morgens gerne zur Arbeit gehen und abends zufrieden nach Hause.

Die Sehnsucht nach Leistung ist das eine. Aber das ist nicht alles. Die Menschen möchten Leistung mit einem gewissen Maß an *Leichtigkeit* verbinden. In gewisser Hinsicht ist das mehr, als *nur* etwas zu leisten. Zu ackern und zu rackern, am Rande des Nervenzusammenbruchs zu arbeiten oder zu resignieren und Dienst nach Vorschrift zu machen oder in den Burn-out zu rauschen und desillusioniert, verärgert und erschöpft zu sein, ist bestimmt

© Springer Fachmedien Wiesbaden 2015
T. Schulte, *Leistung und Leichtigkeit,* DOI 10.1007/978-3-658-08646-6_1

nicht das, was die Menschen wollen. Der Einzelne ist dabei frustriert und die Existenz der Organisation gefährdet.

Leistung gepaart mit Leichtigkeit, das ist es. Erst diese Kombination stellt das wahre Potenzial von Menschen, Teams und Organisationen dar. Es entsteht, wenn die Menschen ihre Möglichkeiten ausschöpfen *und* ganze Organisationen wie gut eingespielte Mannschaften agieren. Dann ist ein Unternehmen nicht nur wirtschaftlich erfolgreich, sondern alle ziehen an einem Strang und alle identifizieren sich mit der gemeinsamen Leistung. Diesen paradiesischen Zustand werde ich im Folgenden als *organisatorische Top-Liga* bezeichnen.

Im Laufe der Jahre hatte ich die Ehre und das Vergnügen mit vielen brillanten und talentierten Menschen zusammenarbeiten zu dürfen. Menschen, die Hervorragendes leisten, hart arbeiten und sich in den Dienst ihrer Organisation stellen. Organisationen brauchen solche Menschen. So wertvoll sie sind, ihr Einfluss auf das große Ganze kann aber immer nur begrenzt sein. Eine Organisation überlebt nur dann, wenn zu diesen überragenden Leistungen Einzelner auch ein gutes Mannschaftsspiel kommt. Im Sport kann man regelmäßig beobachten, dass nicht unbedingt die Mannschaft gewinnt, die die besseren Spieler hat, sondern die Mannschaft, bei der die Spieler besser zusammen agieren. Und oft haben auch die Mannschaften die Nase vorn, die die besseren Coaches haben.

Das Buch beruht auf einer Handvoll Thesen, die ich schon zu Beginn darlegen möchte. So haben Sie die Chance, es nun zur Seite zu legen, wenn Sie an diese zentralen Thesen nicht glauben oder sie Ihnen unrealistisch erscheinen sollten. Diese Thesen lauten:

1. Eine Organisation funktioniert am besten als eine (große) Mannschaft.
2. Eine Mannschaft ist nur so gut wie ihr Mannschaftsspiel.
3. Ein gutes Mannschaftsspiel der organisatorischen Top-Liga zeigt Leistung *und* Leichtigkeit.
4. Leistung und Leichtigkeit brauchen ein gutes Coaching.
5. Ein gutes Coaching beinhaltet das Coaching der Mannschaft und das Coaching der einzelnen Spieler.

Mit diesen Grundthesen sollte auch deutlich sein, dass Sie gerade kein klassisches Selbsthilfebuch in den Händen halten. Wie im Sport auch, erreicht eine Mannschaft ihr volles Potenzial nur durch Coaching. Es ist ein inspirierendes Buch, das Ihnen ungeahnte Möglichkeiten und Wege aufzeigt. Aber ohne einen Coach können Sie es nicht in der ganzen Konsequenz umsetzen. Auch dies sei gleich am Anfang klar gesagt. Nun liegt es an Ihnen.

Um den Weg zur organisatorischen Top-Liga zu ebnen, werden wir uns zunächst die dahinterliegende Idee etwas näher anschauen (Kap. 2), dann die aktuelle Situation in Organisationen besprechen (Kap. 3), die Grenzen traditioneller Ansätze kennenlernen (Kap. 4), die Möglichkeiten, die Coaching bietet, beschreiben (Kap. 5), uns von der Kraft der Motivation insbesondere im Non-Profit-Sektor inspirieren lassen (Kap. 6), von den Erfolgsgeheimnissen des Mannschaftssports lernen (Kap. 7), uns vom Stau im Straßenverkehr abschauen, wie man in den Fluss kommt (Kap. 8), von der Katastrophen- und

Chaosforschung erfahren, wie man in unübersichtlichen Situation vorgeht (Kap. 9) und abschließend eine kleine Starthilfe geben (Kap. 10). Im Anhang (Kap. 11) beschreibe ich zehn Punkte, an denen ein Coach erkennt, ob Ihre Organisation in der Top-Liga spielt.

Die Menschen möchten Leistung *und* Leichtigkeit gleichzeitig. Das geht nur gemeinsam, als Mannschaft. Dafür ist dieses Buch gedacht.

Die kühne Idee!

2

Zusammenfassung

Prinzip von Leistung und Leichtigkeit. Die Welt eines fiktiven Fußballvereins, der FC Bigcity 1900. Kein Coach, viel Chaos. Denkfehler des Managements. Das wahre Potenzial. Organisationen sind Mannschaften. Die Bedeutung von Coaches und andere Beratern. Die kühne Idee: eine Organisation ist nichts anderes als eine Mannschaft. Schlussfolgerungen.

Leichtigkeit und Leistung gehen Hand in Hand. Schauen Sie einem Klaviervirtuosen zu. Seine Finger fliegen mit Leichtigkeit über die Tasten. Sein Spiel ist traumhaft. Oder ein Orchester, bei dem alle Musiker perfekt und scheinbar mühelos zusammenspielen. Oder Zirkusakrobaten. Wie leicht erscheinen selbst die schwierigsten und waghalsigsten Übungen, bei denen sie sich blind aufeinander verlassen. Ein Tanzpaar. Kaum zu glauben mit welcher Leichtigkeit die beiden Tänzer zusammen harmonieren. Kinder auf dem Spielplatz. Mit Leichtigkeit unterhalten sie sich über Kulturen hinweg und bauen die tollsten Dinge. Oder ein Jongleur, der mit Leichtigkeit Teller rotieren lässt und nebenbei mehrere Bälle in der Luft hält. Nichts fällt zu Boden und geht dabei kaputt.

Haben wir solch eine Leichtigkeit in unseren Organisationen und Unternehmen? Ist die Leistungsfähigkeit so hoch, wie sie sein könnte? Wohl kaum, eher das Gegenteil davon. Leider. Dazu gleich mehr. Doch lassen Sie uns vorher einen Blick in die Welt des Sports werfen, eine Welt, in der es Leistung *und* Leichtigkeit und Top-Ligen gibt. Aber nur, solange man nicht auf die schiefe Bahn gerät.

© Springer Fachmedien Wiesbaden 2015

T. Schulte, *Leistung und Leichtigkeit,* DOI 10.1007/978-3-658-08646-6_2

2.1   Der FC Bigcity 1900

Zunächst, lieber Leser, möchte ich Sie für einen Moment in die Welt des Fußballs ent-
führen. Gehen wir auf eine Fantasiereise und besuchen einen fiktiven Fußballclub, den
FC Bigcity 1900. Er spielt in der Bundesliga und hat eine Top-Mannschaft, die bereits
mehrere Pokale und Wettbewerbe gewonnen hat. Das Team spielt exzellent zusammen,
es macht Spaß, ihm zuzuschauen. Alles an ihm strahlt Leichtigkeit aus. Es sind Profis, die
dafür hart trainieren. Das Management (Vorstand, Stellvertreter und drei weiteren Personen) ist darauf sehr stolz. Trotzdem ist ihm bewusst, dass langfristig gesehen der Erfolg
eines Vereins nicht nur von der Qualität der Spieler, sondern auch von der Qualität der
Vereinsführung abhängt. Konsequenterweise bildet sich das Management schon seit einiger Zeit weiter und hat an mehreren Organisations- und Führungskursen teilgenommen.
Das hat schon zu vielen beeindruckenden und inspirierenden Erkenntnissen geführt. Nach
reiflicher Überlegung kommen sie aber zu dem Schluss, dass die dort vermittelten Kennt-
nisse noch konsequenter umgesetzt werden sollten. Sie beschließen, den kompletten Coaching-Stab des FC Bigcity (Coach, Stellvertreter, ein spezieller Ausdauercoach und der
Torwartcoach) zu entlassen.

Einsparung: circa eine Million Euro pro Jahr.

Dahinter steckt eine einfache, aber durchdachte betriebswirtschaftliche Kalkulation.
Mit dem Geld sollen Torprämien von 10.000 € für jedes geschossene Tor direkt an die
Torschützen ausgezahlt werden. Die Meisterschaft ist bereits bei circa 80 Toren so gut
wie sicher. Die eingesparte Million reicht damit locker aus, um in der nächsten Saison den
begehrten Pokal in den Händen zu halten. Und für die Champions League und den DFB-
Pokal ist auch noch genug Geld übrig.

Die Spieler sind anfangs etwas verdutzt, schließlich ist das im Sport eine eher un-
gewöhnliche Maßnahme. Aber ihnen werden gute Argumente genannt, die die Manager
auf den Kursen zu schätzen gelernt haben: die Kraft der Selbstorganisation und Selbst-
motivation beispielsweise und dass das Team nun selbst für den Erfolg verantwortlich
ist (Selbstmanagement). Auch die Ergebnisfokussierung wird erwähnt, wonach nun jeder
das tun soll, um was es eigentlich geht: nämlich Tore schießen. Diese würden nun direkt
honoriert, eine erfolgsabhängige Vergütung par excellence. Die bisherigen Festgehälter
und Mannschaftsprämien für jeden Sieg würde man selbstverständlich unberührt lassen.
Schließlich will man mit dem „Change" die Menschen nicht überfordern. Tolle Sache. Das
Team trauert zwar noch etwas den Coaches hinterher, ist aber einverstanden.

Wenig später startet die Saison und tatsächlich, der FC Bigcity schießt in den ersten
drei Spielen deutlich mehr Tore als in der Saison davor: 4:0, 3:1 und 5:2. 12 Tore – alle
sind zufrieden. Sechs Tore waren es letztes Jahr, das ist die „Benchmark". Das ergibt eine
Leistungssteigerung von 100 %. Die Motivation hat gewirkt. Die Sektkorken knallen.

Allerdings profitieren hauptsächlich die Stürmer von dieser neuen Regelung, sie haben
neun der zwölf Tore erzielt. Davon beflügelt, versuchen in den nächsten Spielen auch die
Mittelfeldspieler und Verteidiger mehr Tore zu schießen, um sich ebenfalls ihren Teil der
attraktiven Prämie zu sichern. Nur geben sie dazu weniger ab und halten sich gefährlich

oft nahe dem gegnerischen Tor auf. Der Ballfluss lässt nach und die Leistung des Teams geht zurück. Das nächste Spiel geht noch 3:3 aus, dann aber werden vier Spiele in Serie verloren, gegen Mannschaften, gegen die man eigentlich hätte gewinnen müssen. Auch die Fans sind etwas irritiert. Wieso geben die Spieler nicht mehr den Ball an den besser positionierten Kameraden ab? Warum versuchen sie, auf das Tor zu schießen, selbst wenn es nahezu aussichtslos erscheint? Pfiffe werden laut und die Unzufriedenheit in der Mannschaft wächst. Es macht einfach keinen Spaß mehr, so zu spielen. Wirklich stinksauer ist der Torwart, der nun noch eindringlicher eine Erhöhung seines Festgehalts einfordert, weil sich kaum noch ein Verteidiger bei ihm blicken lässt und er viel mehr arbeiten muss als früher. Die Spieler geben ihr Bestes und rackern bis zum Umfallen, aber es nützt nichts, das Team ist nur noch ein Schatten seiner selbst. Die Leistung ist am Boden. Die frühere Leichtigkeit hat sich verabschiedet und alle vermissen schmerzlich die Coaches. Die Einnahmen aus den Eintrittsgeldern sind schon drastisch gesunken. Wenn es so weitergeht, droht der Abstieg.

Das Management erkennt den Ernst der Lage. Eilig werden Krisensitzungen einberufen, es wird debattiert und diskutiert. Sollen die Torprämien weiter erhöht werden? Nein, das würde das Problem nur noch verschlimmern. Gehaltskürzung? Dann wäre die Motivation noch weiter unten. Kostensenkungsprogramme? Nur wo? Wehmütig erinnert man sich an die guten alten Zeiten, als die Coaches noch da waren. Nur diesen Gedanken verdrängt man schnell wieder, kommt er doch einem Schuldeingeständnis gleich. Stattdessen engagiert man einen Motivationsredner, der eine flammende Rede hält und dem Team ins Gewissen redet. Außerdem beauftragt man eine Beratungsfirma, um das Problem zu analysieren und eine neue Strategie zu erarbeiten. Die Firma schlägt als „Quick Win" vor, das Team mit dem Management zusammen in einen Klettergarten zu schicken, wo alle wieder zu einer Mannschaft zusammengeschweißt werden sollen. Das Management ist davon begeistert, wird jedoch von einem Streik der Mittelfeldspieler kalt erwischt. Die fordern nun auch eine Leistungsprämie für *vorbereitete* Tore. Kaum hat das Management sich zusammengefunden, um darüber zu beraten, meldet sich auch noch einmal der Torwart mit der dringenden Forderung, ebenso für besonders gut gelungene *Abschläge* eine Sondervergütung zu erhalten.

Stopp! Schluss mit diesem Albtraum. Lassen Sie uns an dieser Stelle das Gedankenexperiment beenden. Wir können davon ausgehen, dass kein noch so modernes und ausgefeiltes Führungskonzept den anfänglichen Fehler, den Coaching-Stab zu entlassen, wieder behebt. Entweder das Management stellt den Coaching-Stab wieder ein, oder die Mannschaft wird wohl irgendwann in der Kreisklasse ankommen. Zur Ehrenrettung aller Vereinsmanager soll hier nicht unerwähnt bleiben, dass in der Realität niemand bei Verstand solch eine Entscheidung gutgeheißen oder mitgetragen hätte. Solch eine Idee – wenn überhaupt jemand auf sie käme – wäre wohl ganz schnell wieder verworfen worden. Im Sport ist es eben eine absolute Selbstverständlichkeit, einem Team einen oder mehrere Coaches zu Seite zu stellen, und das in allen Sportarten und allen Ligen. Jede Mannschaft hat mindestens einen Coach, genauso wie jeder Athlet, der etwas auf sich hält. Spitzenleistungen wären ansonsten undenkbar.

2.2   Die Denkfehler des Managements

Welche Denkfehler haben die fiktiven Manager des FC Bigcity begangen? Wie konnten sich die Leichtigkeit und die Leistung derart verabschieden? Das Management hat drei Dinge übersehen: Erstens kommt Motivation hauptsächlich vom Erfolg des Teams, vom Applaus auf den Rängen, weniger über finanzielle Anreize (siehe hierzu die Studien und die dort jeweils angegebenen Literatur von Ariely [1] und von Irlenbusch [4]). Geld spielt bei der Motivation kaum eine Rolle, insbesondere dann, wenn man schon zu den Spitzenverdienern gehört. Zweitens lebt eine Mannschaft von dem Motto „Einer für alle, alle für einen". Wird das über finanzielle Anreize ausgehebelt, hat man kein Team mehr, sondern eine Gruppe von Einzelkämpfern. Folglich geht die Mannschaftsleistung in den Keller und die Leichtigkeit verflüchtigt sich. Drittens kann sich eine Mannschaft nur weiterentwickeln, wenn die Mannschaft als Ganzes *und* jeder Einzelne gecoacht wird. Diese Kombination ist ausschlaggebend für den Erfolg. Fehlt der unterstützende und steuernde Einfluss eines Coaching-Stabs, kann eine Mannschaft keine Spitzenleistung mehr erbringen. Leichtigkeit und Leistung sind ohne Coaching eben kaum möglich. Das ist eine der zentralen Thesen dieses Buches.

Lieber Leser, noch eine kleine Ergänzung. Vielleicht möchten Sie einwenden, dass das Management mit der eingesparten Million auch die Prämie für einen Sieg (nicht das Tor) hätte erhöhen können. Dann wäre nicht jedes Tor, sondern der Mannschaftssieg stärker honoriert worden und jeder Spieler hätte zu gleichen Teilen von einem Sieg profitiert. Das wäre zwar etwas besser gewesen, hätte das Team aber trotzdem ruiniert. Ohne den Coaching-Stab wäre die Leistung unweigerlich gesunken, Misserfolge hätten sich eingestellt und die Spieler wären ebenso in gegenseitige Schuldzuweisungen verfallen.

Erstaunlicherweise wird all dies in Unternehmen ganz anders gesehen, und das, obwohl die meisten Unternehmen auch nichts anderes sind als Mannschaften. Meistens haben Organisationen wesentlich mehr als elf Spieler beziehungsweise Mitarbeiter, nichtsdestotrotz sind sie aber ein Team, in dem der Erfolg nur eintritt, wenn alle am gleichen Strang ziehen. Alle Bereiche eines Unternehmens, seien es der Vertrieb, die Produktion, die Verwaltung, die Finanzen oder der Personalbereich, tragen auf ihre Weise dazu bei, die Dienstleistungen oder Produkte bestmöglich zu erbringen, zufriedene Kunden zu haben und den finanziellen Erfolg sicherzustellen. Kein Bereich kann ohne den anderen sinnvoll arbeiten. Jeder braucht jeden. Wer das nicht glaubt, möge mir bitte in seiner Organisation auch nur eine einzige Abteilung oder einen Bereich nennen, den man einfach abschaffen könnte, ohne dass die Organisation früher oder später zum Stillstand kommt.

Organisationen sind Mannschaften, genauso wie im Sport, nur die Nomenklatur ist eine andere. Beim Sport spricht man von Spielern, in Organisationen von Mitarbeitern. Beim Sport spricht man vom Kapitän, in Organisationen von Führungskräften. Beim Sport zahlen die Zuschauer, bei Organisationen die Kunden. Beim Sport hat man den Ballfluss, in Organisationen Arbeitsabläufe. Im Sport spricht man vom Wettkampf, in Organisationen vom Wettbewerb. Im Sport tritt man gegen andere Mannschaften an, Organisationen müssen sich gegenüber Konkurrenten beziehungsweise Wettbewerbern behaupten. Die Sachverhalte werden nur anders genannt, sind aber sonst identisch.

Dennoch haben Organisationen noch nicht einmal annähernd das Coaching, wie dies im Sport üblich ist. Das kann ich guten Gewissens nach fast 25 Jahren Berufserfahrung in den unterschiedlichsten Organisationen sagen. Nicht nur die Organisationen als Ganzes, sondern auch die in ihnen agierenden Abteilungen und Teams lassen sich selten coachen. Meistens sind es einzelne mutige und überdurchschnittlich motivierte Führungskräfte und Projektmanager, die mit gutem Beispiel vorangehen. Es gibt Untersuchungen, wonach sich nur etwa fünf Prozent der Führungskräfte coachen lassen [6]. Diese Coachings werden in der Regel ohne Anbindung an die übergeordnete Strategie des Unternehmens, also unkoordiniert und isoliert, durchgeführt. Dass Coaching noch Aufholbedarf hat, wird auch erkennbar, wenn man bedenkt, dass es in Deutschland knapp 100.000 ([8] und der dort zitierte Bund Dt. Unternehmensberater). Unternehmensberater und circa 17.000 Trainingsinstitute (mit bis zu 80.000 angestellten Trainern) [11] gibt, denen nur etwa 2000 bis 8000 [7] Coaches gegenüberstehen. Damit sind höchstens vier Prozent der Berater als Coach tätig.

Für dieses Coaching-Defizit zahlen Organisationen einen hohen Preis, genauso wie der FC Bigcity. Kaum eine Organisation, die wie eine gute Mannschaft agiert. Der Alltag ist geprägt von politischen Entscheidungen und Egoismen. Anstatt zu kooperieren, herrschen Machtdenken, Planlosigkeit und Frustration [5]. Trotz alledem erbringen viele immer noch individuelle Spitzenleistungen und ziehen für die Organisationen ein ums andere Mal die Kohlen aus dem Feuer. Auf Dauer kann dies aber nicht gutgehen und das ist den meisten bewusst.

Die Folge: Ich kenne kaum jemanden, der am Montagmorgen gerne zur Arbeit geht. Es gibt ein erschreckend hohes Maß an Unzufriedenheit und Leiden. Die meisten Mitarbeiter und Führungskräfte wollen daran etwas ändern, wissen aber nicht wie, resignieren[1] oder enden in einem Burn-out[2] Anstatt mit Coaching die Menschen in den Unternehmen zu unterstützen, wird mit Leistungsprämien, individuellen Zielvorgaben, Motivationsreden und anderen Maßnahmen versucht, diesen Zustand zu verbessern. Mit wenig Erfolg. Die Lebensdauer von Organisationen ist eher gering [2].[3] Kein Wunder. Leichtigkeit sieht anders aus. Leistung erst recht.

---

[1] Fast ein Viertel (24 %) der Beschäftigten in Deutschland hat innerlich bereits gekündigt. 61 % machen Dienst nach Vorschrift. Nur 15 % der Mitarbeiter haben eine hohe emotionale Bindung an ihren Arbeitgeber und sind bereit, sich freiwillig für dessen Ziele einzusetzen (Quelle: [10]).

[2] Von 2004 bis 2010 stiegen die durch Burn-out verursachten Krankheitstage von 4,6 auf 63,2 (pro 1 000 Beschäftigter) an. Das ist mehr als das 13-Fache innerhalb von sechs Jahren (Quelle: [9]; [3]).

[3] De Geus' statistische Untersuchung europäischer und japanischer Unternehmen ergibt eine durchschnittliche Lebenserwartung von 12,5 Jahren.

2.3 Die Alternative

Dieses Buches zeigt Führungskräften und Mitarbeitern eine Alternative auf: Die Betrachtung einer Organisation als eine große Mannschaft, die in der organisatorischen Top-Liga spielen kann und Leistung und Leichtigkeit miteinander kombiniert. Dazu übertragen wir Coaching, so wie es vom Mannschaftssport her bekannt ist, auf Organisationen. Zusätzlich verwenden wir Konzepte aus dem Non-Profit-Bereich, dem Verkehrsfluss und dem Vorgehen bei Chaos und Katastrophen. Das bedeutet einen Quantensprung für die Weiterentwicklung von Organisationen. Ich behaupte, dass unsere Organisationen auf einem Niveau „spielen", auf dem Sportmannschaften spielen würden, wenn sie keinen Coach(ing-Stab) hätten. Also eher in den unteren Ligen beziehungsweise so wie unser fiktiver FC Bigcity. Nur weil es allen Organisationen so ergeht, fällt es weniger auf und man nimmt es als unveränderbar hin. Das ist es aber nicht. Leichtigkeit und Leistung sind das wahre Potenzial unserer Organisationen.

Da mir dieser Punkt so wichtig ist, gestatten Sie mir, verehrter Leser, Sie nochmals darauf hinzuweisen: *Dieses Buch kann einen Coach nicht ersetzen*. Das liegt in der Natur der Sache. Wie im Sport auch, brauchen Sie für Spitzenleistungen eine externe Unterstützung. Das gilt auch und gerade für organisatorische Spitzenleistungen. Dieses Buch kann Ihnen eine Menge Anregungen geben, nur ohne Coach – genauer gesagt: Organisationscoach – wird die Luft nach oben hin sehr dünn. Warum das so ist, werden wir in den folgenden Kapiteln noch näher beleuchten. Ganz gleich, verehrter Leser, ob Sie ein Geschäftsführer, Bereichsleiter oder ein Projektleiter sind, ganz gleich wie viel Einfluss Sie haben – genauso wenig wie sich Athleten oder Sportmannschaften auf die Top-Liga oder eine Olympiade ausschließlich mit einem Buch vorbereiten können, können Sie den Inhalt dieses Buches nur auf Basis seiner Lektüre umsetzen.

Damit haben wir die Messlatte bewusst sehr hoch gelegt. Aber man kann immer noch darüber springen. Wenn Sie sich auf die Ideen dieses Buches konsequent einlassen, kann das, was gute Coaches wie zum Beispiel Jogi Löw und sein Team mit der Fußballnationalmannschaft erreicht haben, auch auf Ihre Organisation oder Ihren Teilbereich der Organisation übertragen werden. Sie können eine Organisation schmieden, um die Sie andere beneiden. Sie können Ihre Abteilung oder Ihr Projektteam voranbringen und zu einem Hochleistungsteam weiterentwickeln. Sie können das Image Ihres Unternehmens so verbessern, dass die besten Talente sich zuerst bei Ihnen bewerben. Notwendig dazu ist eine Organisation von Coaches, ein Coaching-Stab. Dann können Sie ihre Organisation (oder einen Teilbereich der Organisation) in die Top-Liga aufsteigen lassen. Davon, wie dieser Traum für Organisationen Wirklichkeit werden kann, handelt dieses Buch.

Literatur

1. Ariely, D., et al. (2005). Large stakes and big mistakes. Working Papers Federal Reserve Bank of Boston, 05–11. www.bostonfed.org/economic/wp/wp2005/wp0511.pdf. Zugegriffen: 10. April 2014.
2. De Geus, A. (1997). *Jenseits der Ökonomie*. Stuttgart:Klett-Cotta Verlag.
3. Faktenspiegel 9/2011 zitiert in Dialog 4|12 der Deutschen BKK Seite 4.
4. Irlenbusch, B., et al. (2005). Incentives, decision frames and motivation. Forschungsinstitut zur Zukunft der Arbeit, Discussion Paper No. 1758. http://ftp.iza.org/dp1758.pdf. Zugegriffen: 8. Aug. 2014.
5. Wehrle, M. (2011). *Ich arbeite in einem Irrenhaus: Vom ganz normalen Büroalltag*. Berlin: Econ Verlag.
6. Winkler, B., Lotzkat, G., & Welpe, I. M. (2013). Wie funktioniert Führungskräfte-Coaching? Orientierungshilfe für ein unübersichtliches Beratungsfeld. *OrganisationsEntwicklung, 3,* 23–33.
7. www.coaching-report.de. Zugegriffen: 18. Jan. 2014.
8. www.de.wikipedia.org/wiki/Unternehmensberater. Zugegriffen: 3. März 2013.
9. www.deutschebkk.de. Zugegriffen: 20. Feb. 2014.
10. www.gallup.com. Zugegriffen: 26. Nov. 2013.
11. www.managerseminare.de/blog/wie-viele-weiterbildner-gibt-es-in-deutschland/2008/04. Zugegriffen: 10. Juli 2014.

Organisationen: ein Schatten ihrer selbst

Zusammenfassung

Status quo unserer Organisationen. Was Unternehmensportale, Umfragen und persönliche Erfahrungen sagen. Organisationen sind nur ein Schatten ihrer selbst. Warum
Coaching. Aktionismus und andere Sackgassen. Die Welt nach der Arbeit. Was man
selbst tun kann. Neue Initiativen machen Mut.

Beim Sport haben wir eine Wahl: Wir müssen nicht mitspielen oder zuschauen. Spielt
eine Mannschaft nicht gut genug, zeigt sie also kein ausreichendes Maß an Leistung und
Leichtigkeit, kein Problem – wir suchen uns einfach eine andere. Bei Organisationen ist
es etwas komplizierter. Erstens können wir nicht so ohne Weiteres *nicht* mitspielen, denn
irgendwo müssen wir ja unsere Brötchen verdienen. Und zweitens, können wir uns zwar
einen neuen Job bei einer anderen Organisation suchen, aber jeder Berufswechsel ist nicht
nur mit Mühen, sondern auch mit Risiken verbunden. So kann man beispielsweise einer
Organisation oft von außen gar nicht ansehen, wie gut ihr Mannschaftsspiel ist und selbst
wenn man es weiß, wer sagt einem, dass es so bleiben wird? Sportmannschaften können
wir frei und unkompliziert auswählen und wechseln, Organisationen weniger, und deshalb
lohnt es sich, bei ihnen einmal näher hinzusehen.

3.1 Der Status quo unserer Organisationen

Lieber Leser, Sie haben bestimmt schon zumindest in einer oder vielleicht sogar mehreren
Organisationen gearbeitet und wissen, wie es dort zugeht. Sie kennen den Arbeitsalltag
mit all seinen Vor- und Nachteilen aus eigener Erfahrung. Hand aufs Herz: Wie oft sind
oder waren Sie in der Vergangenheit mit sich, Ihren Vorgesetzten, den Kollegen und Ihren
Aufgaben zufrieden? Wie oft gehen oder gingen Sie morgens gerne zur Arbeit? Können

© Springer Fachmedien Wiesbaden 2015
T. Schulte, *Leistung und Leichtigkeit,* DOI 10.1007/978-3-658-08646-6_3

oder konnten Sie sich so einbringen, wie es Ihren Möglichkeiten entsprach? Wurden Ihre Leistungen gewürdigt? Bestimmt haben Sie schon mit Freunden und Bekannten über deren Arbeitssituation gesprochen und kennen so auch die inneren Zustände anderer Organisationen. Sieht es da anders aus? Geht es den Menschen dort besser? Ich bin ziemlich sicher, dass Ihre Erfahrung hinsichtlich dieser Fragen eher durchwachsen ist. Sehr gute Organisationen mit einem ausgezeichneten Mannschaftsspiel und gelebter Leistung und Leichtigkeit sind eher die Ausnahme als die Regel. Es wird Sie wahrscheinlich kaum überraschen, dass in Deutschland die Arbeitszufriedenheit seit vielen Jahren kontinuierlich sinkt [1] und in Europa einen der hinteren Plätze einnimmt.

Dass es nicht nur Ihnen und Ihren Bekannten so ergeht, zeigen auch einige Internetportale zur Bewertung von Unternehmen wie zum Beispiel der kununu GmbH [6][1] oder wissenschaftliche Untersuchungen, die den Anstieg von krankheitsbedingten Ausfalltagen durch Burn-out und andere psychische Erkrankungen nachweisen [2]. Auch weltweite Umfrageergebnisse angesehener Forschungsinstitute wie etwa Gallup [4][2]sprechen eine deutliche Sprache. Damit ist auf erschreckende Weise offensichtlich, wie ineffizient und krankmachend die Situation in den Unternehmen ist. Leiden die Menschen, leiden natürlich auch die Organisationen. Denn ohne leistungsbereite und gesunde Menschen kann eine Organisation nicht erfolgreich sein. Bleiben die Menschen hinter ihren Möglichkeiten zurück, dann natürlich auch die Organisationen, für die die Menschen arbeiten. Quälen sich die Menschen, dümpeln die Organisationen vor sich hin. Den Organisationen und den Menschen, die für sie arbeiten, geht es damit gleichermaßen miserabel. Das ist ein Teufelskreis, aus dem man nur schwer ausbrechen kann.

▶   Die persönliche Erfahrung als auch offizielle Untersuchungen, Umfragen und
    Statistiken führen zu dem gleichen Schluss: Unsere Organisationen sind nur ein
    Schatten ihrer selbst. Wir sind alle Leidtragende dieser unglückseligen Situa-
    tion. Wir sitzen alle im gleichen Boot. In manchen Organisationen mag es ein
    wenig besser sein, in anderen ein wenig schlechter. Diese schonungslose Sicht
    auf die brutale Wahrheit ist wichtig, denn immer wenn man etwas verbessern
    möchte, sollte man die Augen vor der Realität nicht verschließen und die sieht,
    was Organisationen anbetrifft, traurig aus.

Jede Medaille hat bekanntlich zwei Seiten. So soll nicht verkannt werden, dass Unternehmen auch Erfolge verzeichnen. Viele Branchen warten regelmäßig mit technologischen

---

[1] Kununu bewertet die Arbeitssituation anhand verschiedener Kriterien wie zum Beispiel Vorgesetztenverhalten, Kollegenzusammenhalt und Arbeitsatmosphäre auf einer Skala 1 (niedrig) bis 5 (hoch). Das Unternehmen bietet die Möglichkeit, Durchschnittsbewertungen unterschiedlicher Branchen zu berechnen. Hier ergibt sich zum Beispiel für die Automobilbranche ein Wert von ca. 3.2 und Banken von ca. 3.5.

[2] Von Gallup wird unter anderem der Engagement Index berechnet und ausgewiesen, der besagt, wie hoch die emotionale Bindung der Mitarbeiter an ihr Unternehmen ist. Seit Anfang der Berechnung im Jahr 2001 liegt der Anteil der Mitarbeiter mit hoher Bindung nur bei relativ konstanten 15 %. 85 % der Mitarbeiter sind nur gering oder überhaupt nicht emotional an ihr Unternehmen gebunden.

Neuerungen auf, sind an medizinischem Fortschritt beteiligt oder zeigen durch stetige Qualitätserhöhungen bei Produkten und Dienstleistungen, dass Organisationen sich weiterentwickeln und vorankommen. Deutschland ist Exportweltmeister und viele deutsche Unternehmen sind Marktführer [3] in ihrem Segment. Das ist ein großer Erfolg aller deutscher Unternehmen und der in ihnen arbeitenden Menschen. Hut ab vor diesen Leistungen. Ich glaube nur, dass die meisten davon auf brillanten Einzelleistungen beruhen oder denen einzelner Hochleistungsteams, und dass noch viel mehr möglich wäre, wenn die ganze Organisation sich als Mannschaft begreifen würde. Wir werden in den folgenden Abschnitten auch immer wieder Unternehmen kennenlernen, die hier als Vorbild fungieren können.

Erfolge sind also durchaus vorhanden, nur sind es die Erfolge von Mannschaften, die bis auf wenige Ausnahmen mit dem Mannschaftsspiel in der Kreisklasse verharren. Weil schlicht und ergreifend so gut wie alle Organisationen in dieser Liga spielen, fehlt ein Vergleichsmaßstab. Die Menschen und ihre Organisationen fügen sich in ihr Schicksal. Das schlechte Mannschaftsspiel wird nicht thematisiert, weil man es nicht anders kennt. Ohne Wissen über die Alternativen, kann man sie nicht anstreben. Ohne die erste und zweite Bundesliga, hält man die dritte Liga für das Maß aller Dinge. Es ist schwer, sich vorzustellen, dass man an den allseits bekannten miserablen Zuständen tatsächlich etwas ändern könnte. Wir können uns gar nicht ausmalen, wie unsere Unternehmen agieren würden, wenn das Mannschaftsspiel in den höheren Ligen angekommen wäre.

Hin und wieder gibt es ja auch Trostpflaster, denn auch in der Kreisklasse gibt es Tabellenführer, Torschützenkönige und Vereinsmeisterschaften. Es werden Tore geschossen und Pokale gewonnen. Das hilft über einiges hinweg.

So ist es kein Wunder, dass die meisten Menschen über diese schlechte Situation unserer Organisationen gar nicht mehr nachdenken und sie für unveränderbar halten. Ihnen ergeht es wie einem Fisch, der sein ganzes Leben im Wasser verbringt. Wenn man den fragen könnte, was Wasser ist, wäre er gar nicht in der Lage, es genau zu beschreiben. Es war eben von Anfang an einfach da. Es ist zu allgegenwärtig, als dass er es beachten würde. Der Fisch sieht quasi den Wald vor lauter Bäumen nicht mehr. Das ist ein wohl bekanntes Phänomen.

3.2 Vom Wald und den Bäumen

Menschen werden blind für das, was allgegenwärtig ist. Uns geht es allen so. Ausnahmslos. Nehmen wir zum Beispiel unser bestes Stück – das Auto. Unsere Autos sind heutzutage vollgepackt mit modernster Elektronik, die alles um einen herum steuert. Die optimale Bremskraft, die Lenkradunterstützung, der beste Kraftstoffmix, die Innentemperatur, das Kurvenverhalten – das alles macht der Wagen vollautomatisch. Die Folge: Wir denken nicht mehr darüber nach. Es sei denn, eine Warnblinkleuchte macht sich unangenehm bemerkbar. „Schatz, hast *Du* schon mal diese Lampe angehen sehen?" Oh je, was nun?

Eine Warnblinkleuchte ist unangenehm, besonders dann, wenn sie es unverschämter Weise wagt, anzugehen. Erinnert sie einen doch an eine Realität, die für uns bis jetzt nicht erkennbar war. Hinter dem Armaturenbrett wirkt nun etwas, das unserer Aufmerksamkeit bedarf. Das kostet Energie. Das Gute daran ist aber, dass wir nun die Chance haben, rechtzeitig eine Verbesserung oder Korrektur vorzunehmen, bevor Schlimmeres passiert. Die Möglichkeit, dass Organisationen tatsächlich auf einem ganz anderen Niveau spielen könnten, ist hinter dem „Armaturenbrett" vollkommen verborgen. Aber ein organisatorisches Mannschaftsspiel in noch weitaus höheren Klassen ist möglich und dafür möchte ich für Sie nun eine kleine Warnblinkleuchte aufblitzen lassen.

Szenenwechsel und Warnblinkleuchte: Werfen wir einen Blick auf das Leben nach der Arbeit. Wie durch ein Wunder stellt sich plötzlich die Situation ganz anders dar. Lieber Leser, fragen Sie einmal sich selbst oder Bekannte und Freunde, wie Sie beziehungsweise sie es finden, ehrenamtlich im Sportverein mitzuwirken, beim Kindergartenfest freiwillig einen Kuchen zu backen und beim Servieren zu helfen oder sich an dem Wohltätigkeitsbasar der Gemeinde zu beteiligen. Hier sind Sie und Ihre Bekannten plötzlich wie ausgewechselt. Mit allergrößter Begeisterung und Motivation ist man dabei, *ohne Bezahlung* wohlgemerkt. Der Unterschied zur traurigen Realität in Unternehmen könnte nicht schockierender sein. Wir werden besprechen, warum das so ist.

Aber eines ist klar: Der Sportverein, der Kindergarten oder die Wohltätigkeitsinitiative sind auch nur Organisationen, die es jedoch irgendwie schaffen, ein ganz anderes Arbeitsumfeld und eine andere Qualität der Arbeitszufriedenheit zu bieten. Es ist also möglich, als Organisation erfolgreich zu sein *und* ein gutes Arbeitsumfeld mit dem entsprechenden Mannschaftspiel zu haben. Insbesondere im Kap. 6 werden wir sehen, wie solche Organisationen dies bewerkstelligen. Wäre es nicht fantastisch, dies auf „ganz normale" Unternehmen und Organisationen zu übertragen? Womöglich sogar auf Ihre eigene? Welches Leistungsniveau und welche Leichtigkeit wären dann wohl erreichbar? Sich das vor Augen zu führen, sprengt vielleicht noch unsere Vorstellungskraft. Aber keine Sorge, vorsorglich möchte ich anmerken, dass ich nicht vorschlagen werde, Gehälter zu kürzen oder gar abzuschaffen.

Die zentrale Rolle von Coaching sei aber hier schon einmal betont. Zusätzlich haben Wohltätigkeitsbasare des Sportvereins und Kindergärten einen großen Vorteil: Es geht nicht um Geld! Man muss keinen Gewinn erzielen, Marktanteile gewinnen, die Konkurrenz unterbieten oder seine Aktionäre zufriedenstellen. Es gibt viel weniger Druck, dafür mehr Motivation. Natürlich auch viel weniger Zwänge, dafür eine Menge Gestaltungsspielraum. Diese Vorteile haben gewinnorientierte Organisationen nicht. Aber das kann man ausgleichen – durch Coaching und durch andere Maßnahmen, die wir besprechen werden. Unter anderem Maßnahmen, die eine Organisation in den Fluss bringen (Kap. 8) oder sie an den Erfolgsprinzipien des Mannschaftssports teilhaben lässt (Kap. 7).

Eine hohe Liga funktioniert nicht ohne Coaches. Das ist eine Tatsache. Fehlt einer Mannschaft ein Coach, fangen die Merkwürdigkeiten an. Die Spieler laufen herum, unkoordiniert, ohne Plan und manchmal wie die Verrückten. Man hat eine Menge Stress und gibt dem anderen dafür die Schuld. Es kommt vermehrt zu Konflikten und Streitereien.

Niemand hat einen Coach, mit dem er etwas vertraulich besprechen kann. Niemand kann sich wirklich zielgerichtet persönlich weiterentwickeln. Vielmehr bremst man sich gegenseitig immer wieder aus und sieht die Schuld grundsätzlich bei den anderen. Dabei sind die Vorstände, Geschäftsführer, Top-Manager und oberen Führungsetagen gleichermaßen überfordert, denn dieses Dilemma können die Position, Macht und der Einfluss allein nicht regeln. Ein Manager – auch ganz oben in der Hierarchie – kann nicht gleichzeitig auch Coach sein, zumindest kein professioneller. Er oder sie ist mittendrin im Getümmel, ihm oder ihr fehlt die Außenperspektive. Der Coach steht am Spielfeldrand und agiert von außen. Würde er mitspielen, wäre er kein Coach mehr. Genauso wie ein Dirigent nicht im Orchester mitspielen kann, ohne seine Dirigentenfunktion zu verlieren, genauso wenig kann ein Coach mit agieren, ohne seine Wirksamkeit als Coach zu verlieren. Führungskräfte agieren aber mit und können daher die Rolle eines Coaches nicht übernehmen. Aber Führungskräfte können den Weg ebnen für die Einführung eines Coaching-Stabs. Dazu später mehr.

3.3   Was man selbst tun kann

Lieber Leser, falls Sie sich nun beruhigt zurücklehnen, weil Sie keine Führungskraft sind oder nur eine „kleine", und sich sagen, „wenn die da oben schon nichts tun können, was soll ich dann bewirken?", dann möchte ich Ihnen gerne Folgendes zu bedenken geben: Peter Drucker, einer der bekanntesten Managementdenker, hat einmal eindrucksvoll gesagt: „Nur wenige Führungskräfte sehen ein, dass sie letztlich nur eine einzige Person führen können und auch müssen. Diese Person sind sie selbst." Das ist wahr. Nur was man dabei leicht übersieht, ist, dass damit jeder Mitarbeiter (das heißt auch Sie!) eine Führungskraft ist. Denn jeder Mensch muss sich immer ein Stück weit selbst führen. Kein Mitarbeiter bekommt alles 100-prozentig vorgekaut. Jeder Mitarbeiter muss seine eigenen Entscheidungen treffen, seine Arbeit selbst organisieren und ist damit immer auch Führungskraft seiner selbst. Es spielt keine Rolle, ob Sie offiziell auf Ihrer Visitenkarte einen „Direktor", „Geschäftsführer" oder „Abteilungsleiter" stehen haben, sie tragen immer einen Teil der Verantwortung. Wir werden in späteren Kapiteln sehen, wie Sie selbst eine positive Veränderung in Ihrer Organisation initiieren können.

Vor einiger Zeit startete ich zusammen mit ein paar befreundeten Coaches die Initiative „Coaching in der Krise für den Mittelstand" mit Unterstützung des weltweit größten Coaching-Verbands International Coaching Federation (ICF)[3]. Angesichts der weltweiten Finanz- und Wirtschaftskrise wollten wir mittelständischen Organisationen ein kleines Coaching-Paket zu einem Sonderpreis anbieten. Die Bundesregierung hatte die Abwrackprämie erfunden, die Notenbanken hatten die Zinssätze gesenkt und wir wollten mit

---

[3] Die International Coaching Federation (www.coachfederation.de) hat Stand 2014 etwa 20.000 Mitglieder in über 90 Ländern. Sie wurde 1995 in den USA gegründet und hat sich innerhalb weniger Jahren zum führenden weltweiten Coaching-Verband entwickelt.

Coaching einen Beitrag zur Überwindung der Krise leisten. Wir hatten nur ein Problem: Kaum ein Unternehmen war an unserem Programm interessiert. Darüber waren wir nicht nur enttäuscht, sondern auch erstaunt. Wenn nicht in der Krise ein Coaching gemacht wird (noch dazu zu einem sehr günstigen Preis), wann dann? Erst als ich mit einem Vertreter einer Industrie- und Handelskammer (IHK) sprach, wurde mir klar, woran das lag. Die mittelständischen Unternehmen waren angesichts der Krise vor lauter Schreck in den altbekannten, kurzfristig ausgerichteten Aktionismus verfallen: Kosten runter, Kurzarbeit hoch, Zeitarbeiter raus, Einstellungsstopp und Überstunden abbauen. Von der Vielfalt der Beratungsleistung der IHK wurde hauptsächlich nur eine einzige wahrgenommen: die Insolvenzberatung, verständlicherweise sehr zum Leidwesen meines IHK-Ansprechpartners. Kaum ein Mittelständler, der bei all dem Stress auf die Idee kam, mit einem externen Coach einmal seine Lage zu besprechen. Anstatt die Krise nicht zu verschwenden und die Gelegenheit zu nutzen, große Dinge zu tun (wie der Chef der Bafin, Jochen Sanio, einmal geraten hat), war man in alte Muster zurückgefallen.

Das ist zwar bedauerlich, macht aber auch deutlich, wie leicht es ist, in altbekannten Fahrwassern zu verbleiben. Sie sind wie ein durchgetretener alter Schuh, der zwar den Fuß nicht mehr optimal stützt, vielleicht undicht ist und kaum noch Profil auf den Sohlen hat, sich dafür aber unglaublich gut anfühlt. Nicht weil er einem so gut tut, sondern weil man sich an ihn im Laufe der Jahre gewöhnt hat. Aber so, wie man sich jederzeit im Schuhladen ein neues Paar kaufen kann, so leicht kann man auch die Entscheidung treffen, seine Organisation in die Top-Liga aufsteigen zu lassen. Antoine de Saint-Exupéry hat einmal gesagt: „Wenn du ein Schiff bauen willst, so trommle nicht die Männer zusammen, um Holz zu beschaffen, Werkzeuge vorzubereiten und Aufgaben zu vergeben, sondern lehre sie die Sehnsucht nach dem endlos weiten Meer." Da endlos weite Meer ist für unsere Organisationen das Mannschaftsspiel der Top-Liga oder großer Nationalmannschaften, das Leichtigkeit ausstrahlt und dabei von hoher Leistungskraft geprägt ist. Diese Mannschaften werden von einem ganzen Stab an Coaches betreut. Das bedeutet, dass erstens die Mannschaft als Ganzes ein Coaching bekommt und zweitens jeder Einzelne, individuell, ganz nach seinen Bedürfnissen.

Zunehmend wird erkannt, wie viel ungenutztes Potenzial in unseren Organisationen brachliegt. Das ist ermutigend. Beispielsweise wurde vor ein paar Jahren die Initiative Neue Qualität der Arbeit (INQA) ins Leben gerufen. Gemeinsam wollen hier Bund, Länder, Verbände und Institutionen der Wirtschaft, Gewerkschaften, Unternehmen, Sozialversicherungsträgern und Stiftungen mehr Arbeitsqualität als Schlüssel für Innovationskraft und Wettbewerbsfähigkeit am Standort Deutschland verwirklichen. INQA bietet einen Test [5] an, um die Stärken und Schwächen eines Unternehmens zu bewerten. Der Test umfasst insgesamt elf Kategorien, unter anderem Strategie, Führung, Kundenpflege, Organisation, Kultur, Personalentwicklung und Prozesse. Ein Unternehmen wird hier gut bewertet, wenn die finanzielle Situation solide ist, eine zukunftsweisende Strategie verfolgt wird, die Mitarbeiter und Führungskräfte diese kennen und sich mit ihr identifizieren, die Kundenzufriedenheit hoch ist, die Mitarbeiterfluktuation und der Krankenstand gering sind, die Menschen mit Kreativität und erfolgreich an der Entwicklung neuer innovativer Produkte arbeiten, bereichsübergreifend und konfliktarm kommuniziert wird, Krisen rechtzeitig erkannt und gemeistert werden, Sitzungen gut vorbereitet werden und produktiv ablaufen und das Unternehmen ein gutes Image in der Region und bei Absolventen hat, sowie den Umweltschutz und seine soziale Verantwortung ernst nimmt. Kurzum: Leichtigkeit und Leistung. Utopie? Keineswegs! Stellen Sie sich lieber vor, das könnte auch in Ihrer Organisation Realität werden. Welche Sehnsucht löst dies in Ihnen aus?

All das ist möglich, wenngleich auch momentan noch die Ausnahme. Noch! Denn mit den entsprechenden Ansätzen, Ideen und Coaching ist dieses Szenario genauso realistisch wie im Sport. Ein hohes Maß an Leichtigkeit *und* hervorragende Leistungen sind der natürliche Entwicklungszustand einer jeden Organisation. Jedoch nur dann, wenn sie sich offen gegenüber einem Organisations-Coaching zeigt und nicht versucht, das Coaching durch etwas anderes zu ersetzen oder gar gänzlich darauf zu verzichten. Die scheinbaren Alternativen sind nur allzu verlockend. Auch ist nicht überall Coaching drin, wo Coaching drauf steht. Mehr dazu im nächsten Kapitel.

Literatur

1. Bohulskyy, Y., Erlinghagen, M., & Scheller, F. (2011). Arbeitszufriedenheit in Deutschland sinkt langfristig. IAQ-Report Universität Duisburg Essen.
2. Lohmann-Haislah, A. (2012). Stressreport Deutschland 2012. Bundesanstalt für Arbeitsschutz und Arbeitsmedizin. http://www.baua.de/de/Publikationen/Fachbeitraege/Gd68.pdf?__blob=publicationFile. Zugegriffen: 3. Nov. 2014.
3. Simon, H. (2007). *Hidden Champions des 21. Jahrhunderts*. Frankfurt am Main: Campus Verlag.
4. www.gallup.com. Zugegriffen: 26. Jan. 2013.
5. www.inqa-unternehmenscheck.de. Zugegriffen: 11. Mai 2014.
6. www.kununu.com. Zugegriffen: 20. Okt. 2013.

Traditionelle Ansätze: haben Grenzen!

4

Zusammenfassung

Zielvereinbarungen: Allgegenwärtig, schädlich und was sie alles anrichten können. Warum eine erfolgsabhängige Vergütung in Organisationen nicht funktionieren kann. Verbesserungen und Weiterentwicklungen im Change Management und in der Personalentwicklung und warum sie dennoch nicht funktionieren. Die Faszination des Neuen. Folgen dieser Vielzahl an traditionellen und gleichzeitig ungenügenden Methoden. Strohfeuer und Beruhigungspillen. Was grundsätzlich zu tun ist.

Ein Ehemann zu seiner Frau: „Schatz, hast du einen Moment Zeit? Ich würde gerne etwas mit dir besprechen. Weißt du noch, wie wir uns letztes Jahr auf ein paar Dinge geeinigt hatten? Wir hatten vereinbart, dass du dich zukünftig bei deiner Hausarbeit ein wenig mehr anstrengst und bei der Kindererziehung deutlich konsequenter wirst, sodass ich etwas entlastet werde und nicht all die unbeliebten Entscheidungen bei den Kindern übernehmen muss. Wollen wir mal schauen, wie es gelaufen ist, ja? Nun, bei der Hausarbeit muss ich sagen, hast du dich wirklich verbessert. Da bin ich sehr zufrieden mit dir. Aber die Kindern, oh je... Hier bist du deutlich hinter meinen Erwartungen zurückgeblieben. Ich kann zwar erkennen, dass du dich bemühst, sehe aber noch Entwicklungsbedarf. Aber ich bin überzeugt, dass du ein großes Potenzial hast. Wollen wir mal zusammen schauen, was wir tun können, damit du auch hier deine Ziele erreichst? Schließlich hängt ja unser aller Wohl davon ab. Schatz, du möchtest doch bestimmt auch dieses Jahr die Erhöhung deines Haushaltsgeldes, oder?"

Wie würde der „Schatz" wohl reagieren? Wenn ich der Ehemann wäre, würde ich sämtliche Bratpfannen und Nudelhölzer vorher sorgfältig verstecken. Dieses Gespräch erscheint bizarr und niemand würde ernsthaft auf die Idee kommen, so etwas auszuprobieren. Familien sind die wohl am besten funktionierenden Organisationen auf dieser Welt und würden sofort in schwere Vertrauenskrisen geraten.

So undenkbar solch ein Gespräch in Familien ist, so selbstverständlich ist es in Unternehmen. Etwas, das jede funktionierende Familie sofort schwer belasten würde, vielleicht sogar auseinanderreißen würde, wird in Unternehmen turnusmäßig mit der allergrößten Selbstverständlichkeit durchgeführt. Das ist erstaunlich, vielleicht sogar schockierend. Man nennt das Zielvereinbarungs- und Mitarbeiterbeurteilungsgespräche (oder in Denglisch: Management by Objectives). Sie gehören zum Standardrepertoire einschlägiger Managementbücher und -lehren.

4.1   Zielvereinbarungen und Entlohnung

Damit kein falscher Eindruck entsteht: Ziele sind etwas Großartiges. Ziele geben eine Richtung vor, geben Orientierung und Motivation. Was wäre unser Leben ohne Ziele. Die zugrundeliegende Idee, der in Organisationen verwendeten Zielvereinbarungen (Management by Objectives), hat durchaus Hand und Fuß. Jede Organisation hat Ziele, die sie erreichen muss: Umsatzziele, Marktanteilsziele, Ertragsziele etc. Ansonsten ist ihre Existenz gefährdet. Es ist eine Selbstverständlichkeit, dass nur die Führungskräfte und Mitarbeiter der Organisation diese Ziele erarbeiten können. Also führt kein Weg daran vorbei, dass jeder seinen Teil dazu beiträgt. Dabei ist es scheinbar nur allzu naheliegend, auch mit jedem Mitarbeiter und jeder Führungskraft die individuellen Ziele zu definieren und konsequenterweise auch deren Erreichung zu überwachen.

Ich habe in den bislang 20 Jahren meiner Berufstätigkeit zahlreiche Unternehmen kennengelernt und alle – ausnahmslos – verwenden Zielvereinbarungen und Beurteilungsgespräche. Und in keinem einzigen habe ich gesehen, dass sie zufriedenstellend funktionieren. Nirgends. Um sie dennoch irgendwie über die Bühne zu bekommen, entwickeln die Menschen eine unglaubliche Kreativität. Entweder werden die Ziele bewusst so schwammig formuliert, dass die Mitarbeiter sie so oder so immer erreichen. Oder die Beurteilung fällt immer positiv aus, egal was der Mitarbeiter getan hat, oder – falls wirklich mal jemand es wagt, Kritik zu äußern – schaltet sich der Betriebsrat ein und erzwingt positivere Beurteilungen. Viele Führungskräfte nehmen diese Gespräche nicht allzu ernst und führen sie mehr oder weniger pro forma beziehungsweise in einem kameradschaftlichen Ton durch. Manchmal werden einfach immer wieder die Ziele und Beurteilungen aus den Vorjahren übernommen und kopiert. Da das nicht im Sinne des Erfinders ist, gehen viele Unternehmen zu den sogenannten „Forced Ratings" über, bei denen die prozentuale Verteilung der „Schulnoten" fest vorgegeben wird. Die Führungskräfte dürfen dann beispielsweise nur zehn Prozent ihrer Mitarbeiter die Bestnote geben, nur 30 % dürfen die zweitbeste Beurteilung bekommen, maximal 40 % ein Befriedigend und mindestens 20 % ein Mangelhaft. Dass diese Rasenmäher-Methode zu massiver Verärgerung und Frustration bei allen Beteiligten führt, ist klar.

Viele Unternehmen haben das erkannt und schlagen einen vermeintlich eleganteren Weg ein. Sie versuchen, die Zielvereinbarungen aufzuwerten, indem sie eine leistungsabhängige Vergütung an die Beurteilung koppeln. Das ist zunächst einmal gut gemeint. Über die Bezahlung soll sichergestellt werden, dass jeder sein Bestes gibt. Das Problem ist nur: Es funktioniert trotzdem nicht, oft macht es die Sache nur noch schlimmer. Das gleich aus drei Gründen:

Erstens: Beim Geld hört bekanntlich der Spaß auf. Es ist eine Illusion, zu glauben, dass Menschen primär durch Geld motiviert werden ([1] und [3]). Das mag manchmal der Fall sein, in der Regel jedoch nicht. Menschen haben ganz andere elementare Bedürfnisse. Sie möchten in erster Linie fair behandelt werden und eine faire Anerkennung für die geleistete Arbeit bekommen, auch im Vergleich zu ihren Kollegen oder anderen Unternehmen. Menschen möchten eine Perspektive haben und sich weiterentwickeln können. Sie möchten ein gutes Gefühl ihrer selbst haben. All das hat mit Geld herzlich wenig zu tun. Setzt ein Unternehmen auf eine erfolgsabhängige Bezahlung, ist die Gefahr groß, all dies zu zerstören und mit Geld mehr zu demotivieren als zu motivieren. Wie bei unserem fiktiven FC Bigcity, bei dem die Fußballspieler nach Toren (Leistung) bezahlt wurden. Es zerriss die Mannschaft.

Zweitens: Es wird übersehen, dass der Einzelne seine Ziele nicht ohne die anderen Mitarbeiter und Kollegen erreichen kann. Man ist eine Mannschaft, man sitzt gewissermaßen im gleichen Boot. Macht einer nicht mit, weil er vielleicht an persönliche Grenzen stößt und niemanden hat, mit dem er vertraulich darüber reden kann, hat das Auswirkungen auf alle anderen. Der Einzelne kann seine Ziele nur sehr selten autonom umsetzen. Er braucht andere dazu. Die meisten Aufgaben in Organisationen sind so komplex, dass sie in der Regel nur durch mehrere bewerkstelligt werden können. Hinzu kommt, dass vielen Führungskräften und Mitarbeitern durch Zielvereinbarungen suggeriert wird, dass es hier um *ihre ganz persönliche individuelle* Leistung geht. Das ist kontraproduktiv. Kein Wunder, dass viele jegliche Unterstützung beispielsweise durch einen Coach strikt ablehnen, denn dann würde ja nicht mehr ihre eigene Leistung gemessen. Das ist natürlich Unfug mit fatalen Wirkungen.

Drittens: Die Menschen stoßen schlichtweg an ihre persönlichen Grenzen. Die Führungskräfte beispielsweise dabei, Ziele gekonnt zu formulieren und professionelles, positives wie negatives Feedback zu geben. Die Mitarbeiter dabei, diese Ziele umzusetzen. Coaching findet zur Unterstützung allenfalls nur sporadisch statt. Das ist so, wie wenn man einer Sportmannschaft eine Zielvorgabe gäbe, wie etwa: „steigt in die nächste Liga auf", und die Mannschaft dann ohne einen Coach ein Jahr lang vor sich „hinwursteln" lässt und sich wundert, dass sie nach einem Jahr eher vom Abstieg bedroht ist, als auf einem der Aufstiegsplätze steht.

4.2 Diverse Weiterentwicklungen

Da Zielvereinbarungen mit oder ohne leistungsabhängige Vergütung in ihrer Wirkung begrenzt sind und bei komplexen Aufgaben, die nur im Team erzielt werden können, mehr schaden als nützen, wurde im Laufe der Jahre eine Vielfalt an Methoden entwickelt, um mehrere Personen einer Organisation *gleichzeitig* (als Mannschaft) bei ihrer Zielerrei-

chung zu unterstützen. Im Rahmen von einmaligen Veränderungsprojekten, beispielsweise bei Unternehmenszusammenschlüssen oder der Einführung neuer Softwaresysteme,
nennt man das Change Management (CM). Bei regelmäßigen Verbesserungsmaßnahmen
spricht man von Organisationsentwicklung (OE). Diese Unterscheidung ist aber mehr for-
maler und historischer Natur. Inhaltlich sind sich OE und CM ähnlich. [1]

Bei CM und OE hat die menschliche Kreativität zu einer beeindruckenden Vielfalt
an unterschiedlichsten Formaten geführt. Es wird mit kleineren Gruppen gearbeitet (beispielsweise Teambuilding, Appreciative Inquiry etc.), oder auch mit sehr großen (sogenannte Großgruppeninterventionen, wie zum Beispiel World Cafe). Manchmal liegt der
Schwerpunkt der OE/CM-Arbeit bei dem externen Dienstleister (wie zum Beispiel beim
Interimsmanagement, bei dem ein externer Manager zeitweilig die Führung übernimmt),
manchmal bei den Beteiligten (beispielsweise bei der Mediation, bei der die Konflikt-
parteien an einem Tisch sitzen und gemeinsam eine Lösung finden). Manchmal finden
die OE/CM-Maßnahmen an der frischen Luft statt, etwa bei der Arbeit mit Tieren (zum
Beispiel Pferde oder Wölfe) oder in einem Klettergarten (bei dem man hoffentlich schwin-
delfrei ist). Wer es ganz heftig will, oder sonst schon alles ausprobiert hat, kann mit seinen
Leuten einmal den Kilimandscharo besteigen oder eine Wüste durchqueren. Auch dazu
gibt es die unterschiedlichsten Angebote.

Alle OE/CM-Maßnahmen haben aber immer noch ein entscheidendes Problem: Sie
vernachlässigen weitestgehend das Individuum mit seinen ganz persönlichen einzigarti-
gen Herausforderungen am Arbeitsplatz. Wenn die Mitarbeiter nach einem OE/CM-Tea-
mevent wieder zurück an ihren Arbeitsplatz kommen, wissen sie oft nicht, wie sie nun das
Gelernte umsetzen sollen. Selbst, wenn man sich im Klettergarten gegenseitig geholfen
(d. h. abgeseilt) hat oder in einem World Cafe viele anregende Gespräche geführt hat,
heißt das noch lange nicht, dass dies nun im Büro genauso funktioniert. Erfahrungsge-
mäß führt man dort die Arbeit nicht konsequent fort und so verpufft die Wirkung schon
nach wenigen Wochen wieder. Folgerichtig ist in den letzten Jahren ein riesiges Instru-
mentarium für die Arbeit mit dem Individuum entstanden. Das wird Personalentwicklung
(PE) und Selbstmanagement (SM) genannt. Zu PE gehören diverse Beratungsformate,
beispielsweise Karriereberatung, Gesundheitsberatung, Führungs-Coaching, Kommu-
nikations-Coaching, Mentoring, E-Learning etc. Die Vielfalt ist so enorm, dass sie hier
nur angedeutet werden kann. Bezüglich SM ist die Vielfalt ähnlich unüberschaubar. Hier
kommen noch viele esoterische und halbesoterische Angebote hinzu. Der unerschrockene
Leser möge sich nur einmal in einem Buchladen in der Selbstmanagement- oder Selbst-
hilfesektion umschauen.

---

[1] Die Literatur dazu ist unüberschaubar. Der geneigte Leser kann sich etwa hier einen ersten Überblick verschaffen: [4] sowie [2].

4.3 Warum dies nicht funktioniert

Nun liegt die Lösung scheinbar auf der Hand: Damit eine Organisation ihre Ziele erreicht, muss sie doch nur geeignete OE/CM-Maßnahmen mit geeigneten PE/SM-Maßnahmen verknüpfen. Damit würde die Organisation als Ganzes *und* die einzelnen Personen die notwendige Unterstützung erfahren. Dies ist jedoch nicht so – aus zwei Gründen. Der erste ist rein pragmatisch: Es ist kaum noch möglich, aus den vielen OE/CM/PE/SM-Ansätzen geeignete auszuwählen, die auch zueinander passen. Die schiere Vielfalt an Kombinationsmöglichkeiten ist atemberaubend. Jede Auswahl erscheint immer auch ein Stück weit willkürlich und macht es den Organisationen schwer, die kombinierte Maßnahme den Mitarbeitern und Führungskräften gegenüber zu begründen und zu „verkaufen".

Der zweite Grund ist fundamentaler: Wer streng zwischen der Entwicklung einer Organisation und der Entwicklung der Mitarbeiter beziehungsweise Führungskräfte unterscheidet, macht einen ganz grundlegenden Fehler. Er übersieht schlichtweg, dass Organisationen und Mitarbeiter *identisch* sind. Organisationen bestehen aus den Mitarbeitern, die für sie arbeiten. Eine Organisation ist die Summe der Mitarbeiter, um es mathematisch auszudrücken. Eine Organisation kommt nur voran, wenn die Mitarbeiter vorankommen. Man kann nur beides entwickeln, nicht das eine ohne das andere. Die Trennung in OE/CM auf der einen Seite und PE/SM auf der anderen ist vollkommen künstlich. Man kann sie allenfalls historisch erklären. Inhaltlich macht sie keinen Sinn.

► Aufgrund dieser historischen Trennung in OE/CM und PE/SM gibt es wenig, um Organisationen *und* Mitarbeiter gleichgerichtet *und* gleichzeitig zu unterstützen. Gemischte Maßnahmen versuchen immerhin, in die richtige Richtung zu gehen, vermeiden aber den konsequent notwendigen Schritt, nämlich diese künstliche Trennung endgültig ad acta zu legen. OE/CM und PE/SM als zwei verschiedene Disziplinen zu sehen, ist ein Irrweg, denn wenn Organisationen identisch sind mit den Individuen, die für sie arbeiten, dann ist die *Veränderung* der Organisation gleich der Summe der individuellen Veränderungen. OE/CM und PE/OE betrachten im Grunde zwei Seiten ein und derselben Münze, tun aber so, als handele es sich um zwei grundsätzlich verschiedene Dinge.

Außerdem kann man sich auch einmal fragen, warum es diese nicht mehr überschaubare, astronomische Vielfalt an OE/SM/PE/SM-Methoden, Verfahren und Tools überhaupt gibt und warum nichtsdestotrotz immer noch neue Methoden auf den Markt kommen. Wenn es zur Behandlung einer Krankheit trotz einer Vielfalt an bereits existierender Behandlungsmethoden immer wieder neue Medikamente gäbe, oder zu einem Problem immer wieder neue Lösungen, würde man doch vermuten, dass alles, was bisher entwickelt oder entdeckt wurde, nicht wirklich hilft.

Trotzdem gibt es zwei gute Gründe, dass immer wieder neue Methoden auf den Markt geworfen werden: Erstens lieben die Menschen das Neue an sich. Auch wenn bislang nichts gefunden wurde, was wirklich zu einer fundamentalen Verbesserung der Situation geführt hätte, das Neue ist immer besonders. Mit Neuem kann man Aufmerksamkeit gewinnen. Nachrichtensendungen machen sich das zunutze und berichten stets über Neuigkeiten, auch wenn sie wenig relevant für den Einzelnen sind. Auch die Modeindustrie lebt von der Faszination des Neuen, wie viele andere Industrien auch. Zweitens hat kaum ein Anbieter ein Interesse, an dieser Situation etwas zu ändern. Eher das Gegenteil ist der Fall. Die meisten haben sich in einem der vier Bereiche spezialisiert und positioniert und sind Experten auf ihrem Spezialgebiet. Verständlicherweise versuchen sie mit „neuen" Produkten und „Weiterentwicklungen" ihr Angebot attraktiv zu gestalten und Kunden zu gewinnen.

4.4 Trost und Alibis

Als scheinbarer Ausweg (oder vielleicht auch nur als Trost) aus diesem wenig zufriedenstellenden Wildwuchs entstand in der Vergangenheit eine Vielfalt an weiteren Angeboten, die meiner Meinung nach aber mehr dem „Corporate Entertainment" dienen, als dass sie die Organisation wirklich voranbringen, also zu „Corporate Development" führen. Dazu zählen beispielsweise das Unternehmenstheater[2] oder Motivationsredner. Ihnen gemeinsam ist, dass sie immer nur einmalig stattfinden. Sonst würde der Unterhaltungswert sinken. Natürlich darf man aber der Ehrlichkeit halber nicht verschweigen, dass solche Unterhaltungsprogramme die Probleme in einer Organisation tatsächlich aussprechen können, sie jedoch nicht unbedingt bearbeitet werden. Das Verführerische bei diesen Großereignissen ist, dass sie spektakulär sind und Gesprächsstoff liefern. Bleibt es beim Reden und kommt man nicht nachhaltig ins Tun (und das ist leider meiner Erfahrung nach meistens der Fall, denn das Tun wird ja nicht weiter begleitet), ist „außer Spesen nichts gewesen". Solch ein Corporate Entertainment kann fatal sein. Es kann leicht davon ablenken, dass es letzten Endes ohne persönliche individuelle Veränderungen keine organisatorischen gibt.

Neben Corporate Entertainment sieht man mitunter noch ein ganz anderes Phänomen: gegenseitige Schuldzuweisungen. Zum Beispiel werfen Führungskräfte ihren Mitarbeitern mangelnden Einsatzwillen vor, während die Mitarbeiter ihren Führungskräften fehlende Führungsfähigkeiten konstatieren. 2012 gab es ein Thesenpapier des Bundesverbandes der Personalmanager (BPM) bezüglich schlechter Führung, die die Mitarbeiter letztendlich krank macht und in der Forderung eines Führerscheins für Führungskräfte gipfelte. Prompt kam die Retourkutsche des Arbeitgeberpräsidenten Dieter Hundt, der konstatierte, dass nicht die Arbeit krank mache, sondern der Mangel daran [5] Seite 5.

Oft bleiben so anstehende Aufgaben und Probleme längere Zeit ungelöst und schwelen vor sich hin. Irgendwann werden die Zustände unerträglich und den Organisationen bleibt

---

[2] Beim Unternehmenstheater spielen Schauspieler typische Szenen aus der betrieblichen Realität auf der Bühne nach, wobei die Mitarbeiter und Führungskräfte Regieanweisungen geben dürfen. Das Ganze ist sehr lustig, zumindest für die, die gerade nicht auf der Bühne dargestellt werden. Die anderen brauchen eine Menge Humor.

notgedrungen nichts anderes übrig, als sie *extern* durch einen Anbieter aus der Berater-branche bearbeiten zu lassen. Hierzu gehören etwa die Entwicklung einer neuen Strategie und deren Umsetzung, Erhöhung der Kundenzufriedenheit, Verbesserung der Arbeits-prozesse, Modernisierung der Unternehmenssoftware oder die Durchführung eines Mer-gers. Auch hierfür wurden sehr viele Methoden entwickelt, denn die Beratungsbranche ist außergewöhnlich kreativ: Zero Base Budgeting, Process Reengineering, Lean Manage-ment, Kaizen usw. All das kann eine Organisation natürlich an einen externen Berater vergeben. Die Frage ist nur, ob diese Probleme auch tatsächlich dauerhaft von dritten ge-löst werden können. Die Organisation verschafft sich so zwar etwas Luft und einen Zeit-gewinn, wirklich fitter ist sie jedoch nicht geworden. Das wird man nur, wenn man seine Probleme selbst löst. Das Mannschaftsspiel wird nicht dadurch besser, dass man für ein einzelnes Spiel einen Zusatzspieler auf das Feld stellt. Das Spiel kann nur die Mannschaft selbst verbessern. Temporäre Zusatzspieler sind keine dauerhafte Lösung. Sie sind aber auf jeden Fall kostspielig.

4.5   Was ist grundsätzlich zu tun?

Sämtliche oben beschriebenen Methoden haben einen fundamentalen Nachteil: Für viele organisatorische Probleme sind sie wirkungslos. Alles, was mit einem Mangel an gutem Mannschaftsspiel zu tun hat, und das ist eine Menge, kann von außen nur sehr begrenzt verbessert werden. Nur die Spieler selbst können sich das erarbeiten. Alles, was zum Bei-spiel einen Kulturwandel in einer Organisation benötigt, kann nur schwerlich von Dritten bereitgestellt werden. Die Art und Weise, wie man miteinander kommuniziert, oder der etablierte Führungsstil beispielsweise sind kulturelle Aspekte in einer Organisation, die die Mitarbeiter und Führungskräfte schon selbst verändern müssen. Oft werden durch externe Berater nur die allergröbsten Missstände verbessert, das schlechte Gewissen be-sänftigt oder ein wenig Zeit gewonnen.

Es ist klar, dass nur die individuelle und auf ein gemeinsames Ziel hin harmonisier-te Arbeit der Mitarbeiter und Führungskräfte die Organisationen dauerhaft voranbringt. Erstaunlich ist nur, dass die oben beschriebenen Alibis, Strohfeuer, Nebenkriegsschau-plätze und Beruhigungspillen immer noch so beliebt sind – vielleicht auch aus Mangel an sinnvollen Alternativen. Eine Möglichkeit zu mehr Leistung und Leichtigkeit ist aber zweifellos die Übertragung des sportlichen Gedankens auf Organisationen. Wir werden das im Folgenden als Organisations-Coaching bezeichnen.

▶   Organisations-Coaching hebt die künstliche Trennung von Organisation und Mitarbeitern, beziehungsweise Mannschaft und Spielern auf. Wenn die Orga-nisation und Mitarbeiter im Grunde genommen *identisch* sind, ist es nahelie-gend, dass man für eine Begleitung zur organisatorischen Top-Liga nicht per se ein Universum unterschiedlicher Methoden braucht. Im Organisations-Coa-ching kommt primär Coaching zur Anwendung, dies jedoch für möglichst alle Beteiligten.

Natürlich kommen grundsätzlich auch Trainings und andere Beratungsleistungen in Betracht. Jedoch nicht als Lückenfüller. Wichtig beim Organisations-Coaching ist es, die stattfindenden Coachings horizontal (d. h. über verschiedene Unternehmensbereiche hinweg) und vertikal (d. h. über die Hierarchieebenen hinweg) zu integrieren. Nur so kommt es zu einer ausreichenden Abdeckung der Organisation. Auch hiermit werden wir uns im Verlauf des Buches beschäftigen.

Grundsätzlich wird meiner Erfahrung nach Coaching noch zu selten in Organisationen angewandt. Das liegt zum einen daran, dass diese Beratungsform im Vergleich zu Training, Beratung oder Consulting noch relativ jung ist. Zum anderen gibt es bezüglich Coaching sicherlich noch mehr Vorurteile und Berührungsängste als gegenüber den anderen Beratungsformen. Daher im folgenden Abschnitt mehr zum Thema Coaching. Denn kaum eine Beratungsform ist besser geeignet, eine Organisation in die Top-Liga von gelebter Leistung und Leichtigkeit aufsteigen zu lassen. Coaching ist entscheidend dafür, dass sowohl die Mannschaft als auch die einzelnen Spieler gemeinsam und koordiniert agieren. Aber Coaching wird oft mit Training oder Beratung vermischt oder verwechselt. Ein verhängnisvoller Irrtum.

Literatur

1. Ariely, D. et al. (2005). Large stakes and big mistakes. Working papers Federal Reserve Bank of Boston. www.bostonfed.org/economic/wp/wp2005/wp0511.pdf. Zugegriffen: 10. April 2014.
2. Doppler, K., & Lauterburg, C. (2008). Change Management: Den Unternehmenswandel gestalten. Frankfurt am Main: Campus Verlag.
3. Irlenbusch, B. et al. (2005). Incentives, decision frames and motivation. Forschungsinstitut zur Zukunft der Arbeit. http://ftp.iza.org/dp1758.pdf. Zugegriffen: 8. Mai 2014.
4. Mintzberg, H. et al. (2012). Strategy Safari: Der Wegweiser durch den Dschungel des strategischen Managements. München: FinanzBuch Verlag.
5. ManagerSeminare. (2013). Seite 5, Heilloses Hickhack – Anti-Stress-Verordnung, Andree Martens (ama) (März).

Coaching: mehr davon!

5

Zusammenfassung

Status quo Coaching: Der Markt ist jung, klein und strotzt nur so vor Unklarheiten, Missverständnissen und Vorurteilen. Was ist Coaching. Warum boomt Coaching. Was ist Organisations-Coaching. Andere Beratungsformen. Warum Psychotherapie nichts mit Coaching zu tun hat. Wie Coaching funktioniert. Tugenden im Coaching. Interaktionen im Coaching. Die gecoachte Organisation. Ein Ansatzpunkt bei der Unternehmensgründung. Coaching ist im Beratungsmarkt bislang noch deutlich unterrepräsentiert. Welche Nachteile hat das für Organisationen. Es gibt viele (vorgeschobene) Gründe, warum ein Coaching – obwohl angezeigt – nicht durchgeführt wird, und gute überzeugende Argumente, es dennoch zu tun. Populäre Irrtümer.

Die Beratungsform Coaching spielt bei der Verbesserung des Mannschaftsspiels einer Organisation eine besondere Rolle. Wie im Sport auch sind Leistung und Leichtigkeit und ein Aufstieg in die höheren Klassen ohne Coaching nicht denkbar. Gleichzeitig ist Coaching die jüngste der Beratungsformen und immer noch mit einer Fülle an Vorurteilen und Unklarheiten behaftet. Deshalb werden wir uns in diesem Abschnitt mit Coaching und den Unterschieden zu anderen Beratungsformen näher befassen. Nur die richtige Beratungsform zur richtigen Zeit bringt etwas.

Und natürlich schauen wir uns einmal näher an, was für ein Potenzial in einer gecoachten Organisation steckt.

© Springer Fachmedien Wiesbaden 2015

T. Schulte, *Leistung und Leichtigkeit,* DOI 10.1007/978-3-658-08646-6_5

5.1   Die gecoachte Organisation

Ich glaube, es sollte noch viel mehr Coaching geben als dies momentan der Fall ist. Warum? Weil es das ist, was Organisationen und die in ihnen arbeitenden Individuen wohl am meisten brauchen. Denn jede Organisation ist anders und jeder Mitarbeiter ist einzigartig. Jeder hat seine ganz individuellen Ziele, Stärken und Schwächen. Manchmal mangelt es an Flexibilität, Innovation und Führung, manchmal auch nur an ein paar zündenden Ideen. Auf diese individuellen Unterschiede geht Coaching ein. Gleichzeitig lassen sich die wirklich anspruchsvollen Themen einer Organisation nur *gemeinsam* bearbeiten und Organisations-Coaching begleitet zu diesem gemeinsamen Ziel.

Leider finden in Organisationen in der Regel aber nur wenige und noch dazu voneinander unkoordinierte Einzel-Coachings statt. Oft sind dies heroische Einzelmaßnahmen, isoliert und ohne Bezug zur Organisationsentwicklung und übergeordneten Strategie. Solche Coachings sind nicht nur suboptimal, sie können sogar kontraproduktiv sein, etwa wenn ein Einzelner nach einem Coaching erst erkennt, wie stark er davon profitiert hat und wie weit er nun tatsächlich in einer ansonsten unveränderten Organisation hinter seinen Möglichkeiten zurückbleibt (da keiner außer ihm ein Coaching gemacht hat). Nicht selten kündigen dann diese Mitarbeiter, sehr zum Entsetzen des Vorgesetzten. Hat man doch gerade erst ein Coaching in ihn „investiert".

Eines der beeindruckendsten Beispiele für ein gelungenes Organisations-Coaching bietet die Wirtschaftsprüfungsgesellschaft Deloitte and Touche USA, die 2007 für ihr bahnbrechendes Coaching-Programm den begehrten ICF Global PRISM Award zugesprochen bekam. Deloitte and Touche USA wusste, dass durchschnittlich etwa zwei bis drei Mitarbeiter täglich weltweit die Firma verlassen und demzufolge auch ebenso viele weltweit irgendwo eingestellt werden. Die Firma hatte auch erkannt, dass dies nicht nur teuer ist, sondern auch eine Chance darstellt und die wollte man stärker nutzen.

Jeder Mitarbeiter, der geht, ist bei einer Wirtschaftsberatung ein potenzieller Kunde, da die Mitarbeiter hochqualifiziert sind und nach ihrem Ausscheiden bei anderen Firmen sehr oft hochrangige Führungspositionen einnehmen, in denen sie wiederum Wirtschaftsprüfer engagieren können. Das heißt, jeder Mensch, der sich dazu entschloss, seine Karriere außerhalb der Firma fortzusetzen, sollte nach seinem Ausscheiden so von seinem ehemaligen Arbeitgeber überzeugt sein, dass er in seiner neuen Position Deloitte and Touche als Wirtschaftsprüfer bevorzugt.

Neu eingestellte Mitarbeiter sind dann eine große Chance, wenn sie sich so schnell wie möglich einfügen, sich mit ihrer Arbeit vertraut machen, Spitzenleistungen vollbringen, natürlich möglichst lange bleiben und währenddessen über ihren Arbeitgeber im Bekannten- und Freundeskreis positiv sprechen. Denn nicht nur die Qualität der Arbeit ist extrem wertvoll für eine Wirtschaftsprüfungsgesellschaft, sondern auch ihr Image nach außen. Reden Mitarbeiter gut über ihre Firma, verbessern sie das Firmenimage. Umso leichter fällt es dann, neue Kunden zu gewinnen und die besten Talente einzustellen, und das ist bares Geld wert.

Um diese Chancen bestmöglich zu nutzen, entwickelte sich Deloitte zu einer „Coached Organisation" weiter. Das bedeutete, dass jeder Mitarbeiter ungeachtet seiner Position Anspruch auf Coaching hat, entweder durch einen externen Coach, einen hauseigenen internen oder durch den Vorgesetzten[1]. Zu diesem Zweck wurden alle Führungskräfte des Hauses als Coaches weitergebildet. Das Programm war so erfolgreich, dass Deloitte sogar eine US-Dollar-Renditenberechnung durchführte und bei vorsichtiger Schätzung eine Rendite von mehreren hundert Prozent einheimsen konnte. Das heißt, dass Deloitte für jeden Dollar, den es in das Coaching hineinsteckt, mehrere Dollar an zusätzlichen Kundenaufträgen, besseren Leistungen und einem guten Firmenimage zurückerhält.

Oft wird schon bei der Gründung einer Organisation das Fundament für den weiteren Erfolgs gelegt. Bei folgendem Unternehmen spielte Coaching hierbei eine tragende Rolle.

5.2   Ein Ansatzpunkt bei der Unternehmensgründung

Anfang 2013 sah ich im Fernsehen zur besten Sendezeit einen Bericht über die abat AG, einem Spezialisten für SAP-Software- und Architekturlösungen mit Hauptsitz in Bremen. Die abat AG hatte die begehrte Auszeichnung „Bester Arbeitgeber des Jahres" der Universität St. Gallen erhalten. Zu diesem Zeitpunkt hatte ich mit diesem Buch noch nicht begonnen, fand aber diese Firma mit ihren innovativen Konzepten so beeindruckend, dass ich damals schon mehr über sie zu erfahren wollte. Diese Firma funktionierte offensichtlich wie eine große, gut eingespielte Mannschaft. Man brauchte so gut wie keine Hierarchien, kaum Budgetierung und wenig Anweisungen seitens der Vorgesetzten. Trotzdem (oder gerade deswegen?) war man außergewöhnlich erfolgreich. Ein Jahr später bat ich den Vorstand, Herrn Ronald Wermann, um ein Interview, in der Hoffnung zu erfahren, wie er das geschafft hatte.

Herr Wermann erzählte mir, dass er in seiner beruflichen Laufbahn vor der abat AG oft mit Managern zu tun hatte, die mit Druck, Autorität und strengen Budgetkontrollen führten. Vertrauen und Respekt hatte in deren Welt kaum einen Platz. Die Mitarbeiter machten zwar notgedrungen ihren Job, aber mehr aus Furcht vor Repressalien als aus innerer Überzeugung. Eigeninitiative, Risiken einzugehen und unternehmerisches Denken wurden ihnen abgewöhnt. Oftmals kündigten sie bei der erstbesten Gelegenheit. Das fand er sehr schade und schon früh festigte sich in ihm die Überzeugung, dass dies auch anders geht, ja anders gehen muss. Als er ein paar Jahre später mit drei Gleichgesinnten und acht Angestellten die abat AG gründete, entschloss man sich, diese Erfahrungen einfließen zu lassen.

Er und seine Kollegen im Management setzten von Anfang an auf Selbstverantwortung, flache Hierarchien, Vertrauen und Förderung der Mitarbeiter. „Autorität kommt

---

[1] Ob Coaching von Führungskräften durchgeführt werden kann und soll, wird oft kontrovers diskutiert. Coaching kann aber auf jeden Fall als *einer* von mehreren Führungsstilen verstanden werden. Wird Coaching situationsbedingt eingesetzt, hat es für die Führungskultur einen Mehrwert.

nicht durch laute Stimme, sondern durch Förderung. Wir bieten Freiräume an, Möglichkeiten, und ein guter Vorgesetzter ist in der Regel ein guter Coach und Mentor. Vertrauen
ist besser als Druck und ein Coach ist besser als ein klassischer Vorgesetzter", so seine
bemerkenswerte Philosophie. Konsequenterweise dürfen die Mitarbeiter auch zu einem
anderen Vorgesetzten wechseln, sofern sie das wünschen, und sind bei der Definition ihrer
Geschäftsprozesse selbst gefragt. Denn: „Wer selbst seinen Prozess kreiert, kann alles,
was er braucht, integrieren. Überflüssiges fällt von alleine raus. Druck, dass er auch durchgeführt wird, ist überflüssig." Um das Gemeinschaftsgefühl weiter zu stärken, werden die
Mitarbeiter, die in der Regel bei den Kunden in ganz Deutschland tätig sind, einmal in der
Woche mit einem Newsletter über alles, was in der Firma passiert, informiert. Viermal im
Jahr trifft man sich persönlich, davon einmal auch mit den Partnern der Mitarbeiter. Seine
Erfolge zu feiern, ist wichtiger Bestandteil der Firmenkultur.

Die ganze Firma vermittelt den Eindruck einer tollen Mannschaft, wo der Chef genauso mit agiert wie der Kapitän einer Mannschaft. Die Firma ist so erfolgreich, dass sie es
sich erlauben kann, antizyklisch Mitarbeiter einzustellen. Das heißt, wenn andere in einer
Wirtschaftkrise entlassen, stellt die abat AG ein. Immer vorausgesetzt natürlich, dass der
Gewinn nicht unter einen kritischen Wert fällt. Außerdem musste in den ersten 14 Jahren der Firmengeschichte kein einziger Euro für Personalanzeigen oder -berater ausgeben
werden. Im Laufe der Zeit wurden über 300 neue Mitarbeiter ausschließlich durch die
Empfehlungen der alten Mitarbeiter gewonnen und auch heute ist es in den meisten Fällen
noch so. Ein unschätzbarer Vorteil nicht nur bei den Personalbeschaffungskosten, sondern
auch beim Wettbewerb um die besten Köpfe.

5.3   Status quo Coaching

Im vorigen Kapitel haben wir gesehen, wie kreativ die Branche bei der Entwicklung neuer
Formate im Bereich OE/CM/PE/SM ist. Für Coaching gilt dies nicht minder. Coaching
kann da locker mithalten. Kaum ein Coaching, das es nicht gibt: Vocal Coaching (Stimm-
training), Sales Coaching (Verkaufstraining), Calorie Coaching (Ernährungsberatung),
Single Coaching (Partnervermittlung), Career Coaching (Karriereberatung), Cultural Coaching (Interkulturelles Training), Dog Coaching (Hundetraining), um nur einige wenige
zu nennen. All diese Dienstleistungen haben sicherlich ihren Nutzen und ihre Existenz-
berechtigung, jedoch verwirrt diese „Coaching"-Vielfalt und bringt uns unserem Ziel, Organisationen zu Leichtigkeit und Leistung zu verhelfen, nicht weiter. Ganz im Gegenteil.
Dieser Wildwuchs an Coaching-Formaten ist für potenzielle Kunden, die Coaching für
sich einsetzen wollen und nicht die Zeit haben, sich mit den Unterschieden intensiv auseinanderzusetzen, reichlich abschreckend. Hier ist also mehr Klarheit notwendig.

Die oben genannten Coachings sind keine *echten* Coachings für unsere Zwecke, noch
kann dieser „neue Wein in alten Schläuchen" die Entscheidungsträger davon überzeugen, dass dadurch Organisationen wirklich vorangebracht werden. Viele sind sogar davon
überzeugt, dass sie diverses im Bereich Coaching schon Angebotenes in der einen oder

anderen Weise bereits einsetzen. Bei näherem Hinschauen entpuppen sich diese Maßnahmen jedoch meistens nur als umfirmierte Trainings, Beratungen oder Motivationsreden.

Obwohl mittlerweile kaum ein Tag vergeht, an dem man nicht irgendeiner neuen „Coaching"-Variante begegnet, ist Coaching immer noch eine relativ junge Dienstleistung. Das kann man zum Beispiel daran erkennen, dass der wichtigste und größte Coaching-Verband der Welt, die in den vorigen Abschnitten erwähnte ICF, erst 1995 in den USA gegründet wurde. Als ich mich in Deutschland nur wenige Jahre später intensiv mit Coaching befasste und auf der Suche nach einer guten und zertifizierten Coaching-Ausbildung war, wurde ich zunächst gar nicht fündig. Hierzulande hatten sich zu diesem Zeitpunkt die ersten Coaching-Verbände gerade erst gebildet. Zertifizierungen gab es noch nicht, weder für Coaches noch für Coaching-Trainings. Nur die ICF hatte einige wenige Ausbildungen zertifiziert, die meisten davon allerdings in den USA und Kanada. So ging ich für meine erste Ausbildung in die USA. Später absolvierte ich zur Abrundung und Ergänzung noch weitere Ausbildungen in Deutschland.

Heutzutage hat sich die Situation grundlegend gewandelt. Es gibt im deutschsprachigen Raum nun mehr Coaching-Verbände als einem lieb sein kann [8][2]. Auch die unterschiedlichsten Zertifizierungen sind wie Pilze aus dem Boden geschossen und machen angehenden Coaches die Wahl schwer.[3] Da ist es kaum erstaunlich, dass es natürlich sehr viele verschiedene Auffassungen darüber gibt, was Coaching ist. Der Markt ist an einem Punkt angelangt, wo weniger mehr wäre. Auch die Gründung eines Dachverbands und die Einführung einer geschützten Berufsbezeichnung für Coaching wären begrüßenswert, stehen aber noch aus.

Auf einem Coaching-Kongress fragte ich einmal die Zuhörer, ob es in Deutschland mehr Steinmetze oder mehr Coaches gäbe. Ich hatte zuvor einen Bericht im Fernsehen über den neuen Mindestlohn in dieser Branche gesehen. Sonst hätte ich das auch nicht gewusst. Fast alle meinten, dass es mehr Coaches gäbe. Was meinen Sie? Auflösung siehe Fußnote[4].

Coaching ist also nicht nur ein junger Markt, sondern auch noch ein recht kleiner Markt. Trotz hoher Wachstumsraten in den letzten Jahren und sehr optimistischer Wachstumsaussichten unter den in Organisationen beschäftigten Personal- und Weiterbildungsverantwortlichen in Deutschland[5] ist Coaching verglichen mit anderen Beratungsformen immer noch stark unterrepräsentiert. Die Zahl der Unternehmensberater und Trainer liegt um ein

---

[2] Stand 2013 gibt es im deutschsprachigen Raum (D, A, CH) 36 Coaching-Verbände.

[3] Nicht nur die oben erwähnten Coaching-Verbände bieten zum Teil Zertifizierungen an, sondern Universitäten mit coaching-nahen Studiengängen, einige IHKs, sehr viele Coaching-Trainingsinstitute als auch Unternehmen, die ihren internen Weiterbildungsprozess auch dritten als Dienstleitung zur Verfügung stellen. Die Stiftung Warentest [10] hat im September 2013 daraufhin Coaching-Ausbildungen einem Test unterzogen, um den „Verbraucher" bei seiner Wahl zu unterstützen.

[4] Es gibt circa 12.000 Steinmetze und nur 2.000 bis maximal 8.000 Coaches. Sie Steinmetze haben also deutlich die Nase vorn. Die Medienpräsenz hat ihre Wirkung.

[5] Dies zeigen immer wieder Umfragen unter Personalverantwortlichen, die von Zeitschriften wie ManagerSeminare, Wirtschaft und Weiterbildung unter anderem turnusmäßig veröffentlicht werden.

Vielfaches über der der Coaches. Was auch sicherlich daran liegt, dass beide Märkte deutlich älter sind, also ein paar Jahre Vorsprung haben. Auf Coaching entfallen nur 1,6 % des Umsatzes der gesamten Beratungsbranche [5], S. 27. Darin enthalten sind auch Umsätze von Coaching-Trainings und Coaching-Datenbanken, sodass der Anteil des eigentlichen Coachings in Organisationen noch einmal deutlich geringer ausfallen dürfte.

Fazit

Aufgrund seiner erst jungen Geschichte, fehlender Strukturen und des geringen Marktanteils weist der Coaching-Markt im Gegensatz zum Beratungs- und Trainingsmarkt immer noch Pionierzüge auf. Auf der einen Seite herrscht Verunsicherung angesichts eines Dschungels an Verbänden und Zertifizierungen, auf der anderen Seite zuweilen Goldgräberstimmung, denn viele neue Coaches drängen Jahr für Jahr in den Markt, angespornt durch eine omnipräsente Berichterstattung in den Medien und positiver Umfragen. Viele Menschen sind fasziniert von diesem aufstrebenden, neuen und jungen Markt und wollen dabei sein. All das macht Coaching zu einem schillernden Begriff, der vor allem eines braucht: Klarheit darüber, was Coaching wirklich ist.

5.4   Was sind Coaching, Training und Beratung?

Gemäß der International Coaching Federation ist Coaching „eine professionelle Partnerschaft (Partnering with Clients), die in einem zum Nachdenken anregenden und kreativen Prozess den Klienten inspiriert, sein persönliches und professionelles Potenzial zu maximieren." Diese Definition ist sehr gut, allerdings für unsere Zwecke noch unvollständig. Denn was bedeutet es, „Potenzial zu maximieren"? Schließlich sollte es nicht nur maximiert werden, sondern die Organisation sollte auch ihre Ziele damit erreichen. Es geht um eine Verbesserung des Mannschaftsspiels, um einen Aufstieg in die nächsthöhere Klasse, zum Beispiel. Ansonsten wäre eine Potenzialmaximierung ja nur Selbstzweck. In Anlehnung und Ergänzung dazu wird Coaching für unsere Zwecke daher folgendermaßen definiert:

▶ **Coaching** ist eine professionelle Partnerschaft, die in einem zum Nachdenken anregenden und kreativen Prozess den Klienten inspiriert, sein persönliches und professionelles Potenzial zu maximieren und seine Ziele zu erreichen.

Diese Definition gilt für Einzelne wie für eine ganze Organisation. Denn solch eine Partnerschaft kann mit einem einzelnen Menschen (Individual-Coaching) eingegangen werden, mit einem Team, also mehreren Menschen, die tagtäglich zusammenarbeiten (Team-Coaching), einer Gruppe von Menschen, die das gleiche Thema beziehungsweise Anliegen haben, ansonsten aber nicht als Team arbeiten (Gruppen-Coaching) oder eben einer Organisation (Organisations-Coaching).

Dagegen zielt ein Training darauf ab, ein bestimmtes Wissen und Know-how zu vermitteln. Beispielsweise lernen die Teilnehmer eines Sales-Trainings, wie man gekonnt verkauft, und bei einem Englischtraining die englische Sprache. Der Trainer hat in der Regel einen deutlichen Know-how-Vorsprung, den er mit didaktischen Fähigkeiten auf seine Teilnehmer überträgt. Ob der Kunde mit diesem Know-how dann später an seinem Arbeitsplatz seine Ziele, wegen denen er das Training gemacht hat, erreicht, liegt nicht in der Verantwortung des Trainers. Ein Training begleitet nicht bei der Zielerreichung.

Die Aufgabe eines Beraters ist es, zu einem konkreten Problem eine Lösung vorzuschlagen. Beispielsweise löst ein Steuerberater Fragen zum Steuerrecht oder nimmt seinem Kunden die Arbeit der Steuererklärung gleich ganz aus der Hand. Ein Ernährungsberater erklärt seinem Kunden beispielsweise die richtige Ernährung angesichts dessen Gewichtsproblems. Ein Berater hat ebenso einen massiven Know-how-Vorsprung in seinem Fachgebiet. Nur vermittelt er dieses Know-how nicht, sondern löst damit die Probleme seines Kunden oder gibt zumindest konkrete Lösungsanweisungen. Der Berater nimmt dem Kunden das Problem quasi aus der Hand. Oft hilft ein Berater dabei, temporäre Spitzen bei der Arbeitsbelastung abzumildern. Damit begleitet auch die Beratung nicht bei der Zielerreichung.

Fazit

Training ist Wissens- und Know-how-Transfer, Beratung eine Lösungsbereitstellung zu einem Problem und Coaching eine partnerschaftliche Begleitung zu einem Ziel.

5.5 Organisations-Coaching

Nur durch eine *längerfristige* Begleitung kann eine Mannschaft in die Top-Liga aufsteigen. Niemand würde im Sport erwarten, dass durch ein einmaliges Training oder eine einmalige Beratung eine Mannschaft in der obersten Liga ankommt. So wie Coaching im Sport erst über einen gewissen Zeitraum zu Rekorden und persönlichen Bestleistungen führt, können auch eine Organisation und die in ihr agierenden Menschen nicht über Nacht Spitzenleistung vollbringen. Die alte Weisheit „ohne Schweiß kein Preis" gilt auch hier.

▶ **Organisations-Coaching** ist das Coaching einer ganzen Organisation, bei der ein Coach oder ein Stab von Coaches eine Organisation dabei begleitet, ihr Mannschaftsspiel zu verbessern und ihre Organisationsziele zu erreichen. Dabei werden die beteiligten Mitarbeiter, Teams und Gruppen individuell im Sinne des übergeordneten Auftrags der Organisation gecoacht.

Organisations-Coaching unterstützt, angelehnt an den Sport, die einzelnen Spieler und die Mannschaft so, dass die übergeordneten Ziele der Organisation erreicht werden *und* alle Spieler einen persönlichen individuellen Beitrag dazu leisten.

Das Entscheidende ist, dass Organisations-Coaching in einem Aspekt weiter geht als
Training und Beratung: Es *begleitet* zur Zielerreichung. Das ist nicht trivial, denn erfah-
rungsgemäß treten im Verlauf eines Coachings unterschiedliche Themen in den unterschiedlichsten Kombinationen in den Vordergrund. Deren gibt es viele, vielleicht sogar
unendlich viele. Organisatorische Themen können sein: Führung, Projektmanagement,
Kommunikation, Innovation und Flexibilität etc. Individuelle Themen können sein: emotionale und soziale Intelligenz, Stressmanagement und Selbstmanagement etc.[6] Wenn eine
Organisation mit ihren Mitarbeitern vorankommen will und sich langfristig durch ein
Coaching begleiten lässt, muss das Coaching also allumfassend sein, alle im Zeitablauf
auftretenden organisatorischen und individuellen Themen abdecken. Nur so lässt sich das
Mannschaftsspiel auf Top-Liga Niveau heben.

Jedes Organisations-Coaching ist immer wieder neu und einzigartig. Denn jede Organisation ist anders. Sie ist in ihrem ganz speziellen Markt tätig, verfügt über eine einzigartige Unternehmenskultur, beschäftigt einzigartige Mitarbeiter und hat ihre ganz
„persönlichen" Stärken und Schwächen. All das muss ein Coaching einbeziehen, wenn es
erfolgreich sein will.

Dieses hohe Maß an Individualität bringt mit sich, dass sich die Organisation und die
Mitarbeiter ihren Weg zum Ziel auch selbst mit erarbeiten müssen. Da, wo wenig Vorde-
finiertes und Standards mehr zielführend sind, bleibt nur eine individuelle Herangehens-
weise. Die Einzigartigkeit der Themen und Zielsetzungen, die Organisationen und deren
Mitarbeiter haben, empfiehlt ein hohes Maß an Eigenleistung. Auch unter dem Gesichts-
punkt der Nachhaltigkeit ist dies von Vorteil. Letzten Endes ist nur eine Lösung, die man
sich selbst erarbeitet hat, von Bestand.

5.6 Was Organisationen wirklich brauchen

Der Mangel an Mannschaftsspiel ist weit verbreitet, aber nur wenige spektakuläre Einzel-
fälle machen Schlagzeilen. Hierzu ein bekanntes Beispiel:

Beispiel Mannschaftsspiel bei Nokia

Von 1998 bis 2012 war Nokia weltgrößter Mobiltelefonhersteller, wurde dann aber
Anfang 2012 von Samsung von der Weltspitze verdrängt. In den Folgejahren rutschte
Nokia in die Verlustzone und musste Mitarbeiter entlassen. Es war nicht so, dass das
Management nicht rechtzeitig die Probleme hatte kommen sehen. Jorma Ollila, von
1992 bis 2006 Chief Executive Officer (CEO) von Nokia, räumte in einem Interview
für einen finnischen Radiosender ein, dass Fehler zwar früh erkannt wurden, das Unter-

---

[6] Einen Überblick über individuelle Themen findet der Leser in den zehn veränderungsrelevanten
Dimensionen (Selbstbild, Denken, Verhalten, Körper, Sprache, Emotion, Beziehungen, Werte, System und Spiritualität) in [2].

nehmen nur nicht in der Lage war, sie zu beheben [1]. So hatte der Konzern bereits vor einiger Zeit erkannt, dass er neue Smartphone-Software entwickeln müsse. Nokia hätte völlig neue Wege gebraucht, die technischen Möglichkeiten seiner Software zu verbessern, „etwas, das die normale und sichere Denkweise über den Haufen geworfen hätte, eine Art Weckruf, der das ganze Unternehmen schon vor zehn Jahren wachge-rüttelt hätte." [6]. Mit anderen Worten: Nokia hätte ein ganz anderes Mannschaftsspiel gebraucht.

Nokia war und ist kein Einzelfall. Vielen Organisationen mangelt es an Flexibilität und Innovationskraft oder sie beschäftigen sich mehr mit hausgemachten inneren Konflikten als mit den Kunden oder den Produkten. Nur manchmal kann man darüber in den Medien lesen. Die meisten Organisationen leiden still und leise vor sich hin. Zwei Punkte haben dabei alle gemeinsam:

1. Ihre Probleme lassen sich kaum von einem externen Unternehmensberater lösen. Wenn dieser beispielsweise bedrohlich sinkende Marktanteile wieder erhöhen könnte, wäre das schön, aber zu schön, um wahr zu sein. Denn dann gäbe es ja keine Schieflagen oder gar Insolvenzen mehr. Unternehmen wie Nokia müssten nur rechtzeitig einen Be-rater engagieren, der neue Produkte entwickelt, Innovationen im eigenen Haus voran-treibt und auch noch sicherstellt, dass sie einem von den Kunden aus der Hand gerissen werden. Oder um es mit dem Sport auszudrücken: Seine Tore muss man immer noch selber schießen, dass können externe Spieler (Berater) nicht für einen erledigen.
2. Ihre Probleme können kaum durch ein oder mehrere Training(s) abgedeckt werden. Denn jeder einzelne Mitarbeiter hat eine ganze Fülle verschiedener, ganz unterschied-licher Probleme mit dem mangelnden Mannschaftsspiel. Niemand kann von außen oder im Voraus sagen, welche es sind. Zum Beispiel mag der eine gestresst sein, während sich der andere zu Tode langweilt. Der Dritte dagegen stößt an seine kommunikativen Grenzen und der Vierte weiß nicht mehr, wie er mit den Konflikten umgehen soll. Selbst wenn ein Unternehmen wie Nokia seine Mitarbeiter durch eine ganze Staffel diverser Trainings geschleust hätte, wären doch immer nur einem geringen Anteil der Mitarbeiter damit geholfen. Ein Großteil wäre gelangweilt, weil das Training irrelevant für sie gewesen ist. Ganz zu schweigen von den unnötigen Kosten, die durch solch ein Gießkannenverfahren entstehen würden.

Organisationen, die sich auf den Weg in die Top-Liga machen, haben also gemeinsam, dass ihr Mannschaftsspiel nicht extern durch Berater verbessert werden kann und auf-tauchende Probleme nicht durch Trainer wegtrainiert werden können. Organisations-Coa-ching adressiert das mangelnde Mannschaftsspiel, indem es, anders als Trainings (wie beispielsweise Englischtraining oder Kommunikationstraining), im Zeitablauf begleitet und die individuellen Grenzen der beteiligten Mitarbeiter im Sinne des übergeordneten Auftrags der Organisation immer wieder vollständig bearbeitet. Organisations-Coaching muss auch anders sein als eine Beratung (wie beispielsweise eine Karriereberatung), bei der die Menschen Lösungen aufgezeigt bekommen, ihnen das Problem aus der Hand genommen wird oder sie Antworten auf ihre Fragen erhalten. Denn wenn es um das Mannschaftsspiel einer Organisation geht, den Weg zu Leistung und Leichtigkeit, sind die in ihr agierenden Menschen einfach zu einzigartig und unterschiedlich, als dass von *außen* Lösungen gefunden werden könnten.

Trainings und Beratungsleistungen können sicherlich auch in einem Organisations-Coaching zum Einsatz kommen, allerdings nur dann, wenn die Organisation auch tatsächlich einen dahingehenden Bedarf hat, also eine Anzahl Mitarbeiter, die alle den gleichen Wissens- und Know-how-Transfer wünschen (Training), oder eine Anzahl Mitarbeiter, denen bei einer temporären Arbeitsüberlastung zur Seite gestanden werden muss (Beratung).

5.7 Wie funktioniert Coaching?

Die meisten Menschen setzen sich jeden Morgen in ihr Auto oder ein öffentliches Nahverkehrsmittel und fahren zur Arbeit. Kaum jemanden interessiert, wie das Auto, der Bus oder Zug tatsächlich genau funktionieren. Hauptsache, es fährt und man kommt pünktlich an sein Ziel. Die Einzelheiten interessieren nicht. Das könnte beim Coaching zwar genauso sein und doch ist es ein wenig anders, denn der Markt ist noch jung und schillernd und zuweilen unverstanden. Manchmal wollen meiner Erfahrung nach Menschen wissen, wie Coaching funktioniert. Falls Sie, lieber Leser, bereits Erfahrung mit Coaching haben, können Sie die folgenden Abschnitte überspringen und bei Abschn. 5.12 wieder einsteigen.

Coaching ist eine professionelle Partnerschaft zur Zielerreichung. Ein spanisches Sprichwort sagt: „Der Weg entsteht beim Gehen." Das gilt insbesondere bei anspruchsvollen Zielen. Man kann zu Beginn eines Coachings nie absehen, was in den einzelnen Coaching-Sessions besprochen wird. Man arbeitet von Session zu Session und kommt dabei seinem Ziel schrittweise immer näher. Das Coaching entsteht sozusagen beim Gehen. Genauso wie ein Haus Stein für Stein aufgebaut wird, erreicht ein Mensch hochgesteckte Ziele nicht in einem Schritt oder an einem Tag, sondern Stück für Stück über einen längeren Zeitraum hinweg.

Und genauso, wie bei dem Bau eines Hauses eine natürliche Reihenfolge eingehalten werden sollte, erst der Bauplan, dann das Fundament, dann das erste Geschoss usw. (zumindest, wenn es nicht gleich wieder in sich zusammenfallen soll), gibt es auch beim Coaching auf dem Weg zum Ziel zu jedem Zeitpunkt immer *eine* Erkenntnis oder *eine* Fähigkeit, die den natürlichen nächsten Schritt darstellt. *Erkenntnisse* und *Fähigkeiten* sind die Grundbausteine der persönlichen Weiterentwicklung. Manchmal liegt in einer Coaching-Session der Schwerpunkt auf der Erkenntnis, zum Beispiel bei der Findung einer kreativen Lösung, dem Erkennen von sich selbst oder verborgener Talente. Manchmal liegt er dagegen auf der Stärkung gewisser Fähigkeiten. Was es ist, gilt es immer wieder herauszuarbeiten. Wenn das gelingt, hat das Coaching eine gewisse Leichtigkeit. Denn die einzelnen Coaching-Sessions mit ihren Erkenntnissen und Kompetenzgewinnen fügen sich dann wie die Teile eines Puzzles zum Gesamtbild zusammen. Hierzu ein Beispiel:

Beispiel ehrgeiziger Projektleiter

Eine Führungskraft bat mich, sie zur Erreichung der nächsten Führungsebene zu coachen. Das Coaching lief insgesamt über einen Zeitraum von zwei Jahren. Zunächst ging es darum, sich Klarheit darüber zu verschaffen, wohin er genau wollte. Wie sollten seine Aufgaben in der Zukunft aussehen und welche Ergebnisse wollte er erzielen (Umsätze, Anzahl Neukunden etc.)? Mit Hilfe des Coachings erarbeitete er hierzu eine ganze Reihe von Erkenntnissen, unter anderem die Einsicht, dass er für die angestrebte Position nicht über ein ausreichendes internes Netzwerk verfügte. So arbeiteten wir eine Weile daran, seine kommunikativen Kompetenzen so zu stärken, dass er sich dieses Netzwerk aufbauen konnte.

Daraufhin tat sich eine Position als Großprojektleiter auf, die – und das war neu für ihn – interkulturelles Wissen und Kompetenzen auf einem sehr hohen Niveau erforderte. Das war die Aufgabe für das Coaching für die nächsten drei Monate. Dennoch war er mit seiner neuen Position noch nicht ganz zufrieden. Das Coaching verhalf ihm zu der Erkenntnis, dass er mit dem Stress und den Anforderungen der neuen Stelle nur unzureichend klar kommt. Er sah ein, dass sein Perfektionismus ihn zum Mikromanagement hatte verleiten lassen (Erkenntnis). Er hatte sich viel zu viele Aufgaben aufgebürdet (Erkenntnis) und musste nun lernen, noch viel stärker als zuvor zu delegieren und seine Mitarbeiter zu führen (Fähigkeit). Als letzten Schritt arbeitete er an seinem Auftreten, um auch nach außen hin das für die neue Position notwendige Selbstvertrauen und die Souveränität auszustrahlen (Fähigkeit).

5.8 Coaching ist keine Psychotherapie

Bei dem Wort „Couch" denken viele Menschen an den legendären Psychoanalytiker Sigmund Freud (1856–1939) und die von ihm begründete Psychoanalyse. Sigmund Freud ließ seine Patienten auf seiner berühmten Couch Platz nehmen, damit diese sich entspannen konnten. Vielleicht liegt es daran, dass Coaching zuweilen mit Psychotherapie in Verbindung gebracht wird. Auch wenn den meisten Menschen völlig klar ist, dass im Coaching niemand auf der Couch liegt und dass Coaching und Psychotherapie „zwei Paar Schuhe" sind, können sie den Unterschied nicht so genau benennen. Aus dieser Unschärfe heraus entstehen dann immer wieder gewisse Vorbehalte. Daher möchte ich an dieser Stelle klarstellen, dass Coaching und Psychotherapie ganz unterschiedliche Disziplinen sind. Das soll kein Argument gegen Psychotherapie sein, sondern nur der weiteren Klarheit dienen. Warum hat Coaching nichts mit Psychotherapie zu tun?

Um ihr Überleben zu sichern, beschäftigt sich die Menschheit schon seit Jahrtausenden (neben der Fortpflanzung) mit zwei ganz grundsätzlichen und unterschiedlichen Aufgaben: Zum einen mit dem Heilen von Krankheiten und zum anderen mit der Produktion von Nahrungsmitteln (Jagd, Ackerbau), von Kleidung, Werkzeugen und anderen Dingen des täglichen Bedarfs. Das sind seit jeher zwei getrennte Arbeitsgebiete, die einerseits von Heilern und Ärzten, andererseits von Jägern, Bauern, Müllern, Webern, Fischern usw. ausgeübt wurden.

Aus dem ersten Arbeitsgebiet, dem Heilen, haben sich im Laufe der Zeit unzählige Therapieformen entwickelt. Zum Beispiel Therapien für einen verdorbenen Magen, eine bakterielle Infektion oder einen entzündeten Blinddarm. Auch für Krankheiten der Seele wurde Ende des 19. Jahrhunderts von Sigmund Freud eine Therapie entwickelt – die Psychoanalyse. Weitere Psychotherapien folgten, die Verhaltenstherapie, Gestalttherapie, Gesprächstherapie und viele mehr. Heutzutage gibt es dutzende von Psychotherapien.

Aus dem zweiten Arbeitsgebiet, der Produktion von Nahrung und anderen lebensnotwendigen Dingen, haben sich die Berufsausbildungen, Trainings und Beratungsleistungen entwickelt. Auch der Sport entstammt diesem Gebiet, was man leicht daran erkennen kann, dass noch heute viele Sportarten an die Jagd (zum Beispiel Speerwerfen, Laufen, Rudern etc.) erinnern. Coaching ist heute ein Teil der Berufsausbildung und hat bezeichnenderweise seine Anfänge ebenso im Sport. Als Wegbereiter gilt Timothy Gallway, ein Tennisprofi, der in seinem Buch „The inner game of tennis" in den Siebzigerjahren zum ersten Mal beschrieb, dass ein Tennisspieler nicht nur an seiner Technik und Ausdauer arbeiten sollte, wenn er ein Match gewinnen will, sondern auch an der allgemeinen Einstellung und Konzentrationskraft. So gibt es eine ganze Reihe gravierender Unterschiede zwischen Coaching und Psychotherapie. Zum Beispiel werden im Coaching keine Krankheiten anhand eines Klassifikationssystems diagnostiziert, keine Medikamente verschrieben und keine wohldefinierten Behandlungspläne durchlaufen (Eine detaillierte Übersicht der Unterschiede findet sich in [3]). Dafür ist Coaching viel zu individuell und einzigartig.

Der Vollständigkeit halber sei angemerkt, dass es natürlich auch eine Berufsausbildung und ein „Coaching" für die heilenden Berufe gibt. Denn auch diese erfordern selbstverständlich eine begleitende Betreuung. Hier spricht man aber nicht von Coaching sondern von Supervision. Die Supervision dient dazu, den heilenden Berufen eine berufsbegleitende Unterstützung zu bieten, und hat sich im Laufe der Jahre zu einer selbstständigen (von Coaching unabhängigen) Disziplin entwickelt mit eigenen Berufsverbänden, Ausbildungen und Zertifizierungen. Inwieweit sich die Supervision von Coaching unterscheidet, würde den Rahmen dieser Ausführungen sprengen.[7]

5.9 Tugenden im Coaching

Damit eine professionelle Partnerschaft entstehen kann, gut funktioniert und zu Leichtigkeit und Leistung führt, werden *drei Tugenden* benötigt:

1. Vertrauen: Vertrauen entsteht, wenn man sich gegenseitig aufeinander verlassen kann, seine Zusagen konsequent einhält, nichts verspricht, was man nicht halten kann, Persönliches besprechen kann und mit Sicherheit weiß, dass die Vertraulichkeit unter keinen Umständen verletzt wird.

---

[7] Der interessierte Leser sei hierzu auf die Webseiten der Deutschen Gesellschaft für Supervision verwiesen [9] und auf den Bund Dt. Psychologen [7].

2. Verantwortung: Der Coach als auch der Klient (beziehungsweise Team oder Organisation) müssen die Verantwortung für ihre Aufgabengebiete übernehmen. Der Coach trägt die Verantwortung, professionell zu coachen, und der Klient, sich einzubringen und sich an seine Absprachen zu halten.
3. Respekt: Respekt bedeutet, dass man den anderen Menschen, mit seinen unterschiedlichen Einstellungen und Verhaltensweisen akzeptiert. Insbesondere dann, wenn es den eigenen Werten und Haltungen widerspricht.

Diese drei Tugenden (manche sagen auch Werte) sind essenziell. Ohne sie findet professionelles Coaching nicht statt. Ohne Vertrauen wird über alles Mögliche gesprochen, nur nicht das, was wirklich relevant ist. Ohne Verantwortung entsteht kein konkretes Tun. Und ohne Respekt füreinander, versucht man sich gegenseitig zu ändern und das widerspricht einer partnerschaftlichen Zusammenarbeit auf Augenhöhe.

5.10 Coaching als Prozess

Von Coaching wird oft gesagt, dass es eine Prozessbegleitung sei. Das ist nicht ganz falsch, wird aber oft missverstanden. Einmal diskutierte ich mit einer Kollegin darüber, ob Coaching als Prozess zu beschreiben nicht eher irreführend sei, suggeriert doch dieses Wort eine lange Kette von vorherbestimmten Ereignissen, die eben ein Coaching nicht ist. Die Kollegin, die nicht nur als Coach, sondern auch als freie kreative Malerin tätig ist, sagte mir, dass sie mit dem Wort „Prozess" im Zusammenhang mit Coaching kein Problem habe. Auch ein Bild zu malen sei ein Prozess für sie. Als ich sie verwundert fragte, wie denn solch ein Prozess ablaufe, sagte sie: „Ich stelle mich vor die leere Leinwand und warte. Ich fange an, wenn ich den ersten Impuls dazu verspüre. Dann male ich. Ich höre auf, wenn ich keine Lust mehr dazu habe oder das Gefühl habe, das Bild ist fertig."

Wenn das ein Prozess ist, dann ist Coaching sicherlich auch einer. Auch Coaching ist als Prozess sehr einfach, *leicht* und geradlinig. Man unterscheidet meistens vier Phasen, darf dabei aber nicht verschweigen, dass diese oft nicht sequenziell abgearbeitet werden. Es kommen Sprünge vor, d. h. es werden Phasen ausgelassen oder wiederholt durchlaufen. Diese Phasen sind:

1. die Kennenlern- und Vertrauensaufbauphase
2. die Auftragsklärung
3. die Coaching-Hauptphase (Umsetzung)
4. der Abschluss

Vertrauen ist eine ganz zentrale Voraussetzung für Coaching. Das haben wir oben bei den Tugenden bereits gesehen. Ohne Vertrauen gibt es kein Coaching. Deshalb beginnt ein Coaching immer erst dann, wenn das Vertrauen hergestellt ist. Dem dient die erste Phase.

Sie kann von Coaching zu Coaching, von Thema zu Thema, von Kunde zu Kunde, von Organisation zu Organisation unterschiedlich lange dauern.

Kein professionelles Coaching ohne Auftrag. In der zweiten Phase, der Auftragsklärung, gibt es beim Coaching einer Organisation immer zwei Arten von Aufträgen: den Organisationsauftrag und die Individualaufträge. Der Organisationsauftrag legt fest, welche Ziele die Organisation mit dem Coaching erreichen will. Diese Ziele sollten SMART definiert sein, d. h. **s**ignifikant wichtig, **m**ess- oder zumindest belegbar, **a**kzeptiert, **r**ealistisch und zeitnah (**t**imely) beschrieben sein. Das Gleiche gilt für die Individualaufträge, die ebenso SMART sein sollten. Hinzu kommt, dass alle Individualaufträge in der Gesamtheit den Coaching-Auftrag der Organisation ergeben müssen. Dies sicherzustellen und gleichzeitig die Vertraulichkeit der Individual-Coachings zu wahren, kann nur von einem gut zusammenarbeitenden Coaching-Team gewährleistet werden.

Die vierte Phase, der Abschluss, klingt nach einer Trivialität, ist sie aber nicht. Denn sie dient der Nachhaltigkeit. In einem professionellen Coaching sollte man immer eine gewisse Zeit der Stabilisierung der Ergebnisse vorsehen. Kaum etwas ist für einen Coach und den Klienten frustrierender, als nach einer Weile feststellen zu müssen, dass wieder alles beim Alten ist. Meistens verabrede ich daher mit meinen Kunden als Minimum drei Monate nach der „letzten" Coaching-Session noch eine „allerletzte" Nachbesprechung. Hier kann der Klient dann noch einmal alle zwischenzeitlich entstandenen Fragen besprechen. Das erhöht die Nachhaltigkeit von Coaching ganz ungemein.

5.11 Coaching-Interaktionen

Coaching funktioniert. Dies belegen diverse Studien immer wieder mit großer Regelmäßigkeit.[8] Das erstaunliche dabei ist, dass dazu bemerkenswert wenige Interaktionsformen notwendig sind. Interaktionsformen sind das Zuhören, Fragenstellen, positives und negatives Feedbackgeben, das Herausarbeiten von Übungen mit dem Kunden, Rollenspiele und Visualisierungen (mehr dazu [3]).

Manchmal spricht man in diesem Zusammenhang auch von Interventionen. Das halte ich für eine sehr unglückliche Wortwahl, die eher zur Psychotherapie passt. In einer professionellen Partnerschaft auf Augenhöhe sollte man inter*agieren* und nicht inter*venieren*. Die große Stärke von Coaching sind seine Individualität und der partnerschaftliche Grundgedanke. Coaching begleitet hin zu einem anspruchsvollen Ziel, bei dem der Kunde sich seine Lösung mit erarbeitet. Das ist deshalb so wichtig, weil die meisten Gründe und Ursachen, an denen Organisationen scheitern, kaum trainierbar sind und auch kaum beratbar. Unternehmen, wie zum Beispiel Nokia, zeigen, dass, obwohl das drohende Unwetter erkannt wird, sich trotzdem eine Organisation wie in einer Art Schockstarre verhalten kann.

---

[8] Beispielsweise in der ICF Global Coaching Studie aus dem Jahr 2004, wonach über 95 % der befragten Coaching-Kunden wieder ein Coaching machen würden.

5.12   Coaching und andere Beratungsformen

Mit ein paar grundlegenden Beratungsformen (Training, Beratung und Coaching) haben wir uns schon befasst. Aber es gibt noch wesentlich mehr. Leichtigkeit und Leistung entstehen nicht nur, wenn Organisations-Coaching professionell richtig angewandt wird. Es muss hinzukommen, dass diese Beratungsformen auch zu dem aktuellen Thema passen, das die Organisation bearbeiten möchte. Es gibt coaching-relevante Themen, aber auch trainingsrelevante, beratungsrelevante und consulting-relevante. Welche der Beratungsformen ist für eine Organisation und ihren Auftrag sinnvoll? Welche führt zu Leichtigkeit und Leistungsstärke? Das sind die Fragen, mit denen wir uns noch beschäftigen müssen. Denn die Auswahl der falschen Beratungsform kann eine Organisation teuer zu stehen kommen.

Jede Beratungsform macht Sinn und erfüllt(e) zu irgendeinem Zeitpunkt einen Bedarf. Ansonsten gäbe es sie ja nicht. Und jede Beratungsform wird in den meisten Organisationen in der Regel auch professionell durchgeführt. Das heißt aber nicht, dass es nicht noch Potenzial für Verbesserungen gibt. Menschen sind Gewohnheitswesen und tendieren dazu, lieber das Bekannte zu nehmen, als sich auf das Unbekannte einzulassen. Erstaunlicherweise auch dann, wenn es suboptimal ist. So ist zum Beispiel Verkehrsplanern bewusst, dass viele Autofahrer lieber auf der vertrauten Autobahn bleiben und im Stau stehen, als dem Umleitungsvorschlag ihres Navigationssystems zu folgen und eine unbekannte Route zu nehmen. Mit den Beratungsformen ist es ähnlich. Oft hat eine Organisation eine bestimmte Vorliebe, vielleicht auch gute Erfahrungen gemacht und tendiert nun dazu, immer wieder die gleiche Beratungsform einzukaufen, auch wenn sie für das Anliegen der Organisation gar nicht so richtig passt.

Um zu beurteilen, welche Beratungsform am geeignetsten ist, die konkreten Ziele einer Organisation zu lösen, hat es sich bewährt alle Beratungsformen nach zwei Dimensionen zu beurteilen:

1. Problemlösung wird von *Dritten* fremderstellt **oder** vom Kunden selbst mit erarbeitet.
2. Das Problem ist ein altbekanntes und wiederkehrendes und kann mit einem *Standardansatz* bearbeitet werden, **oder** das Problem ist einzigartig und individuell und erfordert eine *individuelle* Lösung.

Kombiniert man diese beiden Dimensionen mit ihren zwei Ausprägungen, ergeben sich vier Möglichkeiten, die in Abb. 5.1 aufgeführt sind.

Im oberen linken Quadranten finden sich alle Beratungsformen, bei denen der Kunde ein individuelles Anliegen hat und ihm das Problem aus der Hand genommen wird. Das heißt, der Anbieter löst das Problem für den Kunden. Beispiele hierzu sind: Einführung eines EDV Systems (Consulting), Überbrückung eines krankheitsbedingten Ausfalls (Interimsmanagement), Weiterentwicklung eines Teams (Teambuilding) und Workshops.

Im oberen rechten Quadranten sind alle Beratungsformen aufgelistet, die ebenso ein individuelles Anliegen bearbeiten, zu dem aber die Lösung selbst erstellt werden muss und der Anbieter der Beratungsform nur begleitet. Beispiele: bessere Führungsfähigkeiten

	Problemlösung wird fremderstellt. Anbieter nimmt Kunden Problem aus der Hand. *Anbieter = Umsetzer/Problemlöser*	Problemlösung wird vom Kunden selbst mit erarbeitet. Anbieter begleitet dabei. *Anbieter = Begleiter/Unterstützer*
Anliegen ist einzigartig Individueller Ansatz Nicht planbar *Kunden mit individuellen, einzigartigen Anliegen*	Consulting Interimsmanagement Teambuilding Workshops	(Organisations-)Coaching Mediation Supervision Mentoring
Anliegen ist vorhersehbar und bekannt Standardansatz Planbar *Kunden mit bekannten, planbaren Anliegen*	Beratung Wirtschaftsprüfung	Training Weiterbildung

Abb. 5.1 Matrix der Beratungsformen

(Coaching), Lösung eines langjährigen Konflikts zwischen zwei Abteilungen (Mediation), Betreuung eines Therapeuten (Supervision) und Mentoring.

Im unteren linken Quadranten finden sich alle Beratungsformen, bei denen der Kunde ein bekanntes und planbares Anliegen hat. Beispielsweise möchte ein Kunde die rechtlichen Probleme mit einer außergewöhnlichen Kündigung abklären (Rechtsberatung) oder benötigt eine turnusmäßige Überprüfung seiner Bilanz (Wirtschaftsprüfung).

Im unteren rechten Quadranten stehen alle Beratungsformen, die ein bekanntes Kundenanliegen haben, bei denen sich der Kunde jedoch seine Lösung selbst erarbeiten muss. Beispiele sind ein interkulturelles Training, bei dem Know-how bezüglich einer anderen Kultur vermittelt wird, der Kunde aber hierbei selbst seine interkulturellen Ziele erarbeiten muss.

Diese vier Quadranten sind wie die Elemente eines Periodensystems, sie lassen sich nicht substituieren. Zu wenig vom Element Sauerstoff kann durch kein anderes Element ersetzt werden, egal wie viel man davon hinzugibt. Das ist auch wie mit Vitaminen für den menschlichen Körper. Fehlt ihm Vitamin C, kann man so viel Vitamin B nehmen wie man will, es nützt herzlich wenig. Bei Organisationen verhält es sich genauso. Hierzu ein Beispiel:

Beispiel Fehlallokationen vermeiden

Ein deutsches Unternehmen hatte vor zwei Jahren ein amerikanisches Unternehmen gekauft, mit dem Ziel, dieses zu integrieren und so Marktanteile auf dem amerikanischen Kontinent zu gewinnen. Interkulturelle Trainings wurden für die deutschen und amerikanischen Mitarbeiter durchgeführt, damit man sich besser versteht. Ein Interimsmanager wurde engagiert, der die Integration voranbringen sollte. Zusätzlich wurde eine Consulting-Firma damit beauftragt, beide EDV-Landschaften miteinander zu harmonisieren und die Arbeitsprozesse neu zu definieren. Nun, nach zwei Jahren, lebten die beiden Unternehmen jedoch unverändert isoliert und unabhängig voneinander nebenher. Trotz aller Bemühungen fand keinerlei Zusammenarbeit statt. Stattdessen gab es eine Menge Reibereien und Missverständnisse und die Arbeitsbelastung war enorm. Erste Kündigungen der besten Leute hatten das Management erschreckt.

Bislang hatten sich die Budgets für die Beratungsformen bei diesem „Merger-Integration"-Projekt folgendermaßen aufgeteilt: 50 % Consulting, 30 % Interimsmanagement, 15 % Training und 5 % Coaching. Nun allerdings erkannte das Management, dass die Führungskräfte und Mitarbeiter weitestgehend mit ihren persönlichen Problemen allein gelassen wurden. Man verstand mittlerweile die andere Kultur sehr genau, trotzdem schaffte man es nicht, sich mit der jeweils anderen Seite zu verständigen. Aus Angst, den Arbeitsplatz zu verlieren, hielt man sein Wissen zurück. Viel Ärger und Frustrationen hatten sich angestaut. Man hatte sich schon fast an diesen Zustand gewöhnt und Alternativen wurden kaum gesehen. Man machte weitestgehend Dienst nach Vorschrift.

Hier ging es nun um die ganz individuellen Sorgen und Schwierigkeiten der Beteiligten. Mehr Budgets für Consulting oder Training wären nur verpufft. Das Management formulierte den Organisationsauftrag, beide Organisationen nun endlich nicht nur auf dem Papier zu einer Organisation werden zu lassen. Man erkannte, dass dazu ein individuelles Coaching erforderlich war, bei dem die Betroffenen einmal mit einem unabhängigen Dritten ihre persönliche Situation besprechen konnten. Es bot sich an, die Hälfte des Consulting-Anteils auf Coaching zu verwenden und das Training nun gänzlich einzustellen und ebenfalls dem Coaching zu widmen. Das führte zu einer neuen Verteilung der Beratungsleistungen. Nun entfielen 25 % auf Consulting, 30 % weiterhin auf Interimsmanagement und 45 % auf Coaching. Wäre es bei der bisherigen Allokation von 50/30/15/5 geblieben, wäre eine Fehlallokation von insgesamt 80 % im Vergleich zu der optimalen Allokation von 25/30/0/45 die Folge gewesen und der überwiegende Aufwand an externer Unterstützung zum Fenster hinausgeworfen worden. Ein Scheitern des Projektes wäre wohl unvermeidlich gewesen. In der Tat wird eine große Anzahl der Merger-Integration-Projekte „gegen die Wand gefahren", beziehungsweise erfüllen sie bei Weitem nicht die in sie gesetzten Erwartungen (Quellen dazu gibt es viele, beispielsweise [4]).

5.13 „Gründe", warum es zu keinem Coaching kommt

Coaching ist eine hervorragende Möglichkeit, ein anspruchsvolles Ziel zu erreichen, indem eine professionelle Partnerschaft auf Zeit eingegangen wird. In Gesprächen mit Entscheidern ist mir in den letzten Jahren dennoch eine ganze Reihe von Gründen begegnet, warum ein Coaching nur sehr zögerlich zum Einsatz kommt. Die meisten davon beruhen allerdings eher auf Vorurteilen oder Missverständnissen. Das ist schade, denn so kann weder ein Individuum noch eine Organisation ihr Potenzial von Leichtigkeit und Leistung ausschöpfen. Ich möchte daher im Folgenden auf einige der häufigsten Aussagen eingehen.

Coaching machen wir schon
Auf diese häufig vorgebrachte Aussage bin ich oben bereits eingegangen. Meiner Erfahrung nach spricht man hier meistens über umfirmierte Trainings und Beratungsleistungen, weniger über echte Coachings und wenn doch, dann immer nur über isolierte Maßnahmen, die unabhängig und losgelöst von einer übergeordneten Strategie initiiert werden. Die Frage, die ich dann immer stelle, ist, ob die Entscheider mit der Aussage „machen wir schon" ein Organisations-Coaching meinen (d. h. mit Organisationsauftrag und daraufhin koordinierten Individualaufträgen), denn nur das verbessert das Mannschaftsspiel einer Organisation nachhaltig.

Ist das wirklich neu?
Nein. Coaching ist so alt wie die Menschheit. Schon seit jeher sind Menschen wohl professionelle Partnerschaften eingegangen, und wenn es nur die gemeinschaftliche Jagd war, bei der ein erfahrener Jäger den unerfahrenen begleitet hat. Mindert das den Nutzen von Coaching? Nein. Im Gegenteil. Es ist ein wohl schon Jahrtausende altes und erprobtes Verfahren, selbstverständlich adaptiert an die Bedürfnisse unserer heutigen Welt.

Menschen sind ganz besonders fasziniert vom Neuen. Nachrichten im Fernsehen, Zeitungen, die Mode und vieles mehr befriedigen dieses Bedürfnis. Neues ist dabei selten wirklich relevant für unser Leben. Nicht wenige Menschen behaupten, dass *eine* Nachrichtensendung pro Woche vollkommen ausreiche, um auf dem Laufenden zu bleiben. Alles, was wirklich wichtig sei, würde eh mehrere Tage lang wiederholt. Auch die Mode tut sich schwer, immer wieder Neues zu präsentieren. Das sieht man an den unterschiedlichsten Retrolooks, bei denen die Mode vergangener Jahre recycelt wird. Manche Menschen weigern sich gar, jede Mode mitzumachen. Für sie ist das Argument „neu" nicht wirklich überzeugend, wissen sie doch, dass wirklich neue Dinge eher selten sind. Dennoch können wir uns dem Reiz des Neuen nicht entziehen. Das Neue hat einen Wert per se. Es hat eben etwas – ja, man kann es nicht anders sagen – Neues an sich. Das Bekannte kennt man ja schon. Das betrifft auch Coaching und ist wohl die Ursache für das Aufkommen immer wieder „neuer" Coaching-Varianten.

Kann ich das nicht allein?

Der Wunsch, autonom zu sein, ist ganz tief in uns verankert. Schon als Baby versuchten wir möglichst alleine aufzustehen, zu gehen, unser Fläschchen selbst zu halten und wurden sehr wütend, wenn unsere Eltern versuchten, etwas für uns zu tun, das wir schon von alleine konnten. Unser Streben nach Autonomie hat uns motiviert, der Mensch zu werden, der wir heute sind. Die Autonomie hat nur einen Nachteil: Sie hat ihre Grenzen. Es gibt Aufgaben, die wir unmöglich aus eigener Kraft schaffen können. Ein Auto zu reparieren, ein Haus zu bauen oder ein Flugzeug selbst zu fliegen, sind nur wenige Beispiele. Und leider gibt es in unserer Zeit derer immer mehr. Der Wunsch nach Autonomie – so verständlich er ist – ist nur noch selten realistisch. Allzu oft versuchen wir es zunächst allein, und müssen dann hinterher einsehen, dass es ohne externe Impulse und Unterstützung einfach nicht so geht, wie wir uns das vorgestellt haben. In Organisationen kann das schon gar nicht funktionieren. Hier ist man darauf angewiesen, dass die Kollegen in einem angemessenen Tempo mitziehen. Sonst bremst man sich gegenseitig immer wieder aus. Themen wie Führung, Change Management, Projektmanagement oder Selbstmanagement und Kommunikation sind so komplex und vielschichtig, dass man sie allein auf sich gestellt, kaum in einer akzeptablen Zeit bearbeiten kann. Hier kann ein Coaching ungemein beschleunigen, die immer wieder neu anstehenden Kompetenzen zu erweitern und Erkenntnisse zu gewinnen. Zudem muss ein Organisations-Coaching alle Beteiligten koordinieren.

Dafür habe ich keine Zeit!

Das ist tragisch. Wenn eine Organisation und ihre Mitarbeiter keine Zeit mehr für ein Coaching haben, ist höchste Gefahr im Verzug. Es kann dann schnell ein Teufelskreis entstehen. Weil das Mannschaftsspiel nicht mehr stimmt, sinkt die Leistung der Organisation. Es kommt vermehrt zu Konflikten, Frustration und krankheitsbedingten Ausfällen. Die Leichtigkeit verabschiedet sich. Die Arbeitsbelastung steigt und mit ihr die Belastung der Menschen. Das führt zu Fehlern, Ermüdung, Gereiztheit und noch mehr Konflikten. Das Mannschaftsspiel leidet und geht weiter zurück. An die Leichtigkeit von früher kann man sich jetzt kaum noch erinnern. Man steht mit dem Rücken zur Wand und hat natürlich „gefühlt" keine Zeit mehr für Coaching. Eine Organisation, die an einem solchen Punkt angelangt ist und „keine Zeit" mehr hat, muss sich darüber im Klaren sein, dass sie sich die Zeit nehmen *muss*. Notfalls rigoros Arbeiten weglassen und sich so die Freiräume für ein Coaching schaffen. Ansonsten steigt sie unweigerlich weiter ab.

Die anderen brauchen das dringender als ich

Vielleicht, das ist durchaus möglich. Nur, wenn das die anderen auch sagen, wird sich nichts in einer Organisation verändern. Eine Organisation ist eine Mannschaft, die nur dann eine Spitzenleistung erbringt, wenn alle an einem Strang ziehen, Verantwortung übernehmen und alle an ihren Stärken und Schwächen arbeiten. Dabei spielt es keine Rolle, ob jemand tatsächlich mehr an sich persönlich arbeiten muss als andere. Das kann sich morgen schon ändern.

5.14   Populäre Irrtümer

Da Coaching ein schillernder Begriff ist und der Markt noch jung mit wenig Strukturen, wundert es nicht, dass im Laufe der Jahre eine ganze Reihe populärer Irrtümer entstanden sind. Coaching wird oft nicht ausreichend verstanden. Da kann man vielen Journalisten und Autoren gar keinen Vorwurf machen, wenn sie aus dieser Unkenntnis heraus Orientierung bei schon bereits Geschriebenem suchen. Da ist nur ein Problem: Wenn etwas mehrfach wiederholt wird, entstehen daraus mit der Zeit quasi Fakten. Viele dieser „Fakten" sind nicht nur falsch oder halb wahr, sondern sie verwirren die Entscheidungsträger in Organisationen. Das ist kontraproduktiv für die weitere Entwicklung von Coaching. Etwas, das Verwirrung auslöst, wird kaum durchgeführt. Es bereitet Unbehagen, lässt sich unternehmensintern kaum vertreten und verursacht sogar Ängste. Vor all dem schrecken die Menschen zurück. Daher sollen im Folgenden einige der am weitesten verbreiteten Irrtümer, die mir in meiner Praxis häufig begegnen, beleuchtet werden. Es gibt noch eine ganze Reihe mehr davon (siehe hierzu [3]).

Coaching ist ein individuelles Training
Auf Basis des bisher Gesagten, ist klar, dass das ziemlicher Unfug ist. Natürlich ist Coaching sehr individuell. Aber, wie gesagt, ein Training ist ein Training und die Beschränkung auf einen einzelnen Teilnehmer macht daraus kein Coaching. Vor einiger Zeit absolvierte ich ein individuelles Englischtraining, um möglichst schnell für meinen früheren Arbeitgeber die notwendigen Sprachkenntnisse zu erwerben. Ich war der einzige Teilnehmer und es war deshalb sehr intensiv, aber es war natürlich kein Coaching. Denn, ob ich mit den neugewonnenen Englischkenntnissen meine Ziele danach bei meinem Arbeitgeber erreichen würde, lag nicht im Einflussbereich des Englischtrainers.

Viel schwerer als diese Unschärfe wiegt jedoch, dass ein individuelles Training wenig attraktiv erscheint. Die meisten Menschen, die ein Training machen, tun dies bevorzugt mit anderen Menschen zusammen. Man lernt ja nicht nur vom Trainer, sondern auch von den anderen Teilnehmern. Hinzu kommt, dass ein individuelles Training teurer ist als ein Training mit mehreren Teilnehmern. Coaching als etwas zu bezeichnen, das ein relativ ungünstiges Preis-Leistungsverhältnis hat, ist sicherlich dem Coaching-Markt wenig zuträglich.

Coaching ist eine individuelle Beratung
Analog zum Training gilt hier ebenso, dass aus einer Beratung nichts anderes wird, nur weil diese mit einer einzigen Person durchgeführt wird. Es kommt noch ein anderer Aspekt hinzu: Wenn Sie sich dazu noch einmal Abb. 5.1, die Matrix der Beratungsformen, vergegenwärtigen, sehen Sie, dass aus der Individualisierung der Beratung das Consulting entsteht, man bewegt sich quasi von linken unteren Quadranten zum linken oberen. Richtigerweise könnte es also allenfalls heißen: *Consulting* ist eine individuelle Beratung. Aber auch hier gilt natürlich, dass es nicht wirklich weiterhilft, eine Beratungsform als eine Variante einer anderen zu definieren. Das erinnert an den alten Witz: „Links ist dort wo der Daumen rechts sitzt." Wer den Unterschied nicht schon kennt, wird durch diese „Definition" auch nicht schlauer.

Coaching enthält keine Übungen

Das ist Unfug, zumindest im Organisations-Coaching. Nur einige wenige Stilrichtungen im Coaching verzichten auf Übungen, beispielsweise das lösungsorientierte Coaching in seiner Reinkultur. Aber auch hier gibt es Mischformen, die Übungen integrieren. Übungen erinnern viele Menschen an Trainings, die ja mit Coaching relativ wenig zu tun haben. Folglich sollten Übungen im Coaching keine Rolle spielen – so die Denke. Das klingt zwar plausibel und naheliegend, ist aber dennoch falsch. Eine Übung ist nichts anderes als die Wiederholung einer Aktivität oder eines Sprachmusters, um eine Kompetenz auszubauen. Übungen gibt es überall, wo Menschen etwas lernen wollen, beim Klavierspielen, auf dem Fußballplatz oder in der Schule. Egal, was ein Mensch lernen möchte, er kommt um die Wiederholung nicht herum. Diese fundamentale Tatsache gilt natürlich auch in Organisationen. Nur, weil die Menschen mittlerweile erwachsen geworden sind, lernen sie nicht grundsätzlich anders. In der Schule mussten wir Vokabeln wiederholen, in Organisationen beispielsweise die Delegation oder das Projektmanagement.

Im Organisations-Coaching sind Übungen sogar unverzichtbar. Der Aufstieg in die Top-Liga kann nur gelingen, wenn die Menschen ihre Kompetenzen ausweiten und stärken. Erst dann entsteht Leichtigkeit. Coaching führt natürlich auch zu interessanten Gesprächen. Doch, wer danach glaubt, dass sich nun an seinem Arbeitsplatz alles schon von alleine richtet, wird bitter enttäuscht sein und das ist Gift für die Leichtigkeit. Zu jedem guten Coaching gehört daher immer auch die Definition der nächsten konkreten Schritte und von sinnvollen Übungen, diese zu erleichtern. Das ist für die meisten Menschen nur erst einmal etwas ungewohnt. Daher ist es wichtig, die Übungen so zu definieren, dass sie sich gut in den Arbeitsalltag einfügen. Erinnerungssysteme (wie zum Beispiel der berühmte Knoten im Taschentuch) können helfen, sie nicht zu vergessen.

Coaching ist Hilfe zur Selbsthilfe

Der Klassiker und mein Lieblingsirrtum, den ich mir für den Schluss aufgehoben habe. Denn das ist nicht nur Unfug, es ist gefährlicher Unfug. Nicht nur, weil Hilfe zur Selbsthilfe einer der am meisten zitierten Aussagen im Zusammenhang mit Coaching ist, sondern, weil es scheinbar alles erklärt, in Wirklichkeit jedoch nichts und dabei das Wort „Hilfe" verwendet, das mit Coaching nichts zu tun hat und das die Menschen in Organisationen massiv abschreckt.

Das Wort „Hilfe" in unserem Sprachgebrauch suggeriert zweierlei: Zum einen kann der Helfende etwas, dass der Mensch, dem man hilft, nicht kann. Beispielsweise kann man seinem Nachbarn bei der Reparatur der Waschmaschine helfen (sofern man das kann) oder einer älteren Dame über die Straße helfen (weil man einen besseren Überblick hat). Helfen bedeutet hier, dass der Helfende einen Kompetenzvorsprung hat, dass man etwas kann, das der andere nicht kann.

Zum anderen bedeutet Hilfe, dass ich einem anderen Menschen die Arbeit aus der Hand nehme. Beispielsweise helfe ich einem guten Freund bei der Renovierung seiner Wohnung, indem ich sauber mache, für ihn die Farbe einkaufe etc. Also alles Dinge, die mein Freund auch tun könnte. Ich kann das nicht besser, aber ich helfe ihm, weil ich die Arbeit für ihn tue und ihn so entlaste.

Das sind die beiden Bedeutungen von Hilfe in unserem Sprachgebrauch und beide haben mit Coaching nichts zu tun. Weder kann ein Coach in einem Organisations-Coaching davon ausgehen, dass er Dinge besser kann als die Führungskräfte, die er coacht. Er kann wahrscheinlich besser coachen, aber nicht besser führen, besser delegieren, besser kommunizieren und besser Projekte managen. Noch nimmt ein Coach jemand die Arbeit aus der Hand. Der Coach begleitet zum Ziel. Der Kunde erarbeitet sich seine individuellen Lösungen.

Hinzu kommt, dass „Hilfe zur Selbsthilfe" eine paradoxe Aussage ist. Denn, wenn es Hilfe ist, kann es ja per se keine Selbsthilfe mehr sein. Paradoxe Aussagen verwirren und da sie sich so schlau anhören, traut sich keiner, zuzugeben, dass er immer noch nicht versteht, was Coaching ist. Er macht dann nur kein Coaching. So kommen Organisationen aber nicht voran. Interessanterweise wird Hilfe zur Selbsthilfe auch in anderen Gebieten verwendet, zum Beispiel bei der Entwicklungshilfe oder der Sozialarbeit. Da passt es auch besser, denn hier kann man durchaus von Hilfe im Sinne von „etwas können, das der andere nicht kann", und im Sinne von „die Arbeit aus der Hand nehmen" sprechen.

5.15   Ausblick

Nachdem wir nun geklärt haben, was Coaching ist und welche zentrale Rolle es auf dem Weg zur Top-Liga spielt, können wir uns nun einem ersten ganz zentralen Aspekt widmen, nämlich der Frage, wie es Non-Profit-Organisationen schaffen, zu einem hervorragendem Mannschaftsspiel zu kommen, ohne dabei große (oder vielleicht sogar gar keine) Gehälter zu zahlen. Hierzu sehen wir uns im nächsten Kapitel drei besonders erfolgreiche Organisationen etwas näher an.

Literatur

1. http://www.areamobile.de/news/21486-ex-nokia-chef-wir-hatten-die-probleme-schon-vor-10-jahren-erkannt. Zugegriffen: 8 April 2013
2. Schulte, T. (2010). *Coaching als Weg*. Acht: Achter Verlag.
3. Schulte, T. (2013). *Der Weg zum professionellen Coach*. Weinheim: Beltz.
4. WELT online. 2014. Warum große Firmenfusionen immer wieder scheitern. http://www.welt.de/wirtschaft/karriere/leadership/article12878747/Warum-grosse-Firmenfusionen-immer-wieder-scheitern.html. Zugegriffen: 8 Nov. 2014.
5. Winkler, B., Lotzkat, G., Welpe, I. M. (2013). Wie funktioniert Führungskräfte-Coaching? Orientierungshilfe für ein unübersichtliches Beratungsfeld. *OrganisationsEntwicklung, 3,* 23–33.
6. www.areamobile.de. Zugegriffen: 10. Feb. 2012
7. www.bdp-verband.org. Zugegriffen: 10. Feb. 2012
8. http://www.coaching-report.de/coaching-markt/coaching-verbaende.html. Zugegriffen: 8. Jan. 2014
9. www.dgsv.de. Zugegriffen: 10. Dec. 2012
10. www.test.de/Coaching-Lehrgaenge-Coachen-will-gelernt-sein-4604619-0/. Zugegriffen: 12. Sept. 2014

Non-Profit: Motivation pur

Zusammenfassung

Wie motivieren Non-Profit-Organisationen. Warum No-Profit-No-Pay-Organisationen so gut funktionieren. Was ein Schachclub, eine Studentenorganisation und ein Redeorganisation gemeinsam haben. Vier Prinzipien des Erfolgs. Welche Rolle die Bezahlung und Coaching dabei spielen. Warum die persönliche Weiterentwicklung so wichtig ist. Was eine Vision ausmacht. Tolle Ideen und uneingeschränkte Unterstützung. Einige Beispiele aus der Unternehmenspraxis.

Um sein Mannschaftsspiel zu verbessern, lohnt es sich, sein Augenmerk auf bereits gute Mannschaften zu richten, die am Werke sind und dies vielleicht sogar ohne finanzielle Anreize wie etwa großartige Gehälter und bombastische Bonuszahlungen. Denn wir haben ja gesehen, dass monetäre Anreizsysteme mehr schaden als nützen. Deshalb wollen wir uns in diesem Abschnitt einige ausgewählte Organisationen näher anschauen, die ein gutes Mannschaftsspiel mit Leistung und Leichtigkeit vorzeigen können und bei denen die Bezahlung eine untergeordnete Rolle spielt. Wir hoffen dort einige Impulse für das Mannschaftsspiel gewinnorientierter Unternehmen zu finden.

6.1 Non-Profit- und No-Profit-No-Pay-Organisationen

Wir haben in den Abschnitten zuvor bereits Organisationen erwähnt, die nicht primär gewinnorientiert arbeiten, die sogenannten Non-Profit-Organisationen. Meiner Erfahrung nach sind manche dieser Organisationen überdurchschnittlich erfolgreich, insbesondere bei der Motivation ihrer Mitarbeiter. Die Menschen dort sind zufriedener und erfüllter im Vergleich zu den Menschen, die in „normalen" Unternehmen ihrer Arbeit nachgehen. Alles in allem bieten sie ein sehr ansprechendes Arbeitsumfeld, ohne dabei primär auf finan-

© Springer Fachmedien Wiesbaden 2015
T. Schulte, *Leistung und Leichtigkeit,* DOI 10.1007/978-3-658-08646-6_6

zielle Anreize zu setzen. In diesem Abschnitt wollen wir die Erfolgsgeheimnisse etwas näher untersuchen und sie uns zunutze machen. Selbstverständlich plädiere ich nicht dafür, Gehälter in Unternehmen einfach zu senken oder gar gänzlich abzuschaffen. Ebenso fern liegt es mir, Unternehmen in Non-Profit umwandeln, etwa indem sie auf den Verkauf ihrer Produkte verzichten und sich zukünftig über Spenden finanzieren. Es wäre weltfremd, zu glauben, dass dies alleine die Situation verbessern würde, ganz ungeachtet dessen, dass sich die Menschen und Unternehmen einen derartigen finanziellen Verzicht nicht leisten könnten. Es geht um etwas ganz anderes, noch viel Visionäreres.

Gary Hamel lehrt an der London Business School Strategisches und Internationales Management und wurde unter anderem vom *Wall Street Journal* als einer der einflussreichsten Managementvordenker bezeichnet. In einem seiner Bücher ([1], S. 63) stellt er eine interessante hypothetische Frage, die ich hier sinngemäß wiedergebe: „Angenommen, Ihre Firma wäre von einer ernsthaften Krise betroffen, die eine extreme Kostenreduktion notwendig macht. Damit die Firma überlebt, müssen alle Gehälter *um die Hälfte* gekürzt werden. Gleichzeitig können Sie es sich aufgrund der enormen Herausforderungen unter gar keinen Umständen leisten, auch nur einen *einzigen* Mitarbeiter zu verlieren. Was würden Sie tun? Wie würden Sie in solch einer Situation Ihre Mitarbeiter zum Bleiben motivieren?" So illusionär diese Frage klingen mag, Gary Hamels Empfehlung ist es, Antworten darauf zu finden und sie in der Firma umzusetzen. Dies sei der beste Weg zu motivierten Mitarbeitern, auch, oder gerade dann, wenn keine Krise besteht.

Dass dies keine weltfremden Hirngespinste sind, die in dunklen Kammern weit abgelegener Universitäten ausgebrütet werden, sondern in Ansätzen bereits erfolgreich praktiziert werden, zeigt zum Beispiel die Firma Phoenix Contact, die 2009 durch die Weltwirtschaftskrise einen drastischen Auftragsrückgang erlebte [4]. Um bei der Belegschaft die Bereitschaft und Akzeptanz für notwendige Maßnahmen zu erhalten, beschloss das Management, seine eigenen Gehälter zu kürzen, und zwar um den gleichen Faktor, den man einigen Mitarbeiten bezüglich Kurzarbeit abverlangt hatte. Das überzeugte den Betriebsrat, die Medien und in allererster Linie die Mitarbeiter von der Ernsthaftigkeit der Lage. Sie unterstützten im harten Jahr danach ihre Organisation und hielten ihr die Treue. Phoenix Contact schaffte in den Folgejahren nicht nur wieder den Weg zurück zum Wachstum, sondern wurde im Jahr 2011 auch als Arbeitgeber des Jahres ausgezeichnet. Noch heute ist die Fluktuationsrate kaum der Rede wert und die Belegschaft steht hinter ihrer Firma.

Diesen Gedanken, dass es gar nicht so sehr auf das Gehalt ankommen muss, um motivierte Mitarbeiter zu haben, möchte ich nun noch einen kleinen aber entscheidenden Schritt weiterführen. Denn Non-Profit-Organisationen sind nur eine erste Entwicklungsstufe. Sie müssen in der Regel keinen Gewinn erzielen, bezahlen aber immer noch (meistens niedrigere) Gehälter. Hierzu gibt es eine weitergehende Stufe und die will ich Ihnen vorstellen: Organisationen, die keinen Gewinn erzielen *und* keine Gehälter (höchstens eine Kostenerstattung) bezahlen. Diese, nennen wir sie „No-Profit-No-Pay-Organisationen" (NPNPO), wollen wir nun näher betrachten und damit den oben erwähnten Gedanken von Gary Hamel konsequent weiterentwickeln. Die entscheidende Frage ist, wie man Menschen ohne jegliches Gehalt zu Spitzenleistungen motiviert und gleichzeitig eine hohe Arbeitszufriedenheit erreicht. Dies werden wir im Folgenden dann auf traditionell gewinnorientierte Organisationen anwenden (keine Sorge, ohne Gehaltsverzicht).

Tolle Motivation, Spitzenleistungen, hohe Arbeitszufriedenheit und das alles ohne Gehalt? Das klingt zunächst nach einer Kombination aus weltfremder Utopie und bodenloser Naivität. Wenn da nicht die Realität wäre: Denn ich habe in den letzten Jahren in einigen NPNPOs mitgearbeitet, die genau das geschafft haben. Drei von ihnen möchte ich vorstellen. Sie sind ein lebendiger und sehr erfolgreicher Beweis dafür, dass diese Ideen keine Utopien sind. Das sind die Toastmasters, AIESEC und mein Schachclub, dem ich in Jugendjahren angehörte. Bitte denken Sie nicht, dass es sich hier um Eintagsfliegen handelt, bei denen es nur eine Frage der Zeit ist, bis sie ihre Geschäftätigkeit wieder einstellen. Alle drei wurden vor über 70 Jahren gegründet, sind bei bester Gesundheit und erfreuen sich nach wie vor eines erstaunlichen Wachstums.

Die Toastmasters (siehe hierzu auch [7] beziehungsweise die deutsche Seite [6]) sind eine weltweit agierende Organisation zur Förderung von Kommunikation und freier Rede. Der Gründer, Ralph Smedley, musste Anfang des 20. Jahrhunderts zu seinem Bedauern immer wieder mit ansehen, wie Menschen in ihrem Beruf regelmäßig hinter ihren Möglichkeiten zurückblieben, weil sie Angst hatten, vor einer größeren Gruppe von Menschen eine Rede zu halten. Selbst wenn sie eine wertvolle Idee hatten, die ihr Unternehmen vorangebracht hätte, hatten sie Angst, diese vor mehreren Menschen vorzutragen, zögerten und so blieb vieles auf der Strecke. Ein Zitat von ihm hierzu:

> Whatever your grade or position, if you know how and when to speak, and when to remain silent, your chances of success are proportionally increased. (Egal, wer Du bist, wenn Du weißt, wie und wann Du sprechen sollst, und wann Du besser schweigst, kannst Du deine Erfolgswahrscheinlichkeit deutlich steigern.) [2]

Um diese Vision mit Leben zu füllen, gründete Smedley 1924 in Kalifornien einen Redeclub, in dem die Mitglieder Vorträge vor den anderen Mitgliedern hielten und so genau diese angsteinflößende Situation in einem risikolosen Umfeld üben konnten. Dieser Club hatte einen so großen Zulauf, dass bald ein zweiter eröffnet werden musste. Viele weitere folgten. Mittlerweile haben die Toastmasters über 292.000 aktive Mitglieder, die in 14.350 Clubs in rund 122 Ländern der Erde die Kunst der freien Rede üben. Jeder Toastmaster kann auch heute noch einen eigenen Club eröffnen. Die Clubs sind selbstorganisiert, das heißt, sie haben einen Vorstand, der mehrere Personen mit unterschiedlichen Verantwortungsbereichen umfasst (Präsident, Marketing, Finanzen u. a.). Die Clubs haben sehr niedrige Mitgliedsbeiträge, die ausschließlich der Kostendeckung dienen. Es gibt darüber hinaus Menschen, die für einzelne Regionen zuständig sind (Area Governor) bis hinauf zu ganzen Länder (Division Governor), deren Aufgabe es ist, die Clubs in ihren Regionen zu fördern. Diese Toastmasters organisieren für ihre Mitglieder sogar Redewettbewerbe, die auf regionalem Level starten und über nationale und europäische Meisterschaften bis hin zu Weltmeisterschaft reichen.

Eine andere sehr beeindruckende Organisation ist AIESEC, eine Studentenorganisation, die offiziell 1948 gegründet wurde, nachdem eine Gruppe von Studenten mehrere Auslandpraktika organisiert hatte (siehe hierzu auch [3]).Dabei konnten sie nicht nur ihr Verständnis für andere Völker und Kulturen bereichern, sondern auch ihre persönliche Weiterentwicklung voranbringen, durch das auf Auf-sich-allein-gestellt-sein in fernen Ländern. Völkerverständigung und persönliche Weiterentwicklung, diesem Credo ist AIESEC seither treu geblieben und vermittelt nach wie vor studentische Praktika in alle Länder der Welt und verhilft seinen Mitgliedern so zu tollen Erfahrungen und Herausforderungen.

AIESEC hat aktuell circa 100.000 Mitglieder und ist in 124 Ländern in circa 780 Lokalgruppen vertreten. Jede Lokalgruppe hat einen Vorstand mit unterschiedlichen Verantwortungsbereichen, der meistens aus circa sechs bis acht Personen besteht. AIESEC ist mit den Lokalgruppen in den Universitäten direkt vor Ort, unterhält aber auch übergeordnete Strukturen wie zum Beispiel ein nationales Komitee und internationale beziehungsweise globale Komitees, deren Aufgabe es wie bei den Toastmasters ist, die Lokalgruppen zu unterstützen. Alle AIESECer arbeiten ehrenamtlich neben ihrem Studium. Einzig auf nationaler und globaler Ebene wird ein vollständiger Einsatz für die Organisation gefordert, weshalb dort eine Aufwandsentschädigung für die erforderliche Reisetätigkeit gezahlt wird (wie auch bei den Toastmasters).

Mein Schachclub aus Jugendzeiten wurde 1947 gegründet und hat circa 100 Mitglieder (siehe hierzu auch [5]).Es mag Sie überraschen, dass ich hier eine für Sie wahrscheinlich völlig unbekannte Organisation auswähle. Noch zudem eine eher kleine. Aber ich kenne den Club seit meiner Jugend und er ist ein weiteres Paradebeispiel für unsere Analyse. Der Club beruht seit seiner Gründung vollständig auf ehrenamtlicher Tätigkeit. Der Verein floriert seit vielen Jahrzehnten, unterhält drei Mannschaften, die regelmäßig an Turnieren teilnehmen und sich auch in internen Schachmeisterschaften messen. Die große Zahl an passionierten Mitgliedern widmet einen beträchtlichen Teil ihrer Freizeit dem Schachsport. Auch an Wochenenden und Feiertagen engagieren sich die Mitglieder für den gemeinsamen Zweck, den Schachsport nach vorne zu bringen. Der Schachclub hat ebenso einen Vorstand mit verschiedenen Verantwortungsbereichen.

Toastmasters, AIESEC und mein Schachclub: drei Organisationen, die unterschiedlicher nicht sein könnten. Sie haben nicht nur komplett unterschiedliche Zielsetzungen, sondern auch eine unterschiedliche Größenordnung, Geschichte und regionale Ausbreitung. Und doch haben sie gemeinsam, dass sie außerordentlich langlebig sind und seit Jahren steigende Mitgliedszahlen aufweisen. Turnusmäßig werden die Führungspersonen (Vorstand, Kassenwart etc.) neu gewählt. Die Motivation ist hoch, selten mangelt es dabei an Freiwilligen, die sich für ihre Organisation einsetzen möchten. Was hat sie so außerordentlich erfolgreich werden lassen? Finanzielle Anreize können es nicht sein, denn alle Mitglieder sind ehrenamtlich tätig oder bekommen (falls die Organisation einen Vollzeiteinsatz erwartet) bestenfalls eine kleine Aufwandsentschädigung. Auch die zentrale/dezentrale Organisation mit einer globalen, internationalen oder nationalen Zentrale bei lokalen, vor Ort verantwortlichen Gruppen kann nicht der Haupterfolgsfaktor sein, denn diese Strukturen haben auch viele gewinnorientierte Unternehmen. Außerdem hat der Schachclub keine solche Struktur, sondern ist gänzlich auf sich allein gestellt.

6.2 Vier Erfolgsfaktoren

Eine ganze Weile war ich auf der Suche nach den Erfolgsfaktoren dieser NPNOs. Allerdings erfolglos, denn ich machte mir die Sache zu *schwer,* etwa mit gründlichen und tiefgreifenden betriebswirtschaftlichen Analysen. Eines Tage erinnerte ich mich an Edgar Allen Poes Roman „Der entwendete Brief". Dort wird ein Dokument offen für alle sichtbar in eine Ablage gelegt und damit so gut „versteckt", dass es von der Polizei bei der Durchsuchung übersehen wird. Edgar Allen Poe wusste wohl, dass man, wenn man etwas verbergen will, es am besten so platziert, dass man es sofort sieht. Was könnte *leichter* sein, als einfach danach zu schauen, was offensichtlich ist. Was haben die drei Organisationen gemeinsam und was davon liegt auf der Hand? Denn die Erfolgsfaktoren wurden seinerzeit sicherlich ohne Managementerfahrung und ökonomisches Studium entwickelt. Die Gründer waren Studenten (AIESEC), ein Direktor beim YMCA (Ralph Smedley, Toastmasters) und begeisterte Schachspieler. Natürlich konnten diese drei Organisationen ihre Erfolgsprinzipien auch nicht mit Hilfe eines Unternehmensberaters entwickelt haben, die gab es nämlich bei der Gründung noch gar nicht in der uns heute bekannten Form.[1]

So änderte ich meine Suche, nach dem, was „offensichtlich" ist, was alle drei Organisationen gemeinsam haben und was keiner Managementausbildung bedarf – ihr vielleicht sogar zuwiderläuft –, bis sich schließlich die folgenden vier Prinzipien herauskristallisierten:

1. Es gibt keine finanzielle Bezahlung, sondern die Mitwirkung bei einer tollen und wertvollen Idee.
2. Jeder hat sein Amt nur für einen bestimmten Zeitraum, ein bis maximal zwei Jahre.
3. Jeder übernimmt sein Amt ohne nennenswerte Vorerfahrung. Die persönliche Weiterentwicklung muss dies ausgleichen.
4. Jeder bekommt Unterstützung jederzeit, in der Art und Weise und solange, wie er sie braucht.

Der erste Punkt ist sicherlich beim Thema NPNO nicht überraschend. Der zweite und dritte jedoch erscheinen auf den ersten Blick wie ein todsicheres Erfolgsgeheimnis für eine Harakiri-Mission. Ohne Vorerfahrung ein Amt oder eine Position zu übernehmen und dann auch nur ein oder zwei Jahre Zeit dafür zu haben, erscheint nicht allzu logisch, geschweige denn erfolgversprechend. Man kann kaum glauben, dass das Auswechseln der

---

[1] Beispielsweise wurde McKinsey & Company, Inc. 1929 oder PwC 1849 gegründet, waren jedoch zu dem damaligen Zeitpunkt in der Wirtschaftsprüfung und Buchprüfung tätig, noch nicht in der Unternehmensberatung.

Amtsträger (d. h. Führungsmannschaft) spätestens alle zwei Jahre in der Realität funktioniert und zu Leistung und Leichtigkeit führt. Dabei kann das erste Prinzip, dass für die geleistete Arbeit noch nicht einmal Geld bezahlt wird, es doch nur noch schlimmer machen. Für viele Menschen stellt die Bezahlung ja gerade das „Schmerzens"-Geld dar, um bei der Stange zu bleiben. Ansonsten hätten sie schon längst das Weite gesucht. Allumfassende Unterstützung (das vierte Prinzip) ist lobenswert, nur wie soll sie all diese scheinbaren Defizite wettmachen. Das sind die offensichtlichen Punkte, nur wie können sie Organisationen so ungemein erfolgreich werden lassen?

Als Ernest Shackleton Anfang des 20. Jahrhunderts eine neue Mannschaft für eine Antarktisexpedition zusammenstellen wollte, platzierte er folgende Anzeige in einer Zeitung: „Männer für eine gefährliche Expedition gesucht. Lausige Bezahlung, bittere Kälte und viele Stunden Dunkelheit. Überleben fraglich. Ehre und Ruhm im Falle der Rückkehr." Der Legende nach hatte er mehr als 5000 Bewerber für sein circa 20 Mann starkes Team. Der Kern der Sache liegt darin begründet, dass die Mitglieder der NPNOs der gleichen tollen ungemein motivierenden Idee folgen *und* dabei an ihre Grenzen gehen. So können sie das Maximum an persönlicher Weiterentwicklung für sich herausholen. Ich glaube, dass damit die beiden wichtigsten Antreiber, die Menschen haben können, angesprochen werden: Erstens, sich für etwas Wichtiges einzusetzen, das größer ist als man selbst. Zweitens, die persönliche Weiterentwicklung voranzubringen, denn nichts macht mehr Spaß, als herauszufinden, was alles in einem steckt. Erfreulicherweise muss man heutzutage auf keine lebensgefährliche Expedition mehr gehen. Es geht auch einfacher: Man kann einer solchen Organisation beitreten.

Dass es keine Bezahlung gibt, unterstützt diese beiden Prinzipien, indem die Verlockungen und Verwirrungen des Geldes vermieden werden. Man kann sich nicht mehr mit „Schmerzensgeld" über einen Mangel an Vision, Verantwortung oder Ähnlichem trösten. Man kann nicht mehr sagen, dass zumindest das Gehalt stimmt. Sondern man kommt durch dieses Prinzip nicht umhin, die Arbeit so zu gestalten, dass alle davon bestmöglich profitieren. Ohne Bezahlung kann man sich nicht mehr hinter Illusionen verstecken, wie zum Beispiel, dass derjenige wichtig ist, der am meisten verdient. Wer wichtig ist, entscheidet eben dann nur, wer am meisten für die Organisation leistet. Eine andere Illusion ist, dass ein hohes Gehalt die mangelnde persönliche Anerkennung durch den Vorgesetzten ersetzt. In einer NPNPO kann eine Führungskraft die Mitarbeiter nur non-monetär motivieren, durch Wertschätzung zum Beispiel, eine offene, klare und direkte Kommunikation, einen fairen Umgang miteinander u. v. m.

Die uneingeschränkte Unterstützung in Form von Coaching verstärkt dieses Grundprinzip noch einmal. Denn mit Hilfe dieser Unterstützung können Menschen erst ihr Potenzial wirklich ausschöpfen. Wenn ein Toastmaster zum Beispiel einen eigenen Toastmastersclub gründet, wird er dabei von den Area Gouverneurs uneingeschränkt unterstützt. Jeder Student kann sich einem AIESEC-Lokalkomitee anschließen und dort für ein Amt kandidieren. Ob er nun in den Vorstand gewählt wird oder in einem darunter gelagertem Team mitarbeitet spielt keine Rolle, er kann sich der Unterstützung seiner Vorgänger, Kollegen, Mentoren, Förderer und Kuratoren sicher sein. Das Gleiche gilt in meinem Schachclub.

Die Leichtigkeit dieses Ansatzes ist bemerkenswert. Nur ganz wenige Prinzipien genü-gen, um erfolgreiche Organisationen zu schmieden. Auch gewinnorientierte Organisatio-nen brauchen diese Prinzipien als Weg zu mehr Leichtigkeit und Leistung. Schwierig und schwer wird es immer dann, wenn man versucht, einen falschen Weg weiterzugehen. Man merkt dies an sinkender Energie und einem Mangel an innerer Motivation. Das Ganze fühlt sich dann so an, als ob man Fußball einen Hang hinauf spielt. Es ist anstrengend und ein kleiner Fehler genügt, der Ball rollt wieder zurück und man fängt wieder von vorne an. Daher möchte ich im Folgenden diese vier Prinzipien noch näher beleuchten.

Damit gewinnorientierte Unternehmen diese Prinzipien umsetzen können und auf dem Weg in die organisatorische Top-Liga vorankommen, müssen noch ein paar weitere Kom-ponenten hinzukommen, die wir in den nachfolgenden Kapiteln untersuchen werden. Zu-nächst aber noch ein paar Worte zu den vier Prinzipien, da sie essenziell sind.

6.3   Prinzip der tollen Idee

Als Ernest Shackleton seine Anzeige schaltete, stellte er nicht nur eine persönliche Wei-terentwicklung in Aussicht, sondern versprach auch die Mitwirkung bei etwas ganz Groß-artigem: Die Erforschung von Neuland und das Abenteuer seines Lebens. Dass Ideen mo-tivieren, wissen auch gewinnorientierte Unternehmen. Viel wurde geschrieben über die motivierende Kraft visionärer Ziele. Nahezu alle haben heutzutage sogenannte Mission Statements definiert oder sprechen von ihrer Unternehmensvision. Nur leider bleiben sie oft reine Willensbekundungen oder bedrucktes Papier und werden nicht konsequent um-gesetzt und gelebt. Daran hat man sich im Allgemeinen schon so sehr gewöhnt, dass man es nicht mehr hinterfragt. Auch darauf werden wir in den folgenden Kapiteln eingehen.

Zugegebenermaßen haben NPNPOs einen gewissen Vorteil: Der Mangel an Bezahlung macht allen Mitgliedern der Organisation unmissverständlich klar, worum es wirklich geht. Jeder, der sich dort engagiert, macht das nicht wegen des Geldes, sondern nur wegen des Ziels, der Idee der Organisation. Auf der anderen Seite ist niemand gezwungen, für eine NPNO zu arbeiten. Ich bin davon überzeugt, dass auch gewinnorientierte Organisa-tionen dieses Prinzip noch viel stärker nutzen könnten und müssen, wenn sie zu einem Mehr an Leistung und Leichtigkeit kommen wollen.

Dass Visionen dabei nicht nur auf Papier stehen müssen, sondern auch in traditionell gewinnorientierten Unternehmen durchaus kreativ angewandt werden, erfuhr ich einmal eindrücklich von Herrn Dr. Heinz Pfannschmidt. Anfang der Achtzigerjahre kostete ein Autotelefon knapp 20.000 D-Mark und es gab in ganz Deutschland noch nicht einmal 100.000 davon. Kein Wunder, bei dem Preis. Scherzhaft munkelte man, dass nur Top-Ma-nager, Millionäre und Zuhälter sich solch ein Telefon leisten konnten. Dr. Heinz Pfann-schmidt, damals Produktionsgeschäftsführer und wenig später weltweit verantwortlich für die Business Unit „Philips Radio Communication", war jedoch schon damals überzeugt, dass die mobile Kommunikation ein enormes Potenzial hat. Nur niemand wollte es ihm so recht glauben. Die hauseigene Marketingabteilung prognostizierte lediglich einen Markt von einigen 100.000 Käufern, nicht gerade ermutigend, angesichts eines viele hundert Millionen D-Mark schweren Investitionsvorhabens.

Heinz Pfannschmidt war sich jedoch im Klaren darüber, „dass beim drahtgebundenen Telefon weniger als 50 % der Gesprächsversuche erfolgreich sind. Rein statistisch war nämlich der Empfänger nur die Hälfte der Zeit zu Hause. Also bedeutet ein Telefon, das man am Körper trägt, einen enormen Mehrwert". Er hatte nur ein Problem: Die Autotelefone waren so groß wie Schuhschachteln und niemand konnte sich seine Vision so recht vorstellen.

Kurzerhand ließ Herr Pfannschmidt ein Mobiltelefon aus Holz anfertigen, trug es mit sich herum und jeder durfte es anfassen. So wurde seine Vision erlebbar. Das brachte den Durchbruch. Seine für die damalige Zeit sehr mutige Schätzung von 10 Mio. Anschlüssen für die Jahrtausendwende wurde später um Lichtjahre übertroffen. Im Jahr 2000 gab es in Europa mehr als 300 Mio. Mobilanschlüsse. Sein Fazit: Visionen sind gut, Visionen zum Anfassen und Fühlen noch besser.

Der Non-Profit-Gedanke scheint sich auch in profitorientierten Unternehmen mittlerweile immer mehr durchzusetzen. Christoph Pfeiffer, CEO der Clarity AG in Bad Homburg, einem mehrfach preisgekrönten Anbieter intelligenter Telekommunikationslösungen, kennt die Kraft der Motivation jenseits finanzieller Anreize aus eigener Erfahrung. Einmal erzählte er mir: „Vor meiner Zeit als CEO habe ich in der Unternehmensberatung jahrelang ohne faktische Macht temporär an Projekten beteiligte Personen geführt, rein auf der Basis von Überzeugung und dem Bewusstsein, dass die Projektbeteiligten nur die passenden und vollständigen Informationen brauchen, damit sie eigenständig zu den richtigen Schlüssen kommen, den für Sie notwendigen Handlungsbedarf erkennen und Freude sowie Motivation bei der Umsetzung haben." Diesem Prinzip ist er später als CEO treu geblieben. „Denn man kann einen Menschen nicht nachhaltig motivieren, seine Leistungsbereitschaft muss intrinsisch vorhanden sein. Ein Arbeitgeber muss jedoch genau darauf achten, Mitarbeiter nicht zu demotivieren. Wenn das gegeben ist, reichen Ziele und Informationen, die man ihm gibt, aus, damit ein Mitarbeiter seine Leistung in der gewünschten Richtung entfaltet", so seine Überzeugung.

Außerdem hat es sich seine Firma zu eigen gemacht, sich regelmäßig ehrenamtlich für Non-Profit-Initiativen zu engagieren, beispielsweise für hochbegabte Kinder sozial benachteiligter Familien. „Das sind tolle und wertvolle Ziele, die wir gemeinsam angehen. Es spielt keine Rolle, dass diese Aktivitäten nichts mit dem eigentlichen Unternehmenszweck zu tun haben. Natürlich müssen auch wir Gewinn erwirtschaften, aber darum geht es hier nicht primär." Aus dem anfänglichen Verfolgen eines guten Zwecks wurde viel mehr, als er erwartet hätte. Diese Gemeinschaftserlebnisse schweißen zusammen und stärken das Verantwortungsbewusstsein der Mitarbeiter. Zu seinem Erstaunen wirken sie sogar noch nach einem Ausscheiden weiter. „Ehemalige Mitarbeiter sind zum Beispiel bereit, bei auftretenden Problemen oder Fragen in ihrem früheren Arbeitsgebiet auszuhelfen, obwohl sie das gar nicht mehr müssten. Zudem kündigen Kollegen niemals zu Unzeiten und handeln, so wie das Unternehmen verantwortungsvoll auf das Gemeinwohl achtet, mit Bedacht im Hinblick auf ihr Umfeld. Auch wenn ein Kollege persönliche Probleme hat, ist er in einem verantwortungsbewussten Umfeld damit nie allein." Die Clarity AG hat es so geschafft, die Kraft der Motivation aus dem Non-Profit-Bereich erfolgreich in die betriebliche Praxis zu übertragen.

Bei aller Motivation und Verantwortung füreinander, ist es zuweilen verlockend, den Mitarbeitern das Leben zu leicht zu machen. Manchmal kommen Führungskräfte und Mitarbeiter zu ihm und berichten von herkömmlich auftretenden Problemen ihrer Tagesarbeit. Um der Versuchung zu widerstehen, zu Hilfe zu eilen und dem Mitarbeiter dadurch das Gefühl zu geben, er könne den Problemen nicht alleine Herr werden, hat Christoph Pfeiffer eine interessante Vorgehensweise entwickelt: Er betrachtet das Problem wie eine Glaskugel, die der Mitarbeiter gerade an seinen Vorgesetzten übergeben möchte. „Dann falte ich in Gedanken jedoch meine Hände hinter dem Rücken. Das hilft, mir bewusst zu machen, dass ich das jetzt nicht annehmen muss, denn der Kollege kann das alleine. Durch diese Erlebnisse wachsen Kollegen mit ihren Aufgaben, sodass letztlich auch das Unternehmen dadurch wachsen kann."

Wirklich tolle Ideen werden in Unternehmen noch viel zu selten eingesetzt und schon gar nicht zur Verbesserung des Mannschaftsspiels. Im Kap. 10 werden wir besprechen, wie Sie Ideen für den Aufstieg in die Top-Liga für Ihre Organisation finden können. Doch ohne den parallelen Einsatz der anderen drei Prinzipien wird die tolle Idee verpuffen. Insbesondere die Zeitbegrenzung spielt dabei eine tragende Rolle.

6.4 Prinzip der Zeitbegrenzung

Ein Chef sagt zu seinem Mitarbeiter: „Herr Mayer, könnten Sie sich bitte um den aktuellen Quartalsbericht für unsere Vertriebszahlen kümmern? Aber nur kein Stress, lassen Sie sich Zeit. Wenn Sie *irgendwann* damit fertig sind, bringen Sie ihn mir bitte in mein Büro." – Was würde solch eine dienstliche Anweisung bei Ihnen auslösen? Ich weiß nicht, was Herr Mayer oder Sie dazu sagen würden, aber bei mir wäre die Motivation sicherlich denkbar gering. Egal wann ich damit fertig bin? Dann kann es ja nicht wichtig sein. Ich glaube, Herr Mayer wird erst mal den Quartalsbericht zur Seite legen und sich anderen, auf jeden Fall wichtigeren Aufgaben widmen. Eine Aufgabe ohne eine zeitliche Anforderung dahinter, sprich ohne Liefertermin, kann kaum der Mühe wert sein. Die Chancen stehen gut, dass der Quartalsbericht nie fertig wird. Und damit würde Herr Mayer noch nicht einmal gegen die Anweisung seines Chefs verstoßen.

Zeit ist Geld. Richtig? Nein, falsch! Zeit ist viel mehr als Geld. Eine Freiheitsstrafe (bei der uns Lebenszeit genommen wird und die eigentlich *Zeit*strafe heißen müsste) hat einen viel größeren Bestrafungswert als eine reine Geldstrafe. Keine Geldsumme der Welt, und sei sie auch noch so groß, kann uns auch nur eine Sekunde unserer Zeit kaufen. Aber umgekehrt können wir mit Zeit unser Geld mehren, etwa indem wir eine *Zeit* lang einer bezahlten Arbeit nachgehen. Zeit ist Leben, Zeit ist mit das Kostbarste, was wir haben.

Nur wenige Dinge haben einen höheren Wert als Zeit: Liebe und Freundschaft, Freiheit, vielleicht noch die Gesundheit (obwohl viele Menschen vermeiden, auf ihren Körper zu hören und rauchen, Alkohol trinken und sich nur wenig bewegen).

Einer meiner Bekannten erlitt mit Ende 30 einen Schlaganfall. Er erholte sich zwar vollständig davon, doch war sein Leben danach völlig verändert. Er hatte nach dem Abitur nicht studiert, wie er es eigentlich vorgehabt hatte, sondern sich von einem Freund überreden lassen, sich mit ihm als Webdesigner selbstständig zu machen. Durch seinen Schlaganfall wurde er sich der Endlichkeit seines Daseins drastisch bewusst. Ihm wurde klar, wie wertvoll seine Zeit auf Erden ist. Er hing seine Selbstständigkeit an den Nagel und schrieb sich an einer Universität für sein schon vor Jahren geplantes Studium ein. Viele Menschen, die sich durch tragische Ereignisse mit dem unermesslichen Wert der Zeit befassen, erfahren danach ein ungeahntes Maß an Motivation. Sie tun das, was sie schon immer tun wollten, sich nur nicht trauten. Das Gefühl für den Wert der Zeit gibt einem Menschen Gewissheit. Die Angst schwindet und die Entschlossenheit wächst.

Im Übrigen ist auch im Sport die Zeit ein ganz wesentlicher Faktor. Erinnern Sie sich an unseren FC Bigcity aus Kap. 2? Ein Fußballspiel hat immer einen Anpfiff und einen Abpfiff und dazwischen auf die Sekunde genau exakt 90 min Spielzeit. Und wehe, die Nachspielzeit wird nicht richtig bemessen! Die Einhaltung dieser Zeit ist extrem wichtig. Oder hätten Sie Lust auf ein Spiel, das zwischen 85 und 95 min dauert und bei dem der Abpfiff durch einen Zufallsgenerator erfolgt? Wohl kaum. Denn auch der Sport wäre ohne zeitliche Begrenzung völlig uninteressant. Bei fast allen Sportarten geht es darum, etwas entweder möglichst schnell (zeitminimal) zu tun, etwa beim 100-Meter-Lauf, oder in einer vorgegebenen Zeit möglichst viele Tore zu schießen (zeiteffizient). Zeitminimal oder zeiteffizient, es geht immer um die Zeit.

Sich eines solch ganz einfachen Mechanismus zu bedienen, der Begrenzung der Dienstzeit, der zugleich ein Maximum an Motivation liefert, ist *leicht*. Mit einfachen Dingen sehr viel zu erreichen hat einen Touch unserer viel gesuchten Leichtigkeit. Auch im Sport geht es nicht nur um Spiel und Spaß, sondern auch um genau diese Leichtigkeit. Auch hier entsteht erst durch die exakte Begrenzung der Zeit die Motivation, den Sport auszuüben oder ihm zuzuschauen.

In Organisationen ist dieses Prinzip genauso wirksam, nur leider nicht so selbstverständlich. Dabei erwarte ich noch nicht einmal, dass gewinnorientierte Unternehmen nur noch zeitlich begrenzte Positionen vergeben. Es ist viel elementarer: Eine Aufgabe ist nur dann eine Aufgabe, wenn sie mit einem Liefertermin verknüpft wird. Damit tun sich aber viele Vorgesetzte und Mitarbeiter schwer. Die Anweisung oder Bitte, einen genauen Termin zu setzen, wird von vielen als unhöflich oder „pushy" empfunden. Dabei ist eine Anweisung, eine bestimmte Aufgabe zu einem beliebigen oder unscharf definierten Zeitpunkt zu erledigen, für den Empfänger alles andere als motivierend, ja sie ist vielleicht sogar unmenschlich, zumindest aber unhöflich. Denn, wenn etwas so unwichtig ist, dass es noch nicht einmal einen Zeitpunkt verdient, kann es auch nicht gerechtfertigt sein, die Zeit eines Menschen dafür zu opfern. Damit wird eine Zeitangabe, ein Liefertermin, zu einem Akt der Wertschätzung seinen Mitarbeitern gegenüber.

Dieses Prinzip der Zeitbegrenzung wird in NPNOs konsequent eingesetzt. Einfach, indem den Menschen für die gesamte Dienstzeit und alle damit verbundenen Aufgaben nur ein bis zwei Jahre Zeit eingeräumt werden. Jeder Tag, an dem nichts geschieht, an dem man keine Lust hat, etwas aufschiebt oder sich mit Nebensächlichkeiten befasst, ist ein verlorener Tag. Und Arbeitstage gibt es nur ganz wenige: circa 200 (bei einem Jahr) oder 400 (bei zwei Jahren Dienstzeit). Jeder davon ist unglaublich kostbar. Wer kann das von seiner Arbeit sagen? In solch einer Organisation erreicht man entweder die gesteckten Ziele oder man *muss* sie vom Nachfolger erledigen lassen. Damit trägt jeder die Verantwortung nicht nur für die Aufgabe, sondern auch für die Zeit.

Für eine wirklich tolle Idee darf nur eine begrenzte Zeit zur Verfügung stehen. Das fordert die Beteiligten ungemein. Ohne persönliche Weiterentwicklung geht es dann nicht.

6.5 Prinzip der maximalen persönlichen Weiterentwicklung

Wieso gibt es in jeder Sportart Wettkämpfe und Meisterschaften, Aufstieg in höhere Ligen, Torschützenlisten und Tabellen beziehungsweise Ranglisten? Warum arbeiten Sportler so engagiert an ihrer persönlichen Bestzeit? Woher kommt diese Faszination? Das liegt meines Erachtens daran, dass jeder Sportler immer danach strebt, mehr aus sich zu machen, sein Potenzial auszuschöpfen, zu erfahren, was alles in ihm steckt. Das gilt nicht nur für Sportler, sondern wohl für die meisten Menschen. Wir haben eine große Sehnsucht nach persönlicher Weiterentwicklung. Dabei muss es gar nicht primär darum gehen, besser als andere zu sein. Oft geht es einfach nur darum, heute besser als gestern zu werden. Beispielsweise können im Golf Spieler jeglicher Spielstärke gegeneinander antreten. Das wird durch das sogenannte Handicap ermöglicht, eine Kennzahl, die die Spielstärke angibt und die Golfer miteinander vergleichbar macht. So kann auch ein Amateur gegen einen Profi gewinnen, falls der Amateur nur weniger Schläge braucht, als es sein Handicap vermuten lässt. Damit spielt man im Golf in erster Linie gegen sich selbst. Das ist für mich ein Paradebeispiel für persönliche Weiterentwicklung im Sport.

Vor geraumer Zeit war ich für meinen früheren Arbeitgeber als Berater auf einem globalen Großprojekt tätig. Die Situation war extrem herausfordernd, das Projekt war nicht nur sehr kostspielig, sondern mit vielen Unwägbarkeiten verbunden und flößte allen Projektmitarbeitern (mich eingeschlossen) eine gehörige Portion Respekt (oder besser gesagt: Angst) ein. Es stand eine Menge auf dem Spiel, für den Kunden als auch für die Verantwortlichen. So wurde für diese schwierige Aufgabe eigens ein sehr erfahrener und international bekannter Projektleiter engagiert. Obwohl er eine Koryphäe war, muss er über das Projekt ähnlich gedacht haben. Denn an der Wand über seinem Schreibtisch hing ein Schild, an dessen Wortlaut ich mich nicht mehr genau erinnere, aber sinngemäß stand da: „Bedenke, dass dieses Projekt jedem von uns Angst einflößt. Nutze es jeden Tag für deine persönliche Weiterentwicklung."

Das fand ich in mehrfacher Hinsicht genial. Der Projektleiter hatte ein Gemeinschaftsgefühl und einen Teamgeist geweckt, indem er allen aus dem Herzen sprach, inklusive seinen Auftraggebern (Vorstand und Aufsichtsrat), die sicherlich auch mit einem mulmigen Gefühl an das Projekt herangegangen waren. Nebenbei hatte er sich eine Menge unnötiger Diskussionen und Arbeit erspart, weil viele der unwichtigeren Bedenken und kleineren Probleme erst gar nicht auf seinen Tisch landeten, da sich die Leute lieber gleich selbst darum kümmerten. Und er hatte allen Beteiligten einen Weg aufgezeigt, wie sie mit ihren Problemen, den Unwägbarkeiten und den Konflikten umgehen konnten. Sie nämlich als eine einmalige Möglichkeit der persönlichen Weiterentwicklung zu erkennen und als Motivation zu nutzen.

Die persönliche Weiterentwicklung ist ein unglaublicher Antreiber. Auf der ICF-Coaching-Konferenz in Genf 2008 lernte ich den leider in der Zwischenzeit verstorbenen Rémy Lécluse kennen. Er war ein bemerkenswerter Extremskifahrer, der sich mit dem Helikopter auf Gipfel hoher Berge bringen ließ, um von dieser lichten Höhe die Steilhänge auf seinen Skiern hinunterzufahren. Die Abfahrten waren so steil wie eine Leiter an einer Wand. Ein Zuhörer fragte ihn, was denn passieren würde, wenn er ausrutsche oder falle. Seine Antwort: „Das darf nicht passieren. Das ist wie ein freier Fall. Wenn ich einen Fehler mache, bin ich tot." Daraufhin wollte der Zuhörer wissen, wie er es denn schaffe, keine Fehler zu machen. Rémy Lécluse: „Es darf nie schwer werden. Immer wenn es anfängt, schwer zu werden, läuft etwas schief." Rémy Lécluse hatte das Prinzip der Leichtigkeit zur Perfektion entwickelt. Er hatte hart dafür gearbeitet und sich persönlich an immer höheren und steileren Gipfeln gemessen und weiterentwickelt.

Die persönliche Weiterentwicklung ist die wohl am meisten unterschätzte Motivation in gewinnorientierten Unternehmen. Vielleicht liegt das daran, dass die jährlichen Gehaltsverhandlungen und die finanziellen Anreize, die mit Beförderungen und Jahresendboni einhergehen, die Leistungsbeurteilungen und die Fülle diverser anderer Anreize wie Titel, Anzahl der Mitarbeiter und regionaler Zuständigkeiten einen Großteil der Aufmerksamkeit auf sich ziehen. Ist es nicht schon ausreichend, marktübliche Gehälter zu bezahlen und allen klar zu machen, dass sie mit anpacken müssen, damit das Unternehmen überlebt und man in Brot und Butter ist, seine Hypothek abbezahlen kann und die Ausbildung der Kinder gesichert ist? Wer braucht da noch den „Luxus" von persönlicher Weiterentwicklung? Ein verhängnisvoller Irrtum.

Die in Unternehmen übliche Fokussierung auf monetäre Anreizsysteme und Statussymbole lenkt von dem fundamentalen Bedürfnis und der tiefen Sehnsucht ab, mehr aus sich zu machen und sein Potenzial authentisch auszuschöpfen. Dieses Bedürfnis haben wir schon als Baby. Eltern sprechen es an, wenn sie über dem Bett ihres Sprösslings ein Mobile hängen und der Kleine sich so lange streckt, bis er es endlich erreicht und die Dinge zur Entzückung aller in Bewegung versetzt. Das gleiche Prinzip wirkt, wenn man als Jugendlicher mit seinem Sportverein an Turnieren teilnimmt und sich über den Mannschaftssieg oder eine neue persönliche Bestzeit freut. Auch im Erwachsenenalter gibt es da keinen Unterschied, nur treten nun berufliche Herausforderungen in den Vordergrund. Leider geht das aber oft einher mit ganz anderen Anreizen, wie Gehalt und Arbeitsplatzsicherheit etc. Die meisten Menschen vergessen dann nach einer Weile, dass die persönliche Weiterentwicklung zu kurz kommt. Regen sich zuweilen Zweifel, ob nicht etwas fehlt, versucht man sich davon zu überzeugen, dass es nicht anders geht. Die Bank wartet auf die monatliche Rate, die Kinder wollen studieren und überhaupt, was sagen die Nachbarn, wenn man nicht auch einen großen und teuren Wagen fährt?

An diesem weitverbreiteten Mangel an persönlicher Weiterentwicklung kann der einzelne wohl tatsächlich nur selten etwas ändern. Agiert er doch in einem System und in einer Kultur, in der diverse Anreizsysteme den Blick auf unsere wahren elementaren Bedürfnisse verschleiern. Hieran kann nur die Organisation als Gesamtheit etwas ändern. Wie das funktioniert, werden wir in den folgenden Kapiteln noch näher besprechen. Aber die NPNPO zeigen auf, dass das Prinzip der persönlichen Weiterentwicklung wirkt. Sie führen es sogar an sein Maximum, indem ein Mensch, der eine neue Position einnimmt, keine einschlägige Vorerfahrung dazu braucht. Einzig der Wille zählt. Bei AIESEC zum Beispiel werden jedes Jahr die Führungskräfte neu gewählt und zwar weltweit. Bei den Toastmasters und dem Schachclub ist es genauso. In der Regel übernehmen die Menschen dort ihre Ämter zum ersten Mal in ihrem Leben und dürfen sich auch nach ihrer Amtszeit nicht wieder wählen lassen. Denn dann ist der Job ja zur Routine geworden.

Um die Menschen etwas länger zu halten als ein oder zwei Jahre, bieten auch diese Organisationen eine „Beförderung" an, einen „Aufstieg" in die nächste Liga sozusagen. Bei den Toastmasters kann man, nachdem man seinem Club gedient hat, als Area Governor eine ganze Region (also mehrere Clubs) betreuen, danach als District Governor verschiedene Regionen und weiter bis hinauf zur weltweiten Zuständigkeit (vergleichbar mit einem CEO). Ebenso werden bei AIESEC nationale und internationale Verantwortlichkeiten angeboten. Aber auch hier gilt das gleiche Prinzip: Für diese Ämter selbst brauchen die Mitglieder nicht die einschlägige Vorerfahrung einer vergleichbaren Position. Jeder kann solch ein Amt übernehmen und nach seinen ganz persönlichen Zielen ausgestalten. Selbstverständlich ist man irgendwann oben an der Spitze angelangt und nach diesem Amt ist dann Schluss. Das ist für die Betroffenen oft wie ein Schock. AIESEC hat hierzu den Slogan geprägt: „From Hero to Zero." Als Trost bleibt dann, sich einer anderen NPNPO-Organisation anzuschließen, die vielleicht einen anderen Zweck verfolgt, aber wieder neue Möglichkeiten der persönlichen Weiterentwicklung eröffnet.

Die meisten Unternehmen sind allerdings so komplex, agieren in so dynamischen Umfeldern, dass es kein Problem bereiten sollte, den Mitarbeitern und Führungskräften immer wieder „Aufstiegsmöglichkeiten" zu bieten. Entscheidend ist dabei allerdings die unbegrenzte Unterstützung.

6.6   Prinzip der unbegrenzten Unterstützung

Eine unbegrenzte Unterstützung erscheint vielen Menschen als kontraproduktiv. Wenn eine Führungskraft ihrem Mitarbeiter dies zusichert, wird der sich dann nicht entspannt zurücklehnen und in seinen Bemühungen nachlassen? Beispielsweise in der Erwartung, dass, wenn irgendetwas nicht so läuft wie geplant, sich ja schon der Vorgesetzte darum kümmert? In der Tat, diese Gefahr besteht. Insbesondere dann, wenn keine Verantwortung übernommen wird. Deshalb funktioniert dieses Prinzip nur in Verbindung mit der klaren Ansage eines tollen Ziels und der Übernahme einer Aufgabe mit wenig Vorerfahrung. Denn das stellt eine ungeheure Herausforderung dar. Die persönliche Weiterentwicklung ist nun bis an die Grenzen gefordert und bewirkt eine unglaubliche Motivation. Nur ein sehr motivierter Mensch kann in einer unbegrenzten Unterstützung einen Wert sehen. Für alle anderen kann es zu einer Belastung werden, wenn sie erkennen, dass nun die Verantwortung ausschließlich bei ihnen liegt. Denn entweder sie können eine Aufgabe alleine bewältigen oder sie müssen jemanden um Unterstützung bitten und sie dann bewältigen. Die Verantwortung liegt so oder so immer beim Mitarbeiter.

Natürlich kommt es auch auf die Qualität der Unterstützung an. In Kap. 5 habe ich beschrieben, was zu einem guten Coaching gehört. Viele Führungskräfte, die ich kenne, sind in der Lage, ihre Mitarbeiter in dieser Richtung zu unterstützen. Alle anderen möchte ich an dieser Stelle ermutigen, ihre Coaching-Fähigkeiten als Teil ihres Führungsrepertoires auszubauen. Aktives Zuhören, intelligente Fragen und konstruktives Feedback sind die Grundbausteine dazu.

Zu meiner Zeit als Berater nahm ich einmal an einem Führungstraining teil. Es ist schon eine Weile her, aber ich kann mich noch gut an eine Kleingruppenarbeit (Breakout Session) erinnern, bei der der Haupttrainer kurz in den Raum kam, um sich ein paar Schreiber zu holen. Auf seinem Weg zum Regal musste er hinter dem Assistenztrainer an der Wand vorbei. Beim Vorübergehen klopfte der Chef seinem Assistenztrainer wohlwollend und anerkennend auf die Schulter. Ich hatte das bemerkt, der Geste aber wenig Bedeutung beigemessen. Als der Chef wenig später wieder den Raum verlassen hatte, hielt der Assistenztrainer in seinen Ausführungen einen Moment lang inne und sagte:. „Ob ihr es glaubt oder nicht, aber dieses Schulterklopfen hat mich gerade so unglaublich motiviert." Auch Ermutigung und Anerkennung sind Feedback und können aus subtilen Hinweisen bestehen. Kleine Coachings mit großer Wirkung.

Bei den NPNPO unterstützt jeder, der aus seinem Amt ausscheidet, noch für ein weiteres Jahr den Nachfolger. Bei den Toastmasters wird der Vorgänger sogar mit einem eigenen Titel versehen, der Immediate Past President, so wichtig wird diese Rolle erachtet. In meinem Schachclub ist es eine Selbstverständlichkeit, dass die aktuellen Ämterinhaber von den anderen Mitgliedern unterstützt werden. Und AIESEC bietet ein sehr umfangreiches internes Weiterbildungs- und Mentorenprogramm für alle Mitglieder an.

Ein ganz wichtiger Punkt ist, dass alle Unterstützung bekommen, auch und gerade die Vorgesetzten. Jeder braucht Unterstützung. Denn oft liegt zwischen Führen und Folgen nur ein ganz schmaler Grat. Christian Schwickart, Geschäftsführer eines IT-Systemhauses von Bechtle, erzählte mir einmal Folgendes dazu: Bei einem Ausflug in einen Klettergarten mit seinen Mitarbeitern bestand eine der Aufgaben darin, auf einen sogenannten Pamper Pole zu steigen, ein Baumstamm von neun Metern Höhe. Dabei wurde man zwar immer von drei Kollegen per Seil gesichert, dennoch war die Höhe schwindelerregend und ein paar zögerten auch, hinaufzugehen. Dann kam Christian Schwickart an die Reihe. Wenig später hatte er es auch schon fast nach oben geschafft. Es fehlte nur noch eine Stufe zur nur pizzatellergroßen Plattform oben, auf der man dann die Aussicht „genießen" sollte und eine 180-Grad-Drehung zu absolvieren hatte.

Doch plötzlich – nachdem der rechte Fuß sein Ziel erreicht hatte – weigerte sich sein linkes Bein, diese eine letzte Stufe zu nehmen. Seine Beine zitterten und das übertrug sich auf den Mast, was die Sache nicht wirklich einfacher machte. Wie angewurzelt stand er da und schaute zu seinen Leuten hinunter. Und die erwartungsvoll hinauf. Er konnte den Erwartungsdruck deutlich spüren. Das machte es nicht gerade leichter. Für eine Weile ging so nichts mehr, sein linkes Bein weigerte sich „standhaft". Was tun? Dann kamen von seinem Team am Boden aufmunternde Worte und schließlich, nach einer gefühlten Unendlichkeit, konnte er den letzten Schritt tun. Getoppt wurde dieses Erfolgserlebnis sogleich durch seinen dramaturgisch vorgegebenen „Schritt ins Leere", bei dem er sich vollends in die Hände seiner Mitarbeiter gab, um durch diese gesichert wieder gen Erdboden zu fallen – ein Sprung aus neun Metern Höhe! „Da wurde mir klar, wie sehr meine Leute hinter mir standen. Das war ein fantastisches Erlebnis. Als Chef muss man gar nicht unbedingt alles alleine machen oder entscheiden."

Durch das Zusammenspiel der tollen Idee, der Zeitbegrenzung, der persönlichen Weiterentwicklung und der umfassenden Unterstützung, entsteht eine Symphonie von Motivation und Vision. Nur eines muss klar sein: Dazu braucht man die gesamte Organisation. Sie muss lernen, sich als eine große Mannschaft zu sehen und so zu handeln. Wie dies im Spitzensport schon üblich ist.

6.7 Ausblick

Schon als Kind haben mich große Tanker auf See sehr beeindruckt. Haben sie einmal eine Richtung eingeschlagen und sind bei voller Fahrt unterwegs, lassen sie sich nicht so ohne Weiteres abbremsen oder umlenken. Bremswege von bis zu sechs Kilometern sind keine Seltenheit. Organisationen sind vergleichbar. Sie verfolgen – seien sie gewinnorientiert oder nicht – seit geraumer Zeit eine übergeordnete, über viele Jahre hinweg erprobte Strategie, an die sich die Menschen gewöhnt haben, die sie verfolgen, selbst wenn sie nicht voll dahinter stehen. Da kann man nicht einfach so abbremsen und eine andere Richtung einschlagen. Auch haben Unternehmen im Laufe ihrer Geschichte ihre ganz eigene Kultur entwickelt, die dem Aufstieg zur Top-Liga entgegenstehen kann. In manchen Organisationen arbeitet man eher gegeneinander als miteinander. Kontrollzwang, Perfektionismus, Bereichsegoismen, Mangel an Führung: Die Liste ist lang und die Menschen machen sich in Unternehmen das Leben schwer damit.

Wir haben uns vier Prinzipien näher angeschaut, mit denen Organisationen ohne Bezahlung der Mitarbeiter erfolgreich sein können. So genial sie sind, reichen diese allerdings noch nicht aus, um „normale" profitorientierte Unternehmen zur Top-Liga aufsteigen zu lassen. Warum? Nicht nur weil Unternehmen nie so ohne Weiteres in NPNPOs umgewandelt werden könnten. Sondern vielmehr deswegen, weil Unternehmen eine hochkomplexe Eigendynamik besitzen. Man kann in solch ein bestehendes System nicht einfach eingrei fen, ein paar neue Prinzipien verkünden, diese in das Intranet für alle sichtbar stellen und erwarten, dass sie ihre Wirkung schon entfalten werden. Dafür ist wie im Sport auch ein Coaching notwendig. Ohne Coaching geht hier gar nichts. Denn man muss sich gemeinsam als Mannschaft auf den Weg machen. Nur ist dieser Weg, wie im Sport auch, mit Coaching und Arbeit verbunden.

Ich bin überzeugt davon, dass es sich lohnt, getreu dem berühmten Spruch der Dakota-Indianer: „Wenn Du ein totes Pferd reitest, steige ab." Lassen Sie uns absteigen von der Illusion, ausreichend monetäre und non-monetäre Anreize würden es schon richten. Zu Leichtigkeit und Leistung kommen Organisationen nur dann, wenn man das angeht, was es einem schwer macht und sein Mannschaftsspiel verbessert. Berti Vogts hat einmal gesagt: „Wenn jeder Spieler zehn Prozent von seinem Ego an das Team abgibt, haben wir einen Spieler mehr auf dem Feld." Was könnte das für unsere vier Prinzipien bedeuten? Was können Organisationen vom Sport lernen? Da wollen wir nun näher hinschauen. Sepp Herbergers berühmter Ausspruch: „Der Ball ist rund und das Spiel dauert 90 min." oder Franz Beckenbauers „Schaun mer mal, dann sehn mer scho", deuten schon an, dass im Spitzenfußball die Dinge spannend und anregend sind.

Die Prinzipien zu Leichtigkeit und Leistung – aktueller Stand auf einen Blick
Die Prinzipien zu Leichtigkeit und Leistung, die wir bislang gelernt haben:
1. Tolle wertvolle Idee
2. Jeder hat für seine Aufgabe nur eine begrenzte Zeit zur Verfügung
3. Maximale persönliche Weiterentwicklung
3. Allumfassende uneingeschränkte Unterstützung

Literatur

1. Hamel, G. (2007). *The future of management*. Watertown: HBR Press.
2. http://digital.ipcprintservices.com/publication/?i=65438. Zugegriffen: 23. März. 2012.
3. www.aiesec.org. Zugegriffen: 28. April. 2013.
4. www.brandeins.de/archiv/2011/grossorganisation/trommeln-lernen.html. Zugegriffen: 21. Aug. 2013.
5. www.schachclub-rheinstetten-1947.de. Zugegriffen: 28. April. 2013.
6. www.toastmasters.de. Zugegriffen: 28. April. 2013.
7. www.toastmasters.org. Zugegriffen: 28. April. 2013.

Zusammenfassung

Einige drastische Negativbeispiele. Schach und Rudern und was Organisationen davon lernen können. In was für einer Organisation arbeiten Sie? Warum Organisationen als „Schachmannschaft" keine Zukunft haben. Warum es im Sport mehr Coaching gibt als im Business. Einige positive Beispiele: die „Rudermannschaft" in Aktion. Das duale Coaching-Prinzip. Die Prinzipien der NPNOs ergänzt und erweitert. Das Team und der Einzelne. Trägheit und deren Überwindung. Ausblick.

Der Sport ist ein Vorreiter und Vorbild für Coaching. Deshalb kann man dort in den Top-Ligen ein hervorragendes Mannschaftsspiel mit Leistung und Leichtigkeit bewundern, bei dem die einzelnen Spieler *und* die Mannschaft als Ganzes Spitzenleistungen erbringen.

Organisationen hinken hier größtenteils noch beträchtlich hinterher. Einzelne leisten auch hier enorm viel. Nur wird versucht, dies immer weiter zu steigern, während die Verbesserung des Mannschaftsspiels auf dem Weg zur wahren Top-Leistung auf der Strecke bleibt. Meistens mit zweifelhaften, nur kurzfristigem Erfolg mit zuweilen skurrilen Nebenwirkungen. Hier ein paar drastische Beispiele.

7.1 Zwei drastische Negativbeispiele

Vor mir sitzt mein ehemaliger Schulkamerad. Wir haben uns seit 30 Jahren nicht gesehen und uns zu einem Kaffee verabredet. Anfangs hatte ich ihn fast nicht erkannt. Dunkle Ringe zieren seine Augen und er macht einen gehetzten und erschöpften Eindruck. Nach ein paar Minuten kommt er auf seinen Beruf zu sprechen. Als Rechtsanwalt in einer großen Kanzlei muss er extrem viel arbeiten. Er erzählt, dass jedes Jahr fünf bis zehn Prozent der Anwälte gehen müssen, immer die, mit dem geringsten Umsatz, die „Looser" sozusagen.

In guten Jahren sind es fünf Prozent, in schlechten auch mal zehn Prozent. Bislang war er immer bei den besten, weiß aber, dass es nur eine Frage der Zeit ist, bis es auch ihn irgendwann trifft. Über sein Gehalt kann er allerdings nicht klagen. Es liegt im oberen sechsstelligen Bereich, eine knappe Million Euro. Nicht schlecht. Wenn da nicht das Damoklesschwert der Kündigung wäre, das über ihnen schwebt und jedes Jahr fast jeden Zehnten seiner Kollegen dahinrafft. Irgendwie kommt mir das Ganze vor wie ein Ritt auf dem Tiger. Solange man oben auf ist, ist alles gut, aber wehe der Tiger kommt einmal zum stehen.

Dabei ist der Tiger vielleicht noch harmlos. Unwillkürlich denke ich an den alten römischen Brauch der Dezimation. Wenn eine Legion dem Kampf auswich und sich der Feigheit schuldig gemacht hatte, konnte die Dezimation angeordnet werden, bei der in einem Losverfahren jeder zehnte Legionär ausgewählt und hingerichtet wurde. Das Verfahren war so gefürchtet, dass es nur selten angewandt werden musste.

Ich kann den Coach in mir einfach nicht leugnen und will schließlich wissen, wie er damit klarkommt. Seine „Strategie": Jede Menge Partys und Alkohol am Wochenende und ein ständiger Kontakt zu einer Reihe von Headhuntern, um für den Fall der Fälle gleich eine neue Beschäftigung zu haben. Als ob er das bei dem Gehalt nötig hätte. Aber es beruhigt. Außerdem empfindet er *null* Loyalität für seinen Arbeitgeber. Auch seine Kollegen kümmern ihn nicht. Nur der Umsatz zählt. Solange der stimmt, ist alles gut. Seine Kollegen würden das im Übrigen genauso machen.

Nun allerdings regt sich in mir der ehemalige Unternehmensberater und will wissen, wie denn eine Firma mit so wenig Kollegialität und Loyalität erfolgreich sein kann. Das sei ganz unproblematisch, erklärt er mir. Die Kunden werden einfach gewissen Regionen zugeordnet und jeder Anwalt ist ausschließlich für die Kunden seiner Region zuständig. So kommt man sich nicht in die Quere und vermeidet Konkurrenz. Unstimmigkeiten werden direkt von der Geschäftsführung entschieden. Auch wenn ein Kunde bei einem größeren Auftrag mal von mehreren Rechtsanwälten betreut wird, bestimmt die Geschäftsführung den Aufteilungsschlüssel für den Ertrag. Kritik daran ist unerwünscht und wird auch nicht geäußert. Man will ja nicht negativ auffallen.

Soweit ich das beurteilen kann, ist diese Kanzlei wirtschaftlich gesehen seit vielen Jahren sehr erfolgreich und zwar deswegen, weil die Formel für Erfolg ganz einfach ist:

Erfolg = Umsatz beziehungsweise noch mehr Umsatz = noch mehr Erfolg.

Andere Ziele, wie zum Beispiel Mitarbeiterzufriedenheit, werden dem Erfolg beziehungsweise Umsatz völlig untergeordnet. Einfacher könnte eine Unternehmensstrategie kaum sein. Natürlich ist diese Firma auch erfolgreich, weil Menschen immer noch bereit sind, dort zu arbeiten. Solange das Gehalt stimmt, wird das wohl auch so bleiben, es sei denn, jemand bietet diesen Rechtsanwälten eine andere Organisationsform, die genauso viel Umsatz generiert und auch ähnliche Gehälter zahlen kann, dabei aber über tolle Ideen, persönliche Weiterentwicklung und allumfassende Unterstützung motiviert. Eine Organisationsform, in der Kollegialität und Loyalität Basis des Miteinanders sind. Dann werden dieser Kanzlei sicherlich die Menschen in Scharen davonlaufen. Noch aber funktioniert der Ritt auf dem Tiger oder die Anwendung der Dezimation.

Wer denkt, das Beispiel der Kanzlei sei eine krasse Ausnahme und ließe sich nicht mehr überbieten, den muss ich enttäuschen. Bei einer internationalen IT-Firma konnte ich einmal einen Blick in das hauseigene Intranet werfen. Mein Ansprechpartner hatte mich zu sich an seinen Bildschirm gerufen und geheimnisvoll gesagt: „Herr Schulte, schauen Sie mal." Ich schaute und staunte nicht schlecht. Da war eine große Tabelle zu sehen, in der alle Kundenbetreuer der Firma aufgelistet waren. Diejenigen, die ihre Zielvorgaben erreicht hatten, waren in grüner Schrift ganz oben aufgelistet, darunter in knallgelber Schrift die Betreuer, die knapp darüber oder darunter lagen und ganz unten die, die ihre Ziele nicht erreicht hatten, in rot, *blutrot*. Alle schön der Reihe nach durchnummeriert von Platz 1, 2, 3 und so weiter, wie eine Bestsellerliste im Buchladen.

Diese Liste konnte jeder einsehen und alle wussten, wo wer steht. Wer gerade „oben" war und wer gerade „abstiegsbedroht" war und dem es wohl gerade ganz dreckig ging. Man munkelte, dass die „Roten" jeden Tag einen Anruf vom Chef bekamen und erklären mussten, was sie konkret getan hatten, um ihre Zielvorgaben zu erreichen. Und auch dass die Zielvorgaben so anspruchsvoll jedes Jahr festgesetzt werden, dass immer nur wenige sie erreichen konnten. Meines Wissens wurde zwar niemand gekündigt, aber ich glaube, das war auch gar nicht notwendig. Die öffentliche Zurschaustellung der Betroffenen und die damit einhergehende Angst und die Scham, als Versager gebrandmarkt zu werden, wogen weitaus schwerer. Ich glaube, die Leistung war in dieser Firma enorm. Allerdings zulasten der Leichtigkeit und des Mannschaftsspiels. Es machte keinen Spaß, in dieser Firma zu arbeiten. Denn es war ja offensichtlich, dass diese Liste *immer* ein Drittel der Betreuer in Grün, ein Drittel in Gelb und ein Drittel in Rot ausweisen würde. Für jeden, der es nach oben schaffte, fiel ein anderer nach unten. Das war weniger ein Ritt auf dem Tiger, der irgendwann einmal zu Ende ist, als vielmehr ein Rennen im Hamsterrad, bei dem man nur weiterrennen kann, weil man keine Alternativen sieht.

Der Unterschied dieser beiden Firmen zu den im vorigen Abschnitt beschriebenen NPNPOs, die mit einer tollen Idee, der Begrenzung der zur Verfügung stehenden Zeit, der maximal möglichen persönlichen Weiterentwicklung und der allumfassenden bedingungslosen Unterstützung ihre Mitarbeiter zu Höchstleistungen motivieren, könnte größer nicht sein. Zugegebenermaßen mögen es diese beiden Firmen wohl besonders krass treiben. Dennoch ist der Versuch, mit Hilfe monetärer Anreize Mitarbeiter und Führungskräfte zu motivieren, gängige Praxis in Unternehmen. Obwohl wie gesagt auch in der Wissenschaft zunehmend Beweise erbracht werden, dass monetäre Anreizsysteme nur bei einfachen Tätigkeiten die Motivation und Leistung tatsächlich steigern. Bei anspruchsvollen Aufgaben, die Kreativität und ein hohes Maß an Gestaltungswillen erfordern, wirken diese Systeme kontraproduktiv ([1] und [2]). Das mag wohl kaum überraschen. Schon Goethe wusste „Arbeite nur – die Freude kommt von selbst." Will heißen: Die Freude kommt aus der Arbeit als solcher, nicht aus der Bezahlung dafür und sei sie auch noch so hoch.

Angenommen, Sie müssten wählen, welche dieser beiden Firmen wäre Ihnen lieber? Ich würde sagen: die erste. Lieber ein Ende mit Schrecken (im Falle der Kündigung) als ein Schrecken ohne Ende. Leider müssen viele Menschen solch eine Wahl bei der Auswahl ihres Arbeitgebers immer noch treffen, denn es gibt ähnliche Mechanismen in vielen Firmen, sodass man ihnen kaum völlig entgehen kann. Wenn dieses Buch einen kleinen Beitrag leistet, hieran etwas zu ändern, bin ich froh. Immer noch werden die meisten Firmen offensichtlich wie eine „Schachmannschaft" geführt. Die Frage ist nur, wären sie nicht besser dran als „Ruderboot"?

7.2   Schach versus Rudern

Zunächst einmal: nichts gegen Schach. Es ist ein faszinierender Sport, der von intelligenten und freundlichen Menschen ausgeübt wird. Mir geht es vielmehr um einen grundsätzlichen Vergleich von zwei Sportarten und den dahinter liegenden Motivationsmechanismen, um daraus die Alternativen für Organisationen besser zu verstehen.

Eine Schachmannschaft besteht für gewöhnlich aus acht Spielern. In einem Wettkampf treten die acht Spieler der einen Mannschaft gegen die acht der anderen Mannschaft an. So muss jeder Spieler gegen genau einen Spieler der gegnerischen Mannschaft spielen. Die Mannschaft gewinnt, die die meisten Partien für sich entscheidet. Gegenseitige Tipps während des Wettkampfs sind streng verboten. Natürlich unterstützen sich die Spieler vor den Wettkämpfen beispielsweise durch gemeinsame Analysen von Partien und die Suche nach Verbesserungsmöglichkeiten ihres Spiels. Aber in einem Wettkampf hat man diese Hilfestellung nicht mehr. Da ist man allein auf sich gestellt. Ab und zu kann es vorkommen, dass man sich mannschaftsdienlich verhält, etwa, wenn dem Team nur noch ein Remis fehlt und man in besserer Stellung dem Gegner eines anbietet, damit man die erforderlichen 4,5 Punkte für den Mannschaftssieg hat. In einem Turnier, also wenn es drauf ankommt, ist man jedoch weitestgehend Einzelkämpfer, dessen wichtigste Aufgabe es ist, sein persönliches Spiel zu gewinnen.

Im Schachsport gibt es Wertungszahlen, die die Spielstärke eines Spielers messen, ähnlich wie das Handicap beim Golf. Natürlich ist jeder Spieler bestrebt, eine möglichst gute Wertungszahl zu bekommen, ist sie doch Spiegelbild seiner Leistungsfähigkeit und Anerkennung seiner Erfolge. Diese Wertungszahlen werden jedoch nur auf Basis des *persönlichen* Abschneidens eines Spielers errechnet. Das Mannschaftsergebnis spielt hierbei keine Rolle. Ein Spieler kann also seine Wertungszahl verbessern, wenn er seine Partie gewinnt, auch wenn die Mannschaft als Ganzes verloren hat. Auch dadurch kommt es im Schachsport in erster Linie auf den persönlichen Sieg an.

Ganz anders stellt sich die Situation bei einem Ruderboot dar, etwa bei einem Achter ohne Steuermann, um den Vergleich mit der Schachmannschaft zu vereinfachen, die ebenso aus acht Spielern besteht. Bei einem Achter kommen immer alle gleichzeitig an. Der Einzelne kann sich anstrengen wie er will, er kann den Sieg nur gemeinsam mit den anderen erringen. Einzelkämpfer, die glauben in einen Ruderboot sich nicht nach den anderen

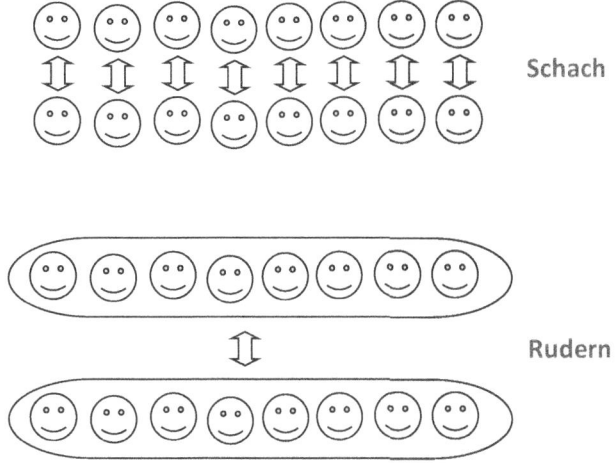

Abb. 7.1 Ruderboot und Schachmannschaft

richten zu müssen und sich lediglich auf ihre persönliche Leistung konzentrieren (wie beim Schach), können das Boot sehr stark verlangsamen, es im schlimmsten Fall sogar zum Kentern bringen.

Ein Achter ist dann schnell, wenn jeder Athlet erstens im Takt rudert, sich also mannschaftsdienlich verhält, und zweitens, sein persönliches Rudervermögen kontinuierlich verbessert. Damit hat ein Ruderer eine Verantwortung mehr als ein Schachspieler. Der Schachspieler vervollkommnet sein Schach, der Ruderer sein Rudern und sein Gefühl für die anderen Mannschaftskameraden. Eine erfolgreiche Schachmannschaft besteht aus acht exzellenten Schachspielern, je exzellenter, umso besser, am besten Schachgenies. Eine erfolgreiche Rudermannschaft besteht aus acht Athleten, die an ihrem persönlichen Rudervermögen arbeiten und ihr Gespür für die Kameraden weiterentwickeln. Ein Ruderer muss bei seiner persönlichen Weiterentwicklung immer das Ruderteam einbeziehen. Würde er in ein anderes Achterteam wechseln, müsste er wahrscheinlich seinen Ruderstil wiederum erneut an dieses andere Team auf eine andere Art und Weise anpassen. Zur Illustration siehe Abb. 7.1.

7.3   In welcher Organisation arbeiten Sie?

Nach diesem kleinen Ausflug in den Sport nun zurück zu unseren Organisationen. Ich bin davon überzeugt, dass die meisten Organisationen besser als Rudermannschaft arbeiten denn als Schachmannschaft. Warum ist das so?

Eine Organisation macht entweder einen Gewinn oder einen Verlust. Sie hat entweder überwiegend zufriedene Kunden oder unzufriedene. Sie gewinnt entweder Marktanteile hinzu oder verliert. Sie hat ein gutes Image am Markt oder nicht. All das ist Ausdruck der gemeinsamen Leistungsfähigkeit. Nur alle gemeinsam können das mit einem guten Mannschaftsspiel erreichen. Eine Organisation hat herzlich wenig davon, wenn beispielsweise im Vertrieb nach dem Motto „koste es was es wolle" verkauft wird, in der Produktion auf Teufel komm raus produziert wird und von der Innenrevision ohne jede Rücksicht auf Verluste alle Abteilungen nach Herzenslust überprüft werden. Für den Erfolg muss die Qualität der Produkte stimmen, aber auch der Service. Da kommt es auf Freundlichkeit der Kundenbetreuer an, aber auch auf die Verlässlichkeit der Bereiche, die keinen direkten Kundenkontakt haben. Dazu müssen die Führungskräfte gut führen und die Mitarbeiter gut arbeiten. Die Arbeitsabläufe müssen von allen stetig verbessert und immer wieder an geänderte Anforderungen angepasst werden. All das, was eine erfolgreiche Organisation ausmacht, kann nur von allen gemeinsam erarbeitet werden.

Jeder muss, egal auf welchem „Bänkchen im Ruderboot" er sitzt, seinen Beitrag leisten. Alle gemeinsam haben entweder Erfolg oder Misserfolg und kein Mitglied der Organisation kann sich da raushalten. Reicht der Gewinn nicht aus oder hat die Firma gar einen Verlust, laufen die Kunden davon oder verlieren die Produkte Marktanteile, sind alle daran direkt oder indirekt beteiligt und alle davon betroffen. Eine Organisation kann tatsächlich nur gemeinsam über die Ziellinie laufen. Wie ein Orchester, das nur durch ein gut eingeübtes gemeinsames Spiel einen vollkommenen Klang erzeugt, oder wie eine Mannschaft beim Tauziehen, die nur durch ein gemeinsames koordiniertes Vorgehen eine große Zugwirkung entfaltet, oder ein Rudel Wölfe, das nur durch ein gut eingespieltes Team bei der Jagd erfolgreich ist.

Organisationen sind bis auf wenige Ausnahmen, auf die ich noch eingehen werde, Ruderboote. *Sie werden aber in der Regel so geführt, als wären sie Schachmannschaften.* In den individuellen Leistungsvorgaben stehen meistens nur die Ziele, die das Individuum isoliert betreffen und die es autonom für sich alleine umsetzen kann. Oft hängt das Gehalt zum Teil an der Erreichung dieser Ziele. Das nennt man erfolgsabhängige Vergütung. Es ist in gewisser Hinsicht folgerichtig, nur die individuellen Ziele und weniger die Mannschaftsziele aufzunehmen. Denn nur, wenn der Mitarbeiter seine Ziele auch autonom erreichen kann, kann die Organisation sicher sein, dass es zu keinen Querelen und Schuldzuweisungen zwischen den Mitarbeitern kommt, falls die Ziele nicht erreicht werden. Bei Geld hört der Spaß ja bekanntlich auf. Deswegen fehlen in einer Organisation, die als Schachmannschaft geführt wird, meistens Organisationsziele, die nur gemeinsam mit anderen erreicht werden können, wie zum Beispiel das Ausräumen oder Nicht-entstehenlassen von Konflikten, ein abteilungsübergreifendes Arbeiten, das Aushelfen in anderen Organisationsteilen bei Bedarf etc. – also alles Ziele, die eher für ein Ruderboot sinnvoll wären.

Nur auf der allerobersten Führungsebene, dort wo man tatsächlich für die gesamte Organisation verantwortlich ist, werden in der Regel die Gehälter an den Gewinn der Organisation gekoppelt. Denn der oberste Chef ist ja in der Tat für alle verantwortlich und damit auch für die Gewinn-und-Verlust-relevanten Ergebniszahlen seiner Firma. Das ist auf der einen Seite nachvollziehbar. Auf der anderen Seite wird oft übersehen, dass der Erfolg auf der obersten Ebene auch nur durch das gemeinsame „Rudern" entsteht. Getreu dem Motto: „Wer glaubt, dass ein Geschäftsführer sein Geschäft führt, der glaubt auch, dass ein

Zitronenfalter Zitronen faltet." Die wichtigsten Erfolgsfaktoren einer Organisation sind neben den bekannten GuV-orientierten Kennzahlen die „soften" Fakten, wie die Kunden- und Mitarbeiterzufriedenheit oder die Kreativität und Innovationskraft einer Organisation. Und die kann der Chef alleine nicht erreichen oder anordnen. Hier müssen alle mitwirken.

7.4 Warum Organisationen als Schachmannschaft keine Zukunft haben

Überhaupt kenne ich nur wenige Organisationen, die als Schachmannschaft wirklich gut funktionieren. Das sind vielleicht Callcenter, in denen jeder Mitarbeiter im Laufe des Tages eine gewisse Anzahl an potenziellen Kunden abtelefoniert und die Produkte und Dienstleistungen des Auftraggebers verkaufen muss. Hier ist in der Tat jeder Einzelne auf sich gestellt. Wie in einer Schachmannschaft kommt es nur darauf an, möglichst seine Partie (d. h. Gespräch mit dem Kunden) zu einem erfolgreichen Abschluss zu bringen. Auch „Drückerkolonnen", die von Haustür zu Haustür gehen und Zeitschriften, Staubsauger oder andere Dinge verkaufen, können als Schachmannschaft durchaus erfolgreich sein. Aber in der Regel ist das nicht so, denn es kommt auf die Qualität des Mannschaftsspiels an.

Oft werden Vertriebsmannschaften nach individuellem Erfolg bezahlt. Das ist eine gängige Praxis, die meistens auch ganz gut funktioniert, solange die Zuständigkeitsbereiche der Vertriebsmitarbeiter sich sauber abgrenzen lassen und die Firma es schafft, das Konkurrenzdenken anzufachen. Aber es kann hier sehr leicht eine Linie überschritten werden und die Firma kann abgleiten. Diese Mechanismen können kontraproduktiv werden, denkt man nur einmal an die Negativbeispiele aus der Versicherungs- und Bankbranche, in der einzelne Kundenbetreuer den Sparern oder Versicherungsnehmern, Policen und Bankprodukte verkauft haben, die diese so gar nicht wollten. Die intern aufgestellten Leistungsnormen zwangen die Vertriebsmitarbeiter dazu. Das ist im Prinzip genau das Gleiche wie bei unserer Fußballmannschaft des FC Bigcity aus Kap. 2, die ihre Stürmern nach Toren bezahlte. Für eine kurze Weile mag das funktionieren, dann aber gibt keiner mehr ab, das Mannschaftsspiel kommt zum Erliegen und der Abstieg beginnt.

Henry Ford hat einmal gesagt, dass eine Geschäftsidee, die nur auf Geldverdienen abzielt, keine gute Geschäftsidee ist. Das liegt unter anderem daran, dass keine Organisation vor Krisen gefeit ist. Solange der Rubel rollt, machen alle gute Miene zum bösen Spiel. Aber wehe, das Wachstum kommt ins Stocken, ein neuer Wettbewerber taucht am Horizont auf oder eine technologische Neuerung erschüttert den Markt. Angesichts solcher Krisen haben gut eingespielte Teams einfach die besseren Karten. Organisationen, die als Schachmannschaften geführt werden, sind kein *Team*. Fallen die finanziellen Anreize weg, fällt die Mannschaft auseinander. Eine Krise erfordert ein Miteinander, d. h. jeder hilft jedem. Krisen überleben nur gute Mannschaften.

Ein ganz anderes Problem werden die als Schachmannschaft geführten Organisationen mit der neuen Generation an Führungskräften bekommen, die in den nächsten Jahren in

die Unternehmen eintreten wird. Denn diese jungen Menschen sind so gewaltfrei auf-
gewachsen, wie noch nie eine Generation zuvor. Galt körperliche Züchtigung noch vor
wenigen Jahrzehnten als ein probates Mittel in der Erziehung, hat sich in der Pädagogik
nunmehr die Erkenntnis durchgesetzt, dass jedwede Gewalt, körperliche wie seelische,
in der Erziehung von Kindern nichts verloren hat. Das hat natürlich Auswirkungen auf
das Selbstverständnis und das Selbstbewusstsein dieser jungen Menschen. Ich erlebe das
immer wieder beim Coaching junger Führungskräfte, die Gewalt aus tiefsten Herzen ver-
abscheuen. Vorgesetzte, die mit Druck und Autorität führen, werden von diesen Menschen
nicht akzeptiert. Sie bleiben auch Organisationen fern, die ein autoritäres oder konservati-
ves Image am Arbeitsmarkt haben. Diese jungen Menschen wollen Teil eines tollen Teams
sein. Sie werden weniger durch die Insignien der Macht und des Geldes (Firmenwagen,
großer Schreibtisch etc.) motiviert, als vielmehr durch Gestaltungsfreiheit und Abenteuer.
In dem Maße, wie die Bedeutung von Geld immer geringer wird, verlieren „Torprämien"
ihre motivierende Wirkung. „Persönliche Weiterentwicklung in einem hochmotivierten
Team" heißt die Zauberformel, mit der man diese Menschen gewinnen kann.

Vor einiger Zeit erzählte mir der CEO eines Maschinenbauunternehmens, dass sein
Hauptproblem die Langsamkeit seiner Organisation sei. Nahezu jeder Arbeitsprozess dau-
ere viel zu lange, von der Auftragsbearbeitung für die Kunden, über die Bearbeitung von
Reklamationen bis hin zur Entwicklung neuer Produkte. Man hatte eine Mitarbeiterbefra-
gung auf den Weg gebracht, um herauszufinden, woran das liegt. Aber auch die kam bezeichnenderweise zu keinen schnellen Ergebnissen. Geschweige denn, dass irgendwelche
Gegenmaßnahmen in die Wege geleitet worden wären. Ich schlug ihm ein Organisations-
Coaching für die gesamte Führungsebene von circa 30 Personen vor. Das war ihm entweder zu teuer oder er konnte sich einfach nicht vorstellen, dass Langsamkeit eine Form der
Unternehmenskultur ist und alle betrifft. Die Langsamkeit hatte ja auch ihre positiven Seiten, sie wurde als ein Garant für Sicherheit angesehen. Sich Zeit zu lassen, gründlich alles
in Erwägung zu ziehen, von allen möglichen Seiten zu betrachten und dann, nach nochma-
liger Prüfung, erst einmal reifen zu lassen, war tief in der Unternehmenskultur verankert.
Ziel des Coachings wäre gewesen, zwischen der positiven und negativen Langsamkeit
unterscheiden zu lernen. Leider wurde aber aus dem Organisations-Coaching nichts. Auf
dem Weg zum Ausgang, nahm ich den Aufzug nach unten. Der war so langsam, dass ich
Blümchen während der Fahrt hätte pflücken können. Auch hier hatte sich die Langsamkeit
manifestiert.

Ohne dass ich also dieses Maschinenbauunternehmen näher kennenlernen durfte, ist
es meines Erachtens – auch wenn es ihm vielleicht gar nicht bewusst ist – ein Ruderboot,
nur ein sehr langsames. Schneller zu werden geht nur gemeinsam, als *Team*. Coaching
wäre hier eminent wichtig gewesen, da jeder Mitarbeiter und jede Führungskraft sehr gute
Gründe für ein langsames Vorgehen haben, sich im Laufe der Jahre daran gewöhnt haben
und „schneller" für jeden etwas anderes bedeutet. Für den einen ein anderer Kommunikationsstil, für den anderen ein besseres Selbstmanagement.

Auch Misserfolge können von einem *Team* besser bewältigt werden. Selbst Ruder-
mannschaften und Organisationen, die so geführt werden, sind vor Rückschlägen nicht ge-

feit. In jedem Mannschaftsport gibt es Absteiger, beim Rudern wie beim Schach. Aber der große und entscheidende Unterschied zur oben beschriebenen IT-Firma mit ihren grünen, gelben und roten Mitarbeitern ist, dass hier ein *Team* betroffen ist. Man hat Mitstreiter, Menschen die das gleiche Schicksal teilen und geteiltes Leid ist halbes Leid. Und gemeinsamer Erfolg ist doppelter Erfolg.

Für mich lautet die zentrale Frage nicht, ob es Organisationen gibt, die nicht doch vielleicht als Schachmannschaften funktionieren. Sondern die entscheidende Frage ist, ob nicht in der Zukunft jede Organisation auf andere Weise – als Ruderboot – besser funktionieren wird. Wenn es nämlich als Ruderboot und als *Team* besser geht, wird dies erkannt werden und durchgeführt. Dies führt dann zu einem dramatischen Anstieg des Wettbewerbs und dem Verdrängen der suboptimalen Organisationsformen.

7.5   Positives Fallbeispiel einer Rudermannschaft

Mitunter arbeite ich für Kunden, die eine ganz andere Sicht auf sich und ihre Leistung haben. Hierzu ein ausgewählter Fall:

Beispiel Krisen und Stress bei einem Mittelständler

Ein kleines mittelständisches Unternehmen klagte darüber, dass die Zusammenarbeit oftmals sehr hektisch und stressig war. Der Geschäftsführer, drei seiner Führungskräfte und drei weitere Mitarbeiter, die wichtige und exponierte Stellungen innehatten, wollten erreichen, dass ihr Mannschaftsspiel stark verbessert wird. Zu diesem Zweck formulierten sie gemeinsam den Auftrag an das Coaching, auch in Stresssituationen den Überblick nicht zu verlieren, klar zu kommunizieren und sauber zu delegieren. Aufgrund diverser Ereignisse, wie dem Abwandern wichtiger Kunden und dem Markteintritt eines neuen Wettbewerbers, war es vermehrt zu Reibereien und krisenhaften Zuspitzungen mit der Belegschaft gekommen. Das hatte alle eine Menge Nerven gekostet. Viele Mitarbeiter und auch Führungskräfte hatten die Konsequenzen gezogen und das Unternehmen verlassen.

Mit dem Coaching wollten sie diesen Trend stoppen und wieder zur alten Stärke zurückfinden. Für die Erreichung dieser Ziele wollten sie sich sechs bis neun Monate Zeit nehmen. Als ich sie fragte, woran sie denn dann ganz konkret erkennen würden, dass ihr Coaching am Ende erfolgreich gewesen war, sagten sie, dass zu diesem Zeitpunkt die Fluktuationsquote wieder auf ein normales Maß gesunken sein sollte (d. h. unter zehn Prozent) und alle wieder mit Freude zur Arbeit gehen. Man hatte vor einem Jahr eine Mitarbeiterbefragung gemacht und beim Kriterium Arbeitszufriedenheit eine katastrophale Bewertung erhalten. Hier sollte nach dem Coaching im Schnitt wieder ein „Gut" stehen.

Nachdem der Organisationsauftrag geklärt war, starteten wir mit den Individual-Coachings. Wie wir es auch schon aus anderen Organisations-Coachings kannten, waren auch diesmal alle individuellen Coachings völlig unterschiedlich. Der Geschäftsführer hatte angefangen, an sich und seinen Führungsfähigkeiten zu zweifeln. Was konnte er wirklich verändern, und was nicht? Wie die Ruhe bewahren inmitten dieses Chaos? Wie wieder mehr Zeit finden für das, was wirklich wichtig ist? Das waren die Fragen, an denen wir arbeiteten.

Einer der beiden Führungskräfte hatte eine Reihe stressbedingter gesundheitlicher Probleme. Für ihn war wichtig, wieder seine innere Ruhe zu finden. Auch wollte er einmal grundsätzlich seinen Führungsstil kritisch hinterfragen und gegebenenfalls verbessern. Und eine weitere Person musste erst einmal wieder die Motivation finden, bei der Firma zu bleiben. Dabei wog sie im Coaching ab, ob es sich wirklich lohnen würde, wieder die Energie hineinzustecken, um das Ruder noch einmal herumzureißen. Nun, es hatte sich gelohnt. Nach neun Monaten beendeten wir das Coaching und alle waren sich einig, dass sie gemeinsam ihre Ziele erreicht hatten. Die Mitarbeiterbefragung zeigte eine deutliche Verbesserung der Situation.

7.6   Warum es im Sport mehr Coaching gibt als im Business

Seit ich mich mit Coaching befasse, wundere ich mich, wie selbstverständlich das Coaching im Sport ist. Schon als jugendlicher Fußballspieler in der Kreisklasse hatte ich einen Coach. Ebenso in dem Karateclub, dem ich ein paar Jahre angehörte. Und das in kleinen Vorstadtvereinen mit noch nicht einmal 200 Mitgliedern. In meinem ganzen Leben habe ich nie eine Sportmannschaft gesehen oder von einer gehört, die keinen Coach hat, egal in welcher Liga, egal in welcher Sportart. Die Tischtennismannschaft in der Verbandsliga hat genauso einen Coach wie die Damenvolleyballmannschaft in der 3. Bundesliga.

Überraschenderweise hinken Organisationen hier beträchtlich hinterher. Im Business weist Coaching zwar hohe Wachstumsraten aus, aber noch auf überschaubarem Niveau. Wie aus den in den obigen Abschnitten zitierten Quellen schon ersichtlich, liegt der Anteil der Führungskräfte, die jährlich ein Coaching machen, unter fünf Prozent. Das deckt sich im Übrigen auch mit meiner eigenen Erfahrung. Ähnlich sieht es beim Coaching von Teams und Projekten aus. Auch diese Coachings sind eher die Ausnahme als die Regel. Das überrascht mich umso mehr, da es sich beim Sport in der überwiegenden Mehrheit um reine Amateure handelt. Es geht bei den meisten Sportarten und Ligen gar nicht ums Geldverdienen, sondern lediglich um den sportlichen Erfolg. Und dennoch ist Coaching hier eine Selbstverständlichkeit, während man dort, wo die finanzielle Existenz davon abhängt, im Business, auf Coaching oftmals verzichtet. Wie kann das sein?

Liegt es daran, dass im Sport ein anderer Typ Mensch anzutreffen ist? Menschen, die eher gewillt sind, an sich zu arbeiten? Haben diese Menschen klarer erkannt, dass sie nur mit einem Coach wirklich vorankommen? Haben sie eine ganz andere Einstellung zur Leistung und wollen sie einfach mehr aus sich herausholen als die Menschen, die weniger Sport treiben? Das klingt plausibel, aber ich kann es mir dennoch nicht vorstellen. Denn auch in Organisationen wissen die Menschen, dass sie Unterstützung bei der Erreichung ihrer Ziele brauchen. Es werden zum Beispiel sehr viele Trainings zu den unterschiedlichsten Themen gebucht: Kommunikationstrainings, Trainings zur Verhandlungsführung, Fremdsprachentraining und so weiter und so fort. So gut wie alle Menschen, die ich in Organisationen kennengelernt habe, wollen vorankommen und mehr aus sich machen und haben diverse Trainings absolviert. Also ist der Wille zur Weiterentwicklung meines Erachtens in Organisationen durchaus vorhanden.

Oder ist die Konkurrenz im Sport einfach größer als im Business? Zwingen die turnusmäßig stattfindenden Wettkämpfe die Athleten und Mannschaften regelrecht dazu, sich einen Coach oder Coaching-Stab zuzulegen? Entweder man nimmt einen Coach oder kann den Wettkampf gleich ganz vergessen? Auch das erscheint mir angesichts des knallharten Wettbewerbs, dem Unternehmen im Markt ausgesetzt sind, wenig plausibel. Hinzu kommt, dass auch unternehmensintern ein rigoroser Auswahlprozess um begehrte Beförderungen besteht. Den „Wettkampf" erleben Organisationen also wirklich zur Genüge, sowohl extern als auch intern.

Oder ist im Sport das Feedback, positives wie negatives, einfach viel direkter und häufiger anzutreffen? In einem Wettkampf erhält jeder Teilnehmer, ob er will oder nicht, eine direkte Rückmeldung, wie gut oder wie schlecht er war. Denn entweder man steht hinterher auf dem Siegerpodest oder eben nicht. Unmissverständlicher geht es wohl kaum. Könnte dies Sportler stärker für Coaching motivieren? Ein solch unmittelbares und direktes Feedback ist sicherlich im Business etwas weniger ausgeprägt. Aber auch hier versucht man Mitarbeitern ein „Siegerpodest" zu bieten – etwa durch Vergabe von Beförderungen und Titeln, Gehaltserhöhungen oder Anerkennungen in Form von Mitarbeiter des Monats. Tagtäglich werden Mitarbeiter in Organisationen durch ihre Vorgesetzten gelobt oder getadelt. Da mag bestimmt noch einiges zu verbessern sein, aber ich glaube, dass dies ebenfalls kein wirklich überzeugender Grund dafür ist, dass Coaching im Business weniger anzutreffen ist als im Sport.

Oder sind die Kosten für Coaching im Business einfach zu hoch, sodass sich viele Organisationen ein Coaching gar nicht leisten können? Auch dieses Argument mag mich nicht so recht überzeugen und kann eigentlich nicht sein. Denn einerseits kostet auch im Sport Coaching Geld. Sicherlich ist der eine oder andere Sportcoach bereit, sich ehrenamtlich für seinen Verein einzusetzen, aber man kann nicht davon ausgehen, dass Coaching im Sport umsonst zu haben ist, schon gar nicht bei den publikumsträchtigeren Sportarten in den höheren Ligen. Andererseits investieren Organisationen ja auch eine Menge Geld für andere Beratungsformen. Millionen werden Jahr für Jahr in die unterschiedlichsten Beratungsaufträge gepumpt.

All diese möglichen Begründungen klingen wenig überzeugend. Nur zwei Gründe sind meines Erachtens wirklich plausibel.

Erstens: Da die meisten Organisationen Coaching eher spärlich einsetzen beziehungsweise auf die oberen Führungsebenen begrenzen, haben bislang nur wenige einen Wettbewerbsvorteil aus dem konsequenten Einsatz von Coaching. Noch ist Coaching zu jung, damit sich dieser Wettbewerbsvorteil statistisch signifikant in den Gewinn- und Verlustrechnungen niederschlagen kann. In einigen Jahren wird es wohl wissenschaftliche Untersuchungen geben, die den langfristigen Erfolg einer Organisation mit ihrem Einsatz von Coaching statistisch sauber belegen können. Bis es soweit ist, können nur Bücher wie dieses hier durch gute Argumente und einzelne erfolgreich durchgeführte Coachings Menschen überzeugen, mehr Coaching in ihren Organisationen einzusetzen.

Zweitens hat man im Business mehr Möglichkeiten, einen Mangel an Coaching abzumildern oder zu verschleiern als im Sport. Denn es gibt drei andere Beratungsformen (Training, Beratung und Consulting), die man ersatzweise einsetzen kann. Wenn die Probleme in einer Organisation zu gravierend werden und ein Coaching aus welchen Gründen auch immer nicht durchgeführt wird, kann man notfalls einen Consultant engagieren, der die liegen gebliebenen Aufgaben abarbeitet. Oder man schiebt ein Training ein, in der Hoffnung, dass dadurch der eine oder andere Mitarbeiter indirekt ein wenig Coaching abbekommt. Oder man holt sich eine fachliche Beratung ins Haus, die neben dem Expertenwissen, quasi nebenbei den Verantwortlichen an der einen oder anderen Stelle zufällig einen Coaching-Impuls gibt. Die Organisation kommt damit zwar nicht entscheidend voran, aber sie verschafft sich immerhin einen kleinen Zeitgewinn oder eine Verschnaufpause, wenn man so will. Eine Sportmannschaft kann sich diesen Luxus nicht genehmigen oder leisten. Atempausen machen während des Wettkampfs keinen Sinn, es sei denn alle Wettbewerber machen auch gerade eine. Kein Berater oder Consultant der Welt kann für die Spieler einspringen und selbst mitspielen. Denn er ist nicht Teil der Mannschaft. *Im Sport muss man die Tore selbst schießen.* Im Sport kann man durch Consulting und Beratung ein miserables Mannschaftsspiel nicht verbessern. So kann es nicht gelingen, den Klassenerhalt zu schaffen oder gar aufzusteigen.

Der Mangel an statistischen Beweisen und die scheinbare Substituierbarkeit von Coaching im Business sind die beiden Hauptgründe dafür, dass Coaching im Sport noch weitaus häufiger anzutreffen ist als in Organisationen. Aber ich bin davon überzeugt, dass es nur eine Frage der Zeit ist, bis Organisationen erkennen, dass kein Weg an Coaching vorbeiführt und dass es nicht effizient ist, einen Coaching-Bedarf durch andere Beratungsformen zu ersetzen. Wenn dieses Buch nur einen kleinen Beitrag dazu leisten kann, hat es seinen Sinn erfüllt.

7.7 Das duale Coaching-Prinzip

Ich habe im Laufe meines Berufslebens viele Berater, Trainer und Coaches getroffen und mit ihnen über die optimale Vorgehensweise beim Coaching eines Teams diskutiert. Dabei ist mir eines aufgefallen: Es gibt zwei große Gruppen. Die einen sind felsenfest davon überzeugt, dass ein Team dann *und nur dann* besser wird, wenn alle gemeinsam daran arbeiten. Wenn ein Team Probleme hat, so die Vertreter dieser Ansicht, kann auch nur das Team als Ganzes diese Probleme lösen. Folgerichtig sind die Befürworter dieses Vorgehens der Meinung, dass man ausschließlich gemeinsam mit allen Teammitgliedern arbeiten sollte. Alles andere ist reine Zeitverschwendung.

Im Gegensatz dazu gibt es die andere Gruppe von Beratern, Trainern und Coaches, die ausschließlich individuell mit den Teammitgliedern arbeiten. Nur unter vier Augen seien die Menschen bereit, über ihre wahren Anliegen zu sprechen, so die Denke. Außerdem habe jeder Mensch seine ganz persönlichen Schwierigkeiten in einem Team, die sich von den persönlichen Schwierigkeiten der anderen unterscheiden. Daher macht ein Coaching von Teams auch wenig Sinn. Konsequenterweise lehnen die Vertreter dieser Ansicht eine Arbeit mit mehreren Personen ab.

Beide Einstellungen sind durchaus nachvollziehbar. Ich glaube aber, dass – wie so oft – die Wahrheit in der Mitte liegt. Wenn ein Team oder eine Organisation an der Leistung und der Leichtigkeit arbeiten wollen, also in die organisatorische Top-Liga aufsteigen wollen, kommen sie nicht umhin, beides miteinander zu kombinieren, das Coaching aller zusammen und das Coaching der Einzelnen. Im Sport ist das im Übrigen eine absolute Binsenweisheit. Niemand würde auf die Idee kommen, eine Mannschaft immer nur als Ganzes zu coachen. Selbstverständlich bekommen auch die einzelnen Spieler ein Individual-Coaching entsprechend ihrer ganz individuellen Stärken und Schwächen. Natürlich würde auch niemand im Sport ernsthaft vorschlagen, mit den Spielern nur individuell zu arbeiten. Schließlich geht es ja um den Mannschaftserfolg.

Die Kombination von Team- und Einzel-Coachings nenne ich das *duale Coaching-Prinzip*. Das duale Coaching ist eine der Grundvoraussetzungen für ein gutes Mannschaftsspiel, ein Mannschaftsspiel, das Leistung und Leichtigkeit ausstrahlt. Das ist eine der zentralen Botschaften dieses Buches. Während es im Sport gang und gäbe ist, ist es in Organisationen eher selten anzutreffen. Das liegt nicht nur an den gelegentlichen Vorbehalten gegenüber Coaching in Unternehmen und an den im Abschn. 5.13 genannten Gründen, sondern auch daran, dass man für solch ein duales Coaching ein gut eingespieltes Team von Coaches braucht. Die meisten professionellen Coaches sind aber eher als Einzelunternehmer unterwegs und agieren mit anderen nur sporadisch zusammen, ohne wirklich zu einem guten Coaching-Team zu werden.

Warum ist das Zusammenspiel der an einem dualen Coaching beteiligten Coaches so wichtig? Woran liegt es, dass Coach-Einzelkämpfer hier kläglich scheitern würden? Das liegt daran, dass das duale Coaching-Prinzip noch einen Schritt weitergeht, als Individual- und Team-Coachings nur zu kombinieren. Die Individual-Coachings sind nämlich nicht isoliert voneinander, sondern müssen sich an der Mannschaft ausrichten. Ein Spieler bekommt sein Einzel-Coaching immer in Hinblick auf seine Stärken und Schwächen und die sind abhängig davon, in welcher Mannschaft er spielt. Beispielsweise kann ein zurückhaltender, introvertierter Mitarbeiter in einem Team mit kreativen und extrovertierten andere Schwächen zeigen als in einem Team von eher zugeknöpften Menschen. Wenn ich zum Beispiel in einem Team von Buchhaltern arbeiten müsste, bräuchte ich ein anderes Individual-Coaching, als wenn ich in einem Team von Sozialarbeitern tätig wäre. Ein und derselbe Spieler bekommen in verschiedenen Mannschaften auch immer verschiedene Einzel-Coachings. Mit anderen Worten: Das Einzel-Coaching ist immer abhängig von der Mannschaft und erfordert eine Mannschaftsleistung auch vonseiten der Coaches. Nur eine gut eingespielte Mannschaft von Coaches kann eine andere Mannschaft zur organisatorischen Top-Liga coachen.

Fassen wir das duale Coaching-Prinzip zusammen:

▶ **Organisations-Coaching** = Coaching der Mannschaft + Coaching der Einzelnen (in Abhängigkeit der Mannschaft)

Lassen wir an dieser Stelle kurz noch einmal die vier Bedingungen der NPNPOs Revue passieren und schauen, wo das duale Coaching-Prinzip hier eine zusätzliche Verstärkung bewirken kann:

1. Tolle wertvolle Idee
2. Jeder hat für seine Aufgabe nur eine begrenzte Zeit zur Verfügung
3. Maximale persönliche Weiterentwicklung
4. Allumfassende, uneingeschränkte Unterstützung

Das duale Coaching-Prinzip bietet eine doppelte Unterstützung an, nicht nur für den Einzelnen, sondern auch für alle gemeinsam. Die allumfassende uneingeschränkte Unterstützung, die die Akteure bei den NPNPOs erhalten, darf in diesem Sinne nicht nur Einzelpersonen umfassen, sondern muss auf die Teams, Teams von Teams (Abteilungen, Bereiche, Sparten etc.) bis hin zur gesamten Organisation ausgedehnt werden. Zumindest auf die, die von der tollen Idee betroffen sind und sie umsetzen. Folgerichtig können wir nun das 4. Prinzip für Leistung und Leichtigkeit folgendermaßen ergänzen:

▶   **4. Prinzip (ergänzt)**: Allumfassende, uneingeschränkte Unterstützung **für die Mannschaft und die Einzelnen**

Aber auch die anderen Prinzipien – 1., 2. und 3. – lassen sich durch das duale Coaching-Prinzip in ihrer Wirkung noch steigern und dies mit einem ganz naheliegenden Ansatz.

7.8   Die Mannschaft

Margarete Meade, die bekannte US-Anthropologin, hat einmal gesagt: „Zweifle nie daran, dass eine kleine Gruppe engagierter Menschen die Welt verändern kann – tatsächlich ist dies die einzige Art und Weise, in der die Welt jemals verändert wurde." Übertragen auf Organisationen könnte man dies so formulieren: Es gibt nichts, was eine Organisation mit einem guten Mannschaftsspiel nicht erreichen kann. Alles, was man dazu braucht, sind gut funktionierende Teams. Diese Teams müssen gar nicht mal allzu groß sein. Entscheidend ist, dass, wenn für eine größere Aufgabe viele Menschen gebraucht werden, diese miteinander, d. h. teamübergreifend, gut zusammenarbeiten. Eine Organisation ist nichts anderes als eine mehr oder weniger große Anzahl von guten Teams, die gut miteinander arbeiten. Diese Denkweise in Teams hat einige ganz gravierende Vorteile.

Es ist eine wohlbekannte Tatsache, dass mehrere Menschen zusammen viel mehr erreichen können, als die Summe der möglichen Einzelleistungen. Das ist wahrlich nichts
Neues. Oft wird aber übersehen, dass ein Team nicht nur mehr leistet, sondern es auch
mehr Spaß bei der Arbeit hat. Die meisten Menschen bevorzugen ein gutes Team gegenüber einem einsamen Schreibtisch. Menschen sind auf Gemeinsamkeit biologisch pro-
grammiert. Wir sind Rudeltiere und eine Mannschaft ist nichts anderes als ein Rudel.

Aber es kommt noch ein weiterer Aspekt hinzu. Im Rudel leistet man nicht nur mehr, es
macht nicht nur mehr Spaß, sondern Fehlschläge lassen sich auch wesentlich besser wegstecken. Wenn Sie sich das 1. Prinzip der NPNPO, eine tolle Idee zu verfolgen, und das 2.
Prinzip, diese mit einer Zeitbegrenzung zu versehen, noch einmal vergegenwärtigen, wird
klar, dass Fehl- und Rückschläge durchaus vorkommen können. So vorzugehen fordert
alle Beteiligte, manchmal bis an ihre Belastungsgrenzen. Die persönliche Weiterentwicklung motiviert dabei, aber bewahrt nicht vor negativen Erfahrungen. Jeder, der etwas ris-
kiert, hat hin und wieder einen Rückschlag zu verkraften. Man kann auch sagen: No risk,
no fun! Das Entscheidende ist: In einem Team ist Negatives ungleich leichter zu ertragen.

Denken wir noch einmal kurz an unseren fiktiven FC Bigcity aus Kap. 2. Dem erging
es nach dem Rauswurf des Coaches durch das Management ja nicht sehr gut. Nach einer
Reihe von Niederlagen war die Mannschaft auf den unteren Tabellenplätzen angekommen. Alle Spieler hätten hier im Fernsehen leicht mit verfolgen können, wie der Nach-
richtensprecher ungläubig von einem Abstiegsplatz spricht, während auf dem Bildschirm
ihr Verein in *roter* Schrift auf den unteren Rängen zu sehen gewesen wäre. Etwas, das
wahrlich äußerst unangenehm für die Spieler ist. Aber es ist immerhin noch erträglich.
Warum? Weil der Abstiegsplatz die Mannschaft als Ganzes betrifft. Wäre Fußball kein
Mannschaftsport, sondern würde von Einzelspielern gespielt (beispielsweise wie im Ein-
zeltennis) werden, wäre die öffentliche Zurschaustellung eines Abstiegsplatzes völlig unerträglich. Der Unterschied ist die Mannschaft! Nur eine Mannschaft kann das aushalten.
In einem Team kann man vieles wesentlich einfacher wegstecken. Was für einen Einzelnen völlig unakzeptabel wäre, ist für ein Team hochmotivierend.

Das zweite Kundenbeispiel am Anfang des Kapitels, bei dem der Geschäftsführer der
Firma in seinem Intranet die Rangfolge der Kundenbetreuer veröffentlichte, ist deshalb
so brutal, da hier keine Mannschaft bloßgestellt wird, sondern Einzelpersonen. Die damit
verbundene Blamage schmerzt so sehr, dass die „Roten" *alles* tun, um aus der „Todes-
zone" herauszukommen. Meines Erachtens ist das nichts anderes als eine legale Art der
Folter, beziehungsweise des Zeigens des Folterinstruments (die Liste im Intranet).

Das 1. Prinzip, die Mitwirkung an einer tollen und wertvollen Idee, können wir nun
um diesen Mannschaftsgedanken ergänzen. Eine tolle Idee wird noch toller, wenn sie so
formuliert wird, dass sie nur durch ein oder mehrere Teams umsetzbar ist. Damit erhält
dieses Prinzip eine ungeheure Steigerung seiner Wirksamkeit.

▶   **1. Prinzip (ergänzt):** Tolle wertvolle Idee, **die nur als Team** umsetzbar ist

7.9   Der Einzelne

Damit eine Mannschaft gut funktioniert, muss gemäß dem dualen Coaching-Prinzip nicht nur die Mannschaft als Ganzes lernen, gut zusammenzuspielen, sondern auch jedes Teammitglied seinen persönlichen Beitrag leisten. Der kann ganz unterschiedlich aussehen, je nach den individuellen Stärken und Schwächen des Einzelnen. Der Einzelne steht hier in der Verantwortung, an sich zu arbeiten und zwar in einer mannschaftsdienlichen Art und Weise. Ansonsten erreicht das Team nie ein hohes Maß an Leistung und Leichtigkeit.

Nun gibt es aber zu jedem Zeitpunkt stets nahezu unendlich viele Möglichkeiten an sich zu arbeiten. Die Liste der Kompetenzen, die für das Business relevant sind, ist lang, sehr lang. So lang, dass der Platz in diesem Buch dafür nicht ausreichen würde. Da gibt es die großen Gebiete der kommunikativen Fähigkeiten, der Führungsfähigkeiten, des Konfliktmanagements, der interkulturellen Fähigkeiten, des Selbstmanagements u. v. m. Auch eher persönliche Kompetenzen wie etwa die emotionale Intelligenz oder die soziale Intelligenz spielen eine Rolle. Hinzu kommen komplexere Fähigkeiten, wie die Resilienz, die Frustrationstoleranz oder die Durchsetzungsfähigkeit. Hier empfehle ich dringend die Arbeit mit einem Coach, um aus dieser Fülle die Kompetenzen zu identifizieren und an ihnen zu arbeiten, die den Einzelnen nicht nur persönlich, sondern auch im Sinne der Mannschaft voranbringen. Hier sind wir an einen Punkt angelangt, an dem Sie und Ihre Organisation ohne Coach kaum weiterkommen werden.

Aus dem Sport ist wohlbekannt, dass es nur Spaß macht, sich mit anderen zu messen, wenn man eine realistische Chance hat. Niemand tritt gerne gegen einen übermächtigen Gegner an. Genauso macht es nur Spaß, sich persönlich weiterzuentwickeln, wenn man sich nicht nur ein großes Ziel setzt, sondern auch regelmäßig kleine Zwischenstufen erreicht, sich also ab und zu ein Erfolgserlebnis gönnt. Große Ziele sind toll, wir alle lieben es, auf hohe Berge zu klettern, um von oben die Aussicht zu genießen, aber kleine Stufen nach oben sind ungemein hilfreich. Der Golfsport hat dies mit dem bereits erwähnten Handicap bestens gelöst. Das Handicap schlägt quasi zwei Fliegen mit einer Klappe. Es stellt eine persönliche Leistungsmarke dar, die schrittweise verbessert werden kann und erlaubt einen fairen Wettkampf zwischen stärkeren und schwächeren Spielern. Aber auch andere Sportarten kennen Gewichtsklassen, Altersklassen, Ligen und Wertungszahlen, alles dazu gedacht, den Wettkampf einigermaßen ausgeglichen zu bestreiten und den Sportlern immer wieder ein Erfolgserlebnis durch einen machbaren nächsten Schritt zu ermöglichen.

In Organisationen verhält es sich genauso. Auch hier brauchen Führungskräfte und Mitarbeiter etwas, das herausfordernd und zugleich erreichbar ist. Das nenne ich den *persönlichen Individualauftrag* an das Coaching, der beschreibt, was als nächstes persönlich ansteht und die Mannschaft voranbringt. Will die Mannschaft in die nächste Liga aufsteigen, hat das einen Einfluss auf die Individualaufträge aller Individuen. Dabei gibt es immer einen natürlichen nächsten Schritt und den gilt es für jeden zu finden. Dann entsteht Leichtigkeit. Die zentrale Frage an die Einzelnen lautet: Ihre Organisation hat sich … zum Ziel gesetzt. Was bedeutet das für Sie persönlich? Die Antwort darauf ist der Individualauftrag.

Selbstverständlich gibt es auch beim Coaching der Individualaufträge (genauso wie im Sport) Übungen und Wiederholungen. Natürlich auch Feedback seitens der Coaches und der anderen Mitstreiter. Wenn sich das nach Arbeit anhört, dann deshalb, weil das Arbeit ist. Selbst Höchstleistungen sind nicht unbedingt das Ergebnis von Genies, sondern mehr das Ergebnis von Schweiß. Von vielen berühmten Sportlern wie zum Beispiel Tiger Woods und Steffi Graf ist bekannt, dass sie schlichtweg unglaublich viel und hart trainierten. Tiger Woods fing seine Golfkarriere mit drei Jahren an, als sein Vater ihm einen extra kleinen Golfschläger bastelte, damit ihn der kleine Tiger auch halten konnte. Ähnlich bei Steffi Graf, die nur wenig älter war, als sie sich entschloss, jeden Tag mindestens sechs Stunden zu trainieren. Beide sind geniale Sportler, aber man darf dabei nicht übersehen, dass sie als Teenager schon mehrere zehntausend Stunden trainiert hatten, mehr als die meisten Sportler in ihrem ganzen Leben. Vielleicht besteht Talent in erster Linie daraus, sich für einen Sport so begeistern zu können, dass die Motivation für ein derartiges Trainingspensum ausreicht.

Nun können wir das 3. Prinzip um diesen Aspekt ergänzen:

▶   3. **Prinzip (ergänzt)**: Maximale persönliche Weiterentwicklung **auf Basis eines individualisierten an der Organisation ausgerichteten Auftrags**

7.10   Das Team und der Einzelne

Um das Gelernte noch einmal zu veranschaulichen, möchte ich dieses Kapitel mit einem erfolgreichen Coaching aus meiner Praxis abschließen. Eine große internationale Firma mit Hauptsitz in Deutschland hatte einen Wettbewerber in England gekauft. Offiziell wurde dieser Aufkauf als ein sogenannter Merger of Equals bezeichnet, d. h. beide Firmen sollten gleichberechtigte Partner sein. Das Management der deutschen Firma wollte damit vermeiden, dass sich die kleinere englische Firma als Übernahmekandidat und Verlierer sieht. Das englische Führungsteam bestand aus hochkarätigen Managern, die das deutsche Unternehmen unbedingt halten wollte. Denn man erhoffte sich von den Kollegen einen Know-how-Transfer und Wettbewerbsvorteil.

Die Top-Manager der deutschen und der englischen Firma stellten an das Coaching daher den Auftrag, den Merger so zu begleiten, dass die Top-Leute mit der Unsicherheit und Mehrbelastung zurechtkommen. Außerdem gab es beträchtliche kulturelle Unterschiede und man erwartete hier Frustrationen und Konflikte. Erschwerend kam hinzu, dass die deutsche Firma einen ganz anderen Managementstil pflegte als die englische. Das deutsche Management war geprägt von vielen Hierarchieebenen, komplexen Entscheidungswegen und einer autoritären Führung. Das englische Management hatte nur wenige Hierarchieebenen mit unkomplizierten Entscheidungsverfahren und war stolz auf seinen kollegialen Führungsstil. Damit waren Probleme vorprogrammiert.

Für das Coaching wurde beschlossen, dass alle Manager der oberen drei Führungs-ebenen (circa 40 Personen) ein individuelles Coaching bekommen sollten, um ihnen die Gelegenheit zu geben, über ihre persönlichen Schwierigkeiten mit der neuen Situation zu sprechen. Gestartet wurde mit einem großen, halbtägigen Workshop, in dem alle zu-sammenkamen. Hier erlebten wir in erster Linie unterdrückte Wut, Zähneknirschen und unterschwellig ausgedrückte Aggression. Ich hatte die ganze Zeit den Eindruck, dass sich kaum einer traute zu sagen, wie es ihm wirklich geht, aus Angst, von den anderen nicht akzeptiert zu werden.

In diesem Workshop machten die Coaches klar, dass solche Situationen für Merger absolut typisch sind. Es wurden Themen wie Trauer über den Verlust der alten Firma angesprochen, oder die Führung ohne konkrete Vorgaben von „oben", ein Thema, das alle gleichermaßen betraf. Auch die voraussichtlichen kulturellen Unterschiede zwischen England und Deutschland wurden diskutiert, ein Thema, bei dem ein paar Manager ein Schmunzeln nicht verbergen konnten. Am Ende des Workshops war den meisten klar, dass sie hier im gleichen Boot saßen.

Im Laufe der nächsten sechs Monate gab es immer mal wieder Coaching kleinerer Gruppen zu spezifischen Themen, auf die ich hier aus Platzgründen nicht näher einge-hen kann. Interessant war, dass fast alle der 40 Manager das Angebot eines Individual-Coachings annahmen, von denen ich hier drei exemplarisch kurz schildern möchte, um aufzuzeigen, wie individuell und unterschiedlich diese sich darstellten und sich trotzdem in den übergeordneten Organisationsauftrag einfügten.

Die erste Person war ein englischer Manager, nennen wir ihn Mister Smith. Sein Prob-lem war, dass er sich trotz aller gegenteiligen Beteuerungen des deutschen Managements von allen Informationen abgeschnitten fühlte. Sein neuer Chef, ein Deutscher, machte auf ihn einen unnahbaren Eindruck und gab sich extrem autoritär. Er hatte versucht, mit ihm zu sprechen, wurde aber von ihm dafür heftig kritisiert und teilweise sogar vor seinen eigenen Mitarbeitern. Mister Smith war erzürnt und nahe daran zu kündigen.

In dem Coaching versuchten wir die Sicht des deutschen Chefs einzunehmen. War er wirklich so aggressiv oder wusste er nur nicht, wie er die Fragen von Mister Smith beant-worten sollte? Gab es nicht überall Unsicherheit? Ich fragte ihn, wie sicher er sich denn sei, dass der neue Chef nicht auch sein Bestes will? War es wirklich böse Absicht, ihn vor den anderen zu kritisieren? Als Mister Smith langsam erkannte, dass es doch nicht nur die pure Böswilligkeit war, die seinen Chef antrieb, gelang es uns, einen anderen Kommuni-kationsstil zu finden, der die Autorität des deutschen Managers anerkannte, aber gleich-zeitig auch den eigenen Standpunkt klar machte.

Die zweite Person war ein deutscher Manager, den wir Herr Maier nennen. Er sah für sich keine Perspektiven mehr in der Firma, da nun alle Positionen doppelt besetzt waren und sich das Geschäft durch den Unternehmenskauf in seinem Arbeitsgebiet ganz beson-ders wandeln würde. Sein Anliegen war, herauszufinden, ob er nun kündigen oder bleiben sollte. Das war für mich eine heikle Frage, denn das Coaching wurde ja dafür bezahlt, dass die Führungskräfte dem Unternehmen erhalten bleiben. Das sprach ich auch deutlich so aus und lud ihn dazu ein, darüber zu sprechen, was ihn ansonsten persönlich stark beschäftigte. Dazu sagte er, dass er nicht wisse, wie er seine Mitarbeiter beruhigen und ihre Fragen über die zukünftige Entwicklung beantworten sollte, insbesondere da er selbst beunruhigt war und selbst auch nicht wusste, wie es konkret weitergehen würde.

Gemeinsam gingen wir dann einmal den schlimmsten Fall durch. Ich fragte ihn, was denn wohl das Schlimmste sei, dass er sich bei all der Verunsicherung vorstellen könnte. Seine Antwort: dass alle seine Mitarbeiter kündigen und er keine neue Anstellung findet, da er als Führungskraft versagt hat. Das war in der Tat eine schreckliche Vorstellung, aber ich fragte ihn dennoch, ob das das Ende der Welt wäre, oder ob er es überleben würde. Er musste schlucken, kam nach einigem Nachdenken dann aber zu dem Schluss, dass auch das kein wirkliches Problem sei. Dann würde er sich eben selbstständig machen. Sein Hobby war der Schiffsbau und aus diesem Kindheitstraum könnte sich eine Möglichkeit für den Broterwerb ergeben. Diese neuen Erkenntnisse beruhigten ihn sichtlich. Ganz nebenbei hatte er außerdem gerade am eigenen Leib erfahren, wie er das Katastrophendenken seiner Mitarbeiter mildern konnte, nämlich über deren Worst Case einmal zu sprechen. Außerdem entdeckte er durch die Akzeptanz seines eigenen Worst Case einen neuen Abenteuergeist und konnte die vor ihm liegende Unsicherheit und unbekannte Zukunft gerade für die darin verborgenen Möglichkeiten wertschätzen.

Die dritte Person war eine deutsche Managerin, nennen wir sie Frau Müller. Sie litt unter dem Zustand der Einzelkämpfermentalität, die sich in der letzten Zeit breitgemacht hatte. Sie kam sich mittlerweile vor wie ein einsamer Wolf. Früher hatte sie sich sehr gut mit ihren Kollegen verstanden. Nun waren Wettbewerb und Misstrauen ausgebrochen, da man befürchtete, von einem Stellenabbau betroffen zu sein. Sie hatte ihre alte Firma sehr geschätzt, fühlte sich ihr und den Kollegen verbunden und nun das: Ein Merger mit einer anderen Firma, der alles veränderte. Sie befand sich auf einer emotionalen Achterbahnfahrt, bei der sich Wut, Angst und Trauer immer wieder abwechselten. Wut über die in ihren Augen Fehlentscheidung des Top-Managements, Angst über die Zukunft und Trauer über den Verlust der alten Firma.

Anfänglich konnte sie sich keinen Reim auf diesen emotionalen Wirrwarr machen. Nach und nach akzeptierte sie, dass alle diese Emotionen – wenngleich auch schmerzhaft – ihre Berechtigung haben. In den folgenden Coaching-Sessions gelang es ihr, sich mit dem Zerfall der alten Firmenkultur und der Trauer darüber abzufinden. Es legte sich ihre Wut auf den Vorstand, weil sie sukzessive nun auch einige Vorteile des Mergers sehen konnte. Je besser sie mit der Situation zurecht kam, umso zuversichtlicher und selbstbewusster wurde sie und konnte schließlich die Angst über die Zukunft ablegen. Sie nahm sich vor, sich mit den neuen Kollegen regelmäßig auszutauschen, gelegentlich mal einen Kaffee trinken zu gehen und das alte Mannschaftsgefühl wieder aufzubauen.

7.11   Ausblick

Wir haben gesehen, dass Organisationen wie Sportmannschaften Spitzenleistungen erbringen können, also zu Leistung *und* Leichtigkeit fähig sind. Es hängt entscheidend davon ab, inwieweit das duale Coaching-Prinzip gelebt und auf die vier Erfolgsfaktoren der
NPNPOs übertragen wird.

Nur tun sich damit viele Organisationen noch schwer. Denn so kraftvoll diese Prinzipien und Erfolgsfaktoren sind, gibt es auf dem Weg dorthin noch ein „kleines" Problem:
Organisationen sind in der Regel größer als Sportmannschaften. Weitaus größer. Je größer
etwas ist, umso träger ist es auch. Ein kleines Boot mit nur einem Ruderer ist beweglicher
als ein Achter mit Steuermann und der wiederum deutlich beweglicher als ein Tanker.
Große Organisationen mit tausenden von Mitarbeitern sind eher ein Supertanker als ein
Achter und ein Supertanker lässt sich nicht so einfach auf einen neuen Kurs bringen.

Das Problem vieler Organisationen kann man als Trägheit bezeichnen, manchmal auch
Homöostase genannt, ein Begriff aus der Biologie, der beschreibt, dass ein System bestrebt ist, immer wieder zurück in den alten Gleichgewichtszustand zu kommen. Unser
Körper beispielsweise versucht bei Hitze oder Kälte zur Normaltemperatur von 36 bis 37
Grad Celsius zurückzukehren, etwa durch Schwitzen (bei Hitze) oder durch Schüttelfrost
(bei Kälte). So gut dieser Mechanismus für unseren Körper ist, so nachteilig kann er sich
bei Organisationen auswirken, insbesondere dann, wenn man eine dauerhafte Veränderung anstrebt, also nicht wieder zum Ursprungszustand zurück will.

Die Trägheit hat dabei natürlich jeder einzelne Mitarbeiter der Organisation, nicht
nur die Organisation als Ganzes. Auf der Ebene des Einzelnen spricht man nur eher von
Gewohnheiten, auf der Ebene von Gruppen von Gruppennormen und -zwängen, auf der
Ebene von Organisationen von der Unternehmenskultur. Wie immer man diesen Mechanismus nennt, es handelt sich um das gleiche Phänomen: Trägheit, die bewirkt, dass Organisationen sich nur schwer verändern, beziehungsweise nach einer Veränderung so schnell
wie möglich wieder zurück wollen zum alten Zustand.

Damit eine Veränderung in Gang kommt und dann auch bestehen bleibt, werden Organisationen meistens gehörig „angeschoben". Anreizsysteme werden implementiert und
andere wenig erfolgversprechende Methoden durchgeführt. Zum Beispiel behelfen sich
Organisationen oft dabei des berühmten „Sense of Urgency" des Managementprofessors
John Kotter [3]. Dazu beschwört das Management in dramatischen Worten herauf, was
alles passieren wird, wenn die angestrebte Veränderung *nicht* kommen würde. Letzten
Endes ist der Sense of Urgency eine Drohung. Wie jede Drohung, die zu oft angewandt
wird, verliert auch der Sense of Urgency irgendwann seine Wirkung. Und er wird mittlerweile leider viel zu oft angewandt, um noch glaubwürdig zu sein. Spätestens nach der
zweiten oder dritten Veränderungswelle oder Reorganisation winken die Mitarbeiter und
Führungskräfte müde ab.

Aus vielen Science-Fiction-Filmen sind die Trägheitsdämpfer bekannt. Das sind tolle
Erfindungen, um die ich die Crew immer beneide, wenn ich mit meinem Auto zu schnell
in die Kurve oder über ein Schlagloch fahre. Hat man keinen Trägheitsdämpfer, wird man

gehörig durchgeschüttelt oder kann hinausgeschleudert werden. Jede Veränderung eines Systems ist so eine enge Kurve. Solange alles beim Alten bleibt, also die Straße schön eben ist und geradeaus führt, haben wir kein Problem. Aber wehe, man muss scharf links oder rechts abbiegen. Dann bemerken wir die Trägheit, denn nun müssen wir uns anpassen, beispielsweise langsamer fahren. Wer macht das schon gerne?

Während Trägheitsdämpfer wohl noch einige Zeit den Science-Fiction-Filmen vorbehalten bleiben werden, können wir uns aber trotzdem schon Gedanken machen, wie so eine technische Errungenschaft für eine Organisation aussehen könnte. Eine organisatorische Veränderung durchzuführen und dabei so einen Trägheitsdämpfer zu haben, wäre nicht schlecht. Nur wie sieht der aus? Darüber habe ich lange nachgedacht. Dann eines Tages kam mir die Erleuchtung. Nur nicht wie bei vielen in der Badewanne oder unter der Dusche, sondern bei einer weitaus weniger erfreulichen Beschäftigung: Bei einem Stau.

Die Prinzipien zu Leichtigkeit und Leistung – Erweiterung I „Sport und duales Coaching-Prinzip"

Die uns bereits bekannten Prinzipien zu Leistung und Leichtigkeit nun ergänzt um die Erkenntnisse aus dem Sport und seinem dualen Coaching-Prinzip:

1. Tolle wertvolle Idee, die nur **als Team** umsetzbar ist
2. Jeder hat für seine Aufgabe nur eine begrenzte Zeit zur Verfügung
3. Maximale persönliche Weiterentwicklung **auf Basis eines individualisierten an der Organisation ausgerichteten Auftrags**
4. Uneingeschränkte Unterstützung **für die Mannschaft und die Einzelnen**

Literatur

1. Ariely, D. et al. (2005). Large stakes and big mistakes. Working Papers Federal Reserve Bank of Boston. (www.bostonfed.org/economic/wp/wp2005/wp0511.pdf). Zugegriffen: 10 April 2014
2. Irlenbusch, B. et al. (2005). Incentives, Decision Frames and Motivation. Forschungsinstitut zur Zukunft der Arbeit. (http://ftp.iza.org/dp1758.pdf). Zugegriffen : 08 Mai 2014
3. Kotter, J. P. (2012). *Leading Change*. Watertown: HBR Press.

Stau: muss nicht sein

8

Zusammenfassung

Trägheit in Organisationen. Schlecker versus dm-Drogeriemarkt. Was Organisationen mit dem Straßenverkehr gemeinsam haben. Was man alles aus einem Stau lernen kann. Wie man einen Stau auflöst. Vier Bedingungen, um in den Fluss zu kommen. Wie alle gleichzeitig losfahren können. Welches Signal man dazu braucht. Was die Einzelnen dafür tun müssen. Ausblick, negative und positive Beispiele.

Organisationen müssen veränderungsbereit sein, um zu Leistung und Leichtigkeit und einem Top-Liga-Mannschaftsspiel zu kommen. Dem steht die Trägheit entgegen, als der dem Universum innewohnenden Tendenz, Veränderungen zu erschweren. Im Straßenverkehr beispielsweise können wir tagtäglich erleben, wie Menschen Trägheit demonstrieren und sich dadurch immer wieder gegenseitig ausbremsen: der Stau. Das müsste nicht so sein. Theoretisch. Praktisch können Organisationen davon lernen, in den Fluss zu kommen und die Trägheit auf den Weg in die Top-Liga zu überwinden.

8.1 Schlecker versus dm-Drogeriemarkt

Die Drogeriemarktkette Schlecker war seit ihrer Gründung in den Sechzigerjahren über Jahrzehnte hinweg auf einem beispiellosen Erfolgskurs, der seinen Höhepunkt circa 2010 fand, als Schlecker als Branchenprimus in Europa einen Marktanteil von fast 40 % auf sich vereinigte. Bis zu diesem Zeitpunkt war es ein Erfolgsgarant gewesen, viele Filialen zu unterhalten, flächendeckend vor Ort zu sein und sie kostenschonend mit nur einer geringen Anzahl an Mitarbeitern, manchmal nur einer Vollzeitkraft, zu besetzen. Damit war Schlecker nicht nur nahe beim Kunden, sondern auch in der Lage, die Lohnkosten niedrig zu halten und sehr günstige Preise anzubieten. Dies wurde unterstützt durch eine

© Springer Fachmedien Wiesbaden 2015

T. Schulte, *Leistung und Leichtigkeit,* DOI 10.1007/978-3-658-08646-6_8

aggressive Expansionspolitik, die durch den Aufkauf ganzer Landesketten geprägt war. Damit konnte Schlecker seine Vormachtstellung über viele Jahre hinweg aufrechterhalten.

Dann geschah etwas bislang Unvorstellbares: Die Kunden änderten ihren Geschmack. Sie wollten *mehr* als nur möglichst preisgünstig in einem Markt, am besten gleich um die Ecke, einkaufen, sondern die Kunden wollten sich gut fühlen beim Einkauf, vielleicht sogar das Bewusstsein haben, bei einem besonderen Unternehmen einzukaufen, das seine Mitarbeiter fair behandelt. Sie wollten nicht mehr an einer leeren Kasse warten, bis die einzige Vollzeitkraft vom Regalsortieren nach vorne kam, um sie schnell abzukassieren, um gleich wieder zurück zum Regal zu hetzen. Sondern die Kunden wollten zunehmend ihren Einkauf als Erlebnis empfinden. Nicht nur einkaufen und bezahlen, sondern eine großartige Erfahrung machen. Dazu nahmen sie sogar einen längeren Weg zu ihrem Drogeriemarkt in Kauf. Der Schleckermarkt in der Nachbarschaft hatte an Attraktivität verloren.

Diesen Bedarf griffen andere Drogeriemarktketten, allen voran Götz Werner, der Gründer der dm-Drogeriemärkte, entschlossen und konsequent auf. Beispielsweise hatte Götz Werner erkannt, dass sich die Kunden nur gut fühlen, wenn sich auch die Mitarbeiter in einem Markt gut fühlen. Emotionen sind ansteckend. Die gute Laune eines Mitarbeiters überträgt sich unweigerlich auf die Kunden, genauso wie die schlechte Laune. Ein Mitarbeiter hat nicht nur dann gute Laune, wenn er fair bezahlt wird, sondern wenn er mitbestimmen kann, sich persönlich weiterentwickeln kann und „offen für Neues" ist, eine Eigenschaft, die Götz Werner immer wieder einforderte. Seine Führungskräfte und Filialleiter sollten dazu weniger anweisen, als sich vielmehr im Dialog mit ihren Mitarbeitern auseinandersetzen und verständigen. Das war für viele Führungskräfte erst einmal ungewohnt. Sein Ausbildungskonzept umfasste so auch ganz bewusst Komponenten wie das Improvisationstheater, um zu lernen, aus bestehenden Konzepten auszubrechen und neue Wege zu beschreiten. Auch gesellschaftspolitisch beschritt Götz Werner mit seinem Konzept des bedingungslosen Grundeinkommens neue Wege. Dadurch wurde er auch über sein Unternehmen hinaus bundesweit bekannt.

Währenddessen gab es bei Schlecker wohl kaum einen Mitarbeiter und kaum eine Führungskraft, die nicht liebend gerne eine grundlegende Veränderung in ihrem Unternehmen in die Wege geleitet hätte, um das Unternehmen zurück auf Erfolgskurs zu bringen. Dennoch schaffte es Schlecker nicht. Zwar hatte auch Schlecker den Trend der Zeit erkannt und war dazu übergegangen, größere und hellere Filialen zu eröffnen. Es wurde eine neue Führungsmannschaft unterhalb der Gründerfamilie eingestellt, die Marketing, Öffentlichkeitsarbeit und Mitarbeiterführung verbessern sollte. Allerdings versuchte das Management mit den althergebrachten Mitteln, die Lohnkosten weiter zu senken. Als 2012 mehrere hundert Filialen geschlossen werden mussten, kam heraus, dass die entlassenen Mitarbeiter über eine Zeitarbeitsfirma, die ausgerechnet der Schleckerfamilie gehörte, zu niedrigeren Löhnen wieder eingestellt worden waren, um in den neuen größeren Märkten zu arbeiten. Schlecker sah sich plötzlich dem Vorwurf des Lohndumpings ausgesetzt, verlor weiter dramatisch an Image und viele weitere Kunden und musste kurz darauf Insolvenz anmelden.

Waren die Mitarbeiter und Führungskräfte schlechter als die der anderen Märkte? Waren die Menschen bei Schlecker einfach nur nicht so intelligent? Wohl kaum. Was Schlecker widerfuhr, kann in jeder Organisation eintreten. Schlecker gelang es in einem entscheidendem Aspekt nicht, seine Trägheit zu überwinden. Trotz aller eingeleiteten gut gemeinten Veränderungen konnte das Management nicht den alles entscheidenden Schritt tun, nämlich den Mitarbeiter und die Teams als die wertvollste Ressource in einem Unternehmen ehrlich und von ganzem Herzen anzuerkennen und wertzuschätzen. Zu lange hatte man Mitarbeiter als reinen Kostenblock gesehen, den es galt, so niedrig wie möglich zu halten. Die eingeleiteten Veränderungen gingen immerhin in die richtige Richtung, nur der entscheidende Schritt wurde durch die Trägheit verhindert.

Die Trägheit ist eine nicht zu unterschätzende Gefahr für Organisationen. Sie kann nicht nur einen Aufstieg in die Top-Liga verhindern, sondern eine Organisation sogar ruinieren.

8.2   Rückblick und Ausgangspunkt

Non-Profit-No-Pay-Organisationen (NPNPO) sind für wahr ein bemerkenswertes Phänomen. Nicht nur, dass sie es schaffen, ohne oder mit nur einer geringen Bezahlung ihre Mitarbeiter zu Höchstleistungen anzuspornen, sondern sie erreichen dies mit ganz einfachen Mitteln. Man bekommt nur sehr wenig Zeit für seine Aufgaben, vielleicht ein oder zwei Jahre. Was man in dieser Zeit nicht erledigt, muss man seinem Nachfolger übergeben. Damit ist jeder Tag kostbar. Zudem wirkt man mit bei einem tollen, motivierenden Ziel, das in der Regel eine große Herausforderung darstellt. Dies in Kombination mit der Zeitbegrenzung erfordert von den Mitarbeitern und Führungskräften eine persönliche Weiterentwicklung. Das ist gut so, denn kaum etwas macht so viel Spaß, wie zu erleben, was alles in einem steckt. Um das alles zu bewerkstelligen, erhält jeder eine uneingeschränkte und allumfassende persönliche Unterstützung. Hier wird Leistung auf Basis von ganz einfachen Prinzipien erreicht. Das macht NPNPOs zu einem beeindruckenden Paradebeispiel für Leistung und Leichtigkeit.

Im vorigen Kapitel haben wir gesehen, dass auch der Sport mit ähnlichen Prinzipien arbeitet: Etwa wenn sich ein Athlet auf eine Olympiade vorbereitet (Prinzip des tollen Ziels) und dafür natürlich nur bis zum Wettkampftermin Zeit hat (Prinzip der Zeitbegrenzung). Bis dahin widmet sich der Athlet intensiv seinem Trainingsprogramm, denn die Konkurrenz schläft nicht (Prinzip der persönlichen Weiterentwicklung) und von seinem Coach oder seinem Stab an Coaches bekommt er dazu all die Unterstützung, die er benötigt (Prinzip der umfassenden Unterstützung).

Bei Mannschaften geht der Sport konsequent noch einen Schritt weiter. Das haben wir als das duale Coaching-Prinzip beschrieben. Im Sport werden Ziele festgesetzt, die nicht nur motivierend sind, sondern die definitiv nur *gemeinsam* erreicht werden können, die also Höchstleistungen von allen abverlangen, etwa dass das Team in die nächste Liga aufsteigt oder in der Saison die Meisterschaft gewinnt. Die notwendige maximale Weiterentwicklung gilt nicht nur für alle, sondern auch für den Einzelnen. Dazu bekommt jedes Teammitglied einen *unter Berücksichtigung der Stärken und Schwächen des Teams* erstellten personalisierten individuellen Auftrag. Im Sport erhält nicht nur der Einzelne sondern es erhalten auch alle zusammen eine uneingeschränkte und allumfassende Unterstützung.

Marc Aurel, römischer Kaiser und Philosoph, hat einmal gesagt: „Der kürzeste Weg ist der naturgemäße, das heißt, in allen Reden und Handlungen der gesunden Vernunft folgen. Ein solcher Entschluss befreit dich von tausend Kümmernissen und Kämpfen, von jeder Verstellung und Eitelkeit." Der Sport hat das verstanden und wendet es seit Jahrhunderten an. Die persönliche Weiterentwicklung folgt genau diesem Prinzip: den naturgemäßen d. h. natürlichen nächsten Schritt zu tun. Das ist der kürzeste Weg. Will heißen: Wenn der Athlet immer wieder an dem arbeitet, was nun ansteht, an den aktuellen Schwächen, beispielsweise der Stärkung der Rückenmuskulatur oder der Ausdauer, spart er sich eine Menge Kümmernisse, d. h. Schmerzen. Das aktuell zu bearbeitende immer wieder erneut zu erkennen, wirkt auch der Eitelkeit entgegen. Denn wie weit auch immer ein Athlet fortgeschritten ist, es gibt immer etwas zu verbessern, immer wieder den natürlichen nächsten Schritt, den er zusammen mit seinem Coach gehen kann.

Das sind wahrlich keine großen Geheimnisse, alles schon seit tausenden von Jahren wohlbekannt. Jeder, der in einer NPNPO arbeitet, erfährt und lebt sie tagtäglich. Auch wer kein Athlet ist und am liebsten erdnussknabbernd bei einem kühlen Blonden vom Sofa aus seine Lieblingsmannschaft anfeuert, hat davon bestimmt schon einmal gehört. Dennoch schaffen es profitorientierte Unternehmen kaum, zu Leistung und Leichtigkeit zu kommen. Wie kann das sein? Etwas haben wir bislang noch nicht gebührend berücksichtigt. Und das ist die Trägheit.

8.3   Trägheit in Organisationen

Trägheit wird in der Physik beschrieben als das Bestreben von physikalischen Körpern in ihrem Bewegungszustand zu bleiben, solange keine Kräfte oder Drehmomente auf sie einwirken. Ein Körper ist umso träger, je mehr Masse er hat und umso schneller er unterwegs ist. Damit ist ein Tanker träger als ein Ruderboot, auch wenn beide mit der gleichen Geschwindigkeit fahren würden, denn der Tanker hat mehr Masse. Und eine abgefeuerte Gewehrkugel ist träger als ein Kieselstein am Strand, der von den Wellen hin und her bewegt wird, denn beide haben zwar ungefähr die gleiche Masse, aber die Gewehrkugel ist deutlich schneller. Geschwindigkeit und Masse also bestimmen die Trägheit.

Je träger etwas ist, umso mehr Energie wird benötigt, die Richtung zu ändern. Das Phänomen ist zum Beispiel bei Tankern wohlbekannt. Einmal in Fahrt, kommen sie nicht so ohne Weiteres wieder zum Stehen. Um eine Gewehrkugel zu stoppen, bedarf es schon einer kugelsicheren Weste oder einer Wand aus Beton.

Dabei darf man nicht übersehen, dass die Trägheit ihre guten Seiten hat. Wenn es sie nicht gäbe, würde auch der kleinste Anstupser zu großen Beschleunigungen führen. Wenn

der Tanker nicht träge wäre, würde ein kleiner Windstoß ausreichen, ihn vom Kurs ab-
zubringen. Ein Fußball würde bei der kleinsten Berührung hunderte Meter weit fliegen.
Unser Sport wäre ohne die Trägheit nicht denkbar.

Bei Lebewesen spricht man eigentlich nicht von Trägheit, obwohl es sich manchmal
genauso anfühlt, wenn man morgens früh aufstehen soll. Sondern man verwendet hier den
Begriff der Homöostase. Sie besagt, dass ein biologischer Körper immer wieder bestrebt
ist, zu seinem Gleichgewichtszustand zurückzukehren. Bekannt zum Beispiel als Hunger,
der dafür sorgt, dass unser Blutzuckerspiegel immer wieder zum normalen Maß zurück-
kehrt. Oder das Schwitzen, das bei Überhitzung durch die Verdunstungskälte eine Abküh-
lung bewirkt. Also auch die Homöostase hat ihre guten Seiten. Sie gibt uns ein Gefühl der
Stabilität und Sicherheit und sorgt natürlich auch für unser Überleben.

Trägheit und Homöostase können also durchaus positiv sein und bei Organisationen
wirken auch beide. Denn Organisationen sind in der Regel nicht nur groß und haben viel
„Masse" (und damit viel Trägheit), sondern sie sind auch biologische Systeme (und haben
damit viel Homöostase). Der Einfachheit halber spreche ich aber im Folgenden nur von
der Trägheit (auch deshalb, weil in der betrieblichen Praxis das Wort „Homöostase" kaum
bekannt ist).

Die Trägheit verursacht aber auch Probleme: Veränderungen kosten nun eine Menge Energie und Ausdauer. Schlimmer noch: Selbst wenn man tatsächlich mit Ach und
Krach etwas verändert hat (beispielsweise das Rauchen aufgegeben), will man am liebsten
umgehend den Ursprungszustand wiederherstellen („Nur eine Zigarette, die macht doch
nichts aus, oder?"). Irgendwie frustrierend, nicht wahr? Zumindest dann, wenn man etwas
dauerhaft verändern will. Die Trägheit hat leider zuweilen die unerwünschte Nebenwir-
kung, notwendige Veränderungen zu erschweren oder sogar zu verhindern. Beispielsweise
wenn eine Organisation eine Strategie zur Neukundengewinnung erarbeitet und sie den
Kundenberatern kommuniziert hat und kaum einer der Berater sie umsetzt, etwa indem
die alten Arbeitsprozesse beibehalten werden und der neue Kommunikationsstil mit den
Kunden nicht angewandt wird. Sprich, die schöne neue Strategie bleibt in der Schublade
liegen.

Da die Trägheit also positiv wie negativ sein kann, kommt es darauf an, ein gesundes
Mittelmaß zu finden. Davon sind Organisationen jedoch oft weit entfernt. In Organisationen wirken oft sehr viele Menschen mit. In der Regel gibt es nicht nur ein Team, sondern viele Teams. Je nach Anzahl der Hierarchieebenen können in einer Organisation sehr
schnell hunderte oder tausende von Teams agieren. Eine Organisation ist nichts anderes
als ein Team von Teams von Teams. Dagegen wirkt ein Tanker wie ein kleines Ruderboot.
Meiner Erfahrung nach haben die meisten Organisationen viel zu viel Trägheit (Beispiel
Schlecker). Man ist Lichtjahre entfernt vom gesunden Mittelmaß. Wie soll man da in die
Gänge kommen und seine Trägheit überwinden? Über dieser Frage habe ich mir lange Zeit
meinen Kopf zerbrochen, ohne wirklich zu einem Durchbruch zu kommen. So genial die
Ideen der NPNPOs und des Sports sind, sie für Organisationen zu nutzen, scheint nicht
so ohne Weiteres machbar zu sein. Es *scheint* ein gewaltiger Unterschied zu sein, ob man

einen Achter oder eine aus elf Spielern bestehende Sportmannschaft in Schwung bringen will, oder eine Organisation, die aus wesentlich mehr Menschen besteht.

Dies scheint aber nur so zu sein. Denn eines Morgens stand ich im Stau auf einer Autobahn und während ich so darüber nachdachte, kamen mir ein paar Gedanken.

Die Idee im Stau

Während ich also eines Morgens in einem Stau stand, hörte ich im Radio, dass „mein" Stau sich an einer geräumten Unfallstelle gebildet hatte. Wie kann das sein, dachte ich so vor mich hin, das Hindernis war schon lange weggeräumt, trotzdem musste ich hier noch immer rumstehen und würde womöglich noch zu spät zu meinem Termin kommen. Es könnte doch so einfach sein, wieder in Fahrt zu kommen: Wenn alle *gleichzeitig* losfahren, müsste man doch die Geschwindigkeit deutlich steigern können. Und natürlich müsste der Radiosprecher anstatt immer nur vor dem Stau zu warnen, auch mal einfach ein Signal geben. „An alle Autofahrer auf der A5, die zwischen Heidelberg und Walldorf an der geräumten Unfallstelle im Stau stehen. Auf mein Kommando losfahren: 3-2-1-los!"

Diese Aussicht, dass es doch so simpel wäre, den Stau aufzulösen und die kollektive Trägheit zu überwinden, schlicht nur auf ein Signal von außen alle gleichzeitig losfahren zu lassen, fand ich faszinierend. Wenn es so einfach ist, warum wird es dann nicht gemacht? Okay. Nicht jeder hört Radio und manche würden vom Signal nichts mitbekommen. Aber das könnte man bestimmt auch technisch irgendwie lösen, etwa indem sich das Radio automatisch einschaltet. Platz genug zum Vordermann wäre auch da. Manche ließen ja sogar absichtlich eine große Lücke entstehen, nur um nach einer Weile wieder etwas beschleunigen zu können.

Während ich mir also diese Gedanken mache und weiterhin meine Zeit möglichst sinnvoll nutzte, um das Nummernschild meines Vordermannes auswendig zu lernen, wurde mir plötzlich schlagartig bewusst, dass dieser Stau genauso in Organisationen vorkommt. Auch in Organisationen tut sich oft erschreckend wenig. Auch in Organisationen kommt man nicht so schnell voran, wie gewünscht, selbst dann, wenn alles Menschenmögliche in die Wege geleitet wurde. Das Management hat beispielsweise eine strategische Entscheidung getroffen, dazu noch die notwendigen Budgets und Gelder bereitgestellt, also die „Unfallstelle ist quasi geräumt", trotzdem tut sich – nichts. Schlecker war bestimmt klar, was die Kunden zu den Wettbewerbern trieb und hatte Gegenmaßnahmen beschlossen. Nur sie kamen nie ausreichend zur Geltung.

In diesem Moment ging es wieder ein wenig weiter auf der Autobahn, aber schon bald bremste mein Vordermann ab. Frustrierend. Der Fahrer hinter mir verfolgte offenbar eine ganz andere Strategie. Er blieb immer etwas länger stehen und nutzte den entstehenden Raum um wenigstens ab und zu mal kurz Gas geben zu können. Er kam zwar auch nicht schneller voran, hatte aber hoffentlich mehr Spaß. Der Fahrer des Wagens vor meinem Vordermann hatte eine ganz andere Möglichkeit für sich entdeckt. Er wechselte alle paar Meter die Fahrspur, immer in der Hoffnung, auf der anderen ein paar Meter gut zu machen. Allerdings, soweit ich das beurteilen konnte, ohne großen Erfolg. Wäre ja noch schöner. Schadenfreude ist doch die schönste Freude.

Nachdem ich so eine Weile über die unsinnigen Bemühungen meiner Staukollegen geschmunzelt hatte, wurde mir plötzlich klar, dass auch ich Teil dieses Staus war. So wie ich Wagen vor mir hatte, die mich ausbremsten, war auch ich ein Vordermann für andere und bremste die wiederum in irgendeiner Art und Weise aus. Natürlich fahre ich besser als der Durchschnitt, logisch oder? Aber das denken die anderen bestimmt auch von sich. Momentan bremsten wir uns immer wieder gegenseitig aus und schoben den anderen dafür die Schuld in die Schuhe. Wie konnte man bloß so ruckartig fahren, oder so langsam oder so viele Spurwechsel versuchen? Da wurde mir bewusst, dass auch ich zum Stau beitrug. Wir alle standen im selben Stau, wir alle wirkten daran mit, wir alle gemeinsam hielten den Stau aufrecht, wir alle waren Teil der kollektiven Trägheit. Da fiel es mir wie Schuppen von den Augen und mir wurde klar, dass es hier wohl eine ähnliche Situation wie bei Schlecker war.

Das hieß aber doch, dass selbst wenn nun im Radio ein Signal käme „Alle losfahren. JETZT" das nicht viel bewirken würde. Jeder würde seinen Fahrstil zunächst einmal beibehalten (aus Trägheit) und so nach kurzer Zeit wieder zum Stau zurückkehren. Wenn nicht jeder seinen Fahrstil ein wenig anpasst, wie sollte man dann gemeinsam in Fahrt kommen?

Das war eine faszinierende Erkenntnis. Es muss ein Signal kommen zum gemeinsamen Losfahren und jeder müsste seinen Fahrstil wohl ein wenig anpassen. In diesem Moment schaute ich nach links rüber zum Nebenmann. Der war gerade angeregt dabei zu telefonieren. Es schien wichtig zu sein. Er gestikulierte und man konnte seine Aufregung deutlich erkennen. Er nutzte offenbar die Zeit im Stau sehr gut für ein wichtiges Telefonat. Was, wenn er dieses Signal bekäme, losfahren sollte und außerdem seinen Fahrstil anpassen müsste? Dazu hätte er wohl überhaupt keine Lust. Er würde wenn überhaupt nur halbherzig mitmachen. Wie auch manch andere Verkehrsteilnehmer, die vielleicht gerade entspannt Musik hörten und froh waren, nicht zu schnell zur Arbeit zu kommen. Also musste neben dem Signal und der Anpassung des Fahrstils auch noch eine weitere Bedingung erfüllt sein: Die Teilnehmer müssen es auch wollen, wieder in Fahrt zu kommen.

8.4 Wie man einen Stau auflöst

Aber eines war klar: Ohne ein Signal von außen würde mein Stau sich nicht auflösen. Da die meisten wohl keine Ahnung haben, dass und wie sie ihren Fahrstil anpassen müssen (mich eingeschlossen), müsste das Signal auch eine individuelle Komponente umfassen und jedem einen Tipp dazu geben. Das Signal müsste für die, die den Stau aus welchen Gründen auch immer momentan bevorzugten, sicherlich auch eine kleine Motivationshilfe mitliefern. Vielleicht so: „Hey Du, ja Du, der da gerade telefoniert, komm jetzt erst mal in Fahrt. Telefonieren kannst Du später immer noch. Du hältst gerade alle auf. Telefonier später in Ruhe, dann hat der, mit dem Du gerade redest, mehr von Dir."

Sicherlich ist auch nicht jeder Stau gleich. Mal sind noch drei Spuren frei, mal nur eine. Mal sind die Sichtverhältnisse aufgrund der Witterung schlecht, mal gut etc. Also müsste das Signal auch diese Faktoren einbeziehen. Alles in allem also eine Menge an Informationen, die man einbeziehen müsste, um allen einen hinreichenden Impuls geben zu können. Darauf komme ich in Abschn. 8.6 zurück.

Aber eines nach dem anderen. Zunächst fassen wir einmal die vier Bedingungen, die erfüllt sein müssen, um einen Stau aufzulösen, zusammen:

1. Alle müssen gleichzeitig losfahren.
2. Jeder muss seinen Fahrstil anpassen.
3. Alle müssen das auch wollen.
4. Es muss für alle von außen ein Signal kommen, mit individuellen Informationen zu den ersten drei Punkten.

8.5   Kleine und große Staus in Organisationen

Ab und zu erlebe ich Glücksmomente im Coaching, in denen diese vier Bedingungen tatsächlich gelebt werden. Wenn auch meistens nur in kleineren Rahmen. Einmal wurde ich zu einem Coaching einer Führungskraft gerufen, die mehrere Themen bearbeiten wollte.

Beispiel Coachee und sein Vorgesetzter ziehen an einem Strang

Mein Coachee berichtete mir von einer sehr schwierigen Mitarbeiterin, zu vielen Konflikten im Team und Reibereien mit dem Vorgesetzten. Zu meiner Überraschung war der Vorgesetzte beim Erstgespräch auch gleich mit dabei und das aus gutem Grund.

Der Vorgesetzte sagte mir nämlich, dass er selbst auch gerade bei einem anderen Coach ein Coaching mache. Das fände er sehr gut und zeigte mir stolz sein 360-Grad-Feedback, also eine Zusammenfassung von anonymen Rückmeldungen, die er wiederum von seinem Chef, Kollegen und Mitarbeitern bekommen hatte. Er lebte quasi das Coaching vor und war in gewisser Hinsicht ein Vorbild für meinen Klienten. Deshalb hatte der ihn auch zu dem Erstgespräch dazugeholt. Die beiden hatten fast zeitgleich mit ihrem Coaching begonnen (1. Bedingung), jeder war bereit, an sich zu arbeiten (2. Bedingung) und beide waren offensichtlich mit der notwendigen Ernsthaftigkeit dabei (3. Bedingung). Die Personalabteilung hatte die beiden offensichtlich gut beraten und ihnen solch ein kombiniertes Coaching empfohlen (4. Bedingung).

An einer Stelle hätte „das Signal von außen" (also in dem Fall die Personalabteilung) noch stärker sein können. Hätte sie nämlich alle Beteiligten (beide Coaches und beide Klienten) zum gemeinsamen Austausch einmal an einen Tisch gebracht, wären bei dieser Gelegenheit sicherlich noch weitere Entwicklungsmöglichkeiten für alle offensichtlich geworden. Die beiden Coaches (mein Kollege und ich) wussten zwar, dass es uns gab, nur wir bekamen uns nie zu Gesicht. Leider ist das oft so in Unternehmen. Sind mehrere Coaches aktiv, haben sie untereinander selten Kontakt. Dies zu verbessern, ist auch eine Vision, die ich mit diesem Buch hoffe, zu stärken. Dennoch war das Coaching ein Erfolg, denn die vier Bedingungen waren immerhin fast vollständig erfüllt.

Nur die wenigsten Vorgesetzten machen meiner Erfahrung nach ein Coaching mit, obwohl bekannt sein dürfte, dass man mit einem gemeinsamen Coaching weit besser vorankommt, als wenn nur einer das Coaching macht. Das Prinzip „gleichzeitig losfahren" ist ungemein wichtig und wenn nur einer seinen Fahrstil anpasst, bringt das in der Regel wenig. Ein mir gut bekannter Coach kennt dieses Phänomen ebenso aus eigener Erfahrung und versucht den Vorgesetzten, wenn irgendwie möglich, ins Boot zu holen (etwa durch Dreiergespräche zwischen Coach, Coachee und Vorgesetzten), um ihm die Möglichkeit zu geben, ebenfalls von dem Coaching zu profitieren. Er bezeichnet das als „in Würde mitlernen". Im Grunde genommen ist jedem klar, dass der Vorgesetzte ein klein wenig Coaching bekommt, nur man spricht es nicht offen aus. Das ist immerhin besser als nichts, dennoch vom Optimum eines kombinierten Coachings weit entfernt.

Noch weiter entfernt vom Optimum der obigen vier Bedingungen sind allerdings Coachings, in denen der Vorgesetzte seinem Mitarbeiter ein Coaching „empfiehlt", bezeichnenderweise meist ohne je selbst eines gemacht zu haben. Das Ganze kann dann noch gekrönt werden, wenn der Vorgesetzte zusätzlich noch den „richtigen" Coach für seinen Mitarbeiter zu kennen glaubt und ihn auswählt und sich ansonsten so weit wie möglich aus dem Coaching heraushält. Ein ganz krasses Beispiel dazu, dass ich einmal selbst miterleben durfte, schildere ich nun. Wäre es ein Film im Fernsehen, würde nun die Ansage kommen: „Nicht geeignet für Zuschauer unter 16 Jahren".

Ein Personalchef rief mich eines Tages an und fragte, ob ich bereit sei, ein besonders schwieriges Coaching zu übernehmen. Das klang faszinierend, denn ich bin ja immer für Herausforderungen zu haben. Also sagte ich ihm: „Warum nicht?"

Beispiel Coachee als Sündenbock

Der Coachee, ein Projektleiter, hatte Probleme mit seinem Team. Es hatte Beschwerden über ihn gegeben und es war auch schon ein anonymes 360-Grad-Feedback eingeholt worden. Der Coachee galt allseits als ein schwieriger Mensch, der für Veränderungen nicht offen sei. Den Auftrag an das Coaching zu definieren, würde einzig und allein dem Coachee obliegen. Er müsste die Motivation dazu selbst im Coaching zeigen. Und der Personalchef schärfte mir ein, dass, wenn er sich auch nur einmal nicht an Absprachen halten würde, ich verpflichtet wäre, das Coaching sofort abzubrechen. Und eines wäre extrem wichtig: Ich dürfte unter gar keinen Umständen mit dem Coachee über dieses Gespräch reden. Wenn er das erfahren würde, würde er mich sofort vom Coaching entbinden.

Ich war hin und hergerissen, ob ich unter solchen Umständen ein Coaching machen sollte. Schließlich stimmte ich aber zu. Auf der einen Seite bereue ich das heute. Auf der anderen Seite habe ich daraus eine Menge gelernt.

Im Laufe des Coachings stellte ich fest, dass mein Coachee sehr motiviert war. Er hielt sich ausnahmslos an alle Absprachen. Die Coachings waren enorm produktiv. Mein Coachee hatte eine Menge Erkenntnisse. Ich konnte sehen, dass er davon profitierte. Ganz anders wie ich es von den Schilderungen des Personalchefs erwartet hatte. Und eines war ganz besonders merkwürdig: Das 360-Grad-Feedback war gar nicht so

schlecht, wie angekündigt. Nur der Vorgesetzte hatte ihm ein miserables Feedback gegeben, die Mitarbeiter hingegen ein mittleres bis gutes, völlig im Gegensatz zu dem,
was der Personalchef mir gesagt hatte. Natürlich versuchten wir, den Vorgesetzten ins
Boot zu holen. Aber das gelang nicht. Verschiedene Versuche meines Coachees, ihn
anzurufen, diverse E-Mails – alles erfolglos. Er schien wie vom Erdboden verschluckt.
Wir konnten also nicht in Erfahrung bringen, was er konkret vom Coachee und dem
Coaching erwartete.

Ich erfuhr außerdem, dass mein Coachee für ein sehr wichtiges Projekt verantwortlich war, das so bedeutsam war, dass es unter der täglichen Beobachtung des Vorstan-
des stand. Die Zukunft der gesamten Organisation hing beträchtlich davon ab. Mein
Coachee musste regelmäßig über die laufende Entwicklung berichten. Das Projekt war
in der Vergangenheit nicht gut gelaufen, was aber der Vorgänger meines Coachees zu
verantworten hatte. Nichtsdestotrotz war der Vorstand verständlicherweise nervös und
betrachtete den Fortschritt mit Argusaugen.

Um mir selbst ein Bild von der betrieblichen Praxis meines Coachees zu machen,
war ich einmal bei einem Teammeeting dabei. Auch hier erlebte ich eine sehr souverä-
ne und überzeugende Führungskraft. Gar nicht so schwierig, wie der Personalchef ihn
beschrieben hatte. Auch der Personalbereich selbst hielt ein Teammeeting mit den Mitarbeitern ab, um ihnen die Möglichkeit zu geben, etwaige Beschwerden vorzubringen.
Das gleiche Ergebnis: keinerlei negative Rückmeldungen.

Meine Verwunderung über dieses ganze Coaching erreichte seinen Höhepunkt, als
mein Coachee und ich am Ende überraschenderweise doch noch vom Vorgesetzten zu
einem Abschlussgespräch eingeladen wurden. Dann traute ich meinen Ohren nicht:
Der Vorgesetzte sagte uns, dass er selbst gar keine Probleme mit seiner Führungskraft
hätte. Er wäre immer sehr zufrieden mit ihm gewesen, er hätte nur Beschwerden auf
den Tisch bekommen. Er hätte auch gar nicht an dem 360-Grad-Feedback teilgenommen, um es nicht zu verfälschen (Wer dann?). Für den Vorgesetzten stand nur eine
Menge auf dem Spiel. Im Falle eines Scheiterns des Projektes hätte er selbst wohl auch
ganz große Probleme bekommen. Aber bei diesem Treffen konnte man einfach nicht
leugnen, dass das Coaching ein großer Erfolg gewesen war. Mein Coachee hatte alle
seine Ziele erreicht und auch von seinem Team ein gutes Feedback bekommen, das
dem Vorgesetzten sogar schriftlich vorlag.

Vollständig verstand ich das Ganze erst drei Monate später, als ich den Personalchef
wegen einer anderen Angelegenheit anrief und er mir sagte, dass „man" im Unternehmen *äußerst* unzufrieden gewesen sei mit dem Coaching. Ich war sprachlos, aber
dann wurde mir plötzlich einiges klar. Damit konnte nur der Vorgesetzte gemeint sein.
Er hatte das Coaching offensichtlich in der sicheren Erwartung eines Fehlschlages in
Auftrag gegeben. Ein Fehlschlag hätte ihm das Alibi verschafft, den Coachee bei der
kleinsten Unstimmigkeit von seiner Verantwortung zu entbinden. Er wäre dann beim
Vorstand als harter Hund gesehen worden, der bei Schwierigkeiten unerbittlich durch-
greift. Ganz so, wie es ein solch wichtiges Projekt eben erfordert. Getreu dem Motto:
Wo gehobelt wird, da fallen Späne. Nach diesem erfolgreichen Coaching hatte er diese

Möglichkeit nicht mehr. Darüber musste er sehr ungehalten sein. Der Personalchef war wohl auch instrumentalisiert worden, denn nur er konnte es gewesen sein, der auf Weisung des Vorgesetzten das 360-Grad-Feedback für ihn ausgefüllt hatte.

In diesem Unternehmen „fuhr" wirklich nur einer an: mein Coachee. Das war schade, denn sein anspruchsvolles Projekt hätte weitaus größere Erfolgsaussichten gehabt, wenn alle zusammen an einem Strang gezogen hätten.

In diesem Unternehmen herrschte offensichtlich eine Kultur des sich gegenseitigen Bekriegens. Solche Praktiken zu verändern ist schwierig. Sie werden seit Jahrzehnten gelebt und sind tief in der Unternehmenskultur verankert. Mit anderen Worten: Sie sind mit einer Menge Trägheit verbunden. Wie gesagt, die Trägheit ist keineswegs per se schlecht. Ein großer Tanker zu sein, hat auch seine Vorteile. Beispielsweise bleibt er leichter auf Kurs, wird bei Wind nicht so leicht hin und hergeworfen und kann eine Menge Güter transportieren, hat also sehr günstiges Kosten-Nutzen-Verhältnis. Aber wehe, wenn ein Kurswechsel ansteht oder man zu langsam ist und an Fahrt gewinnen muss. Wenn sich die Marktbedingungen ändern, aggressive Wettbewerber auftauchen oder eine Wirtschaftskrise unerwartet eintritt, zeigen Firmen wie Schlecker, dass die Trägheit zu einem großen Problem werden kann.

Nur müssen sich Organisationen wirklich immer wie große Tanker verhalten? Schließlich bestehen sie aus Menschen, die alle für sich genommen zumindest ein klein wenig flexibel sind. Wenn selbst ein Stau – der ja auch eine Menge an Trägheit hat – diese überwinden kann, sollte dies doch auch für Organisationen möglich sein. Ich bin sicher, dass jeder Mitarbeiter und jede Führungskraft von Schlecker liebend gerne an dem Umsatzrückgang etwas geändert hätte, aber *gemeinsam* waren sie zu träge dazu.

Hat eine Organisation ein Übermaß an Trägheit und einen „Stau", ist das das exakte Gegenteil von Leistung und Leichtigkeit. Ganz zu schweigen davon, dass das Überleben der Organisation dann akut gefährdet ist. Wir reden hier auch nicht von seltenen Ausnahmen. „Staus" und das damit einhergehende sich gegenseitige Ausbremsen sind leider viel zu oft anzutreffen. Schuldzuweisungen an den Vordermann, ohne zu erkennen, dass man genauso ein Vordermann für jemand anderes ist, sind häufig schon zur täglichen Routine geworden. Für viele Organisationen steht also eine Menge auf dem Spiel. Die Trägheit zu überwinden, ist für diese überlebensnotwendig. Lassen Sie uns daher die vier Bedingungen etwas näher beleuchten.

8.6 Alle müssen gleichzeitig losfahren

Dass man gemeinsam starten sollte, wenn man mit anderen Menschen etwas zusammen erreichen will, ist selbstverständlich – und schwierig. Je größer die Organisation und je schneller beziehungsweise hektischer sie unterwegs ist, umso größer ist ihre Trägheit und umso schwieriger wird es. Veränderungen dann so in die Wege zu leiten, dass man gemeinsam daran mitwirkt, und zwar von Anfang an, ist deshalb einer der wichtigsten Erfolgsfaktoren überhaupt.

Meistens versuchen Organisationen eine angestrebte Veränderung mittels einer aus-
geklügelten Unternehmenskommunikation den Betroffenen schmackhaft zu machen. Da
werden beispielsweise umfangreiche Informationsmaterialien zur Verfügung gestellt und
eine Intranetanwendung implementiert, die als Informations- und Kommunikationsplatt-
form dient. Es werden sogenannte „Kick-off"-Sitzungen abgehalten, Veranstaltungen, in
denen die Führungskräfte und Mitarbeiter zusammenkommen und über die angestrebte
Veränderungen informiert werden. Oft sind solche Kick-offs auch begleitet von motivierenden und emotionalen Reden der Firmenlenker und anderer Verantwortlicher. Manche
Kick-offs sind großangelegte spektakuläre Events, über die die Belegschaft noch lange
danach spricht.

So gutgemeint diese Maßnahmen sind, sie funktionieren nicht. Denn sie leiden darunter, dass der Einzelne völlig unbemerkt „stehenbleiben" kann. Nur, weil man bei einer
Kick-off-Veranstaltung dabei ist oder mitdiskutiert auf der unternehmensinternen Plattform, heißt das noch lange nicht, dass man auch tatsächlich „losfährt", denn wir haben ja
gesehen, dass losfahren nur Sinn macht, wenn man auch bereit ist. seinen Fahrstil anzupassen.

Schauen wir uns noch einmal die aus den vorangegangenen Kapiteln bekannten vier
Prinzipien für Leistung und Leichtigkeit an. Diese sind:

1. Tolle wertvolle Idee, die nur als Team umsetzbar ist
2. Jeder hat für seine Aufgabe nur eine begrenzte Zeit zur Verfügung
3. Maximale persönliche Weiterentwicklung auf Basis eines individualisierten, an der
   Organisation ausgerichteten Auftrags
4. Uneingeschränkte Unterstützung für die Mannschaft und die Einzelnen

Nun wird offensichtlich, dass wir noch ein fünftes Prinzip brauchen, nämlich:

▶   **5. Alle müssen gleichzeitig losfahren.**

Meiner Erfahrung nach ist dies leider in der Realität schwieriger als gedacht. Nicht nur
bei solch krassen Beispielen wie gerade oben geschildert. Loszufahren und dabei bereit zu
sein, seinen Fahrstil eventuell anzupassen, klingt selbstverständlich, ist aber in der Realität alles andere als gegeben.

An dieser Stelle möchte ich noch einmal betonen, dass Sie und Ihre Organisation ohne
ein Coaching kaum wirklich zügig weiterkommen können. *Jeder* Mensch empfindet Trägheit. Loszulegen ist nicht nur mit einem Energiebedarf verbunden, sondern natürlich auch
mit einem gewissen Risiko. Da spielen die unterschiedlichsten Ängste und Sorgen mit
hinein. Beispielsweise die Angst vor der anstehenden Veränderung oder einem enttäu-
schendem Misserfolg. Selbstverständlich haben alle Menschen ihre Gewohnheiten, die
sie nur ungern fallenlassen. All dies macht es schwer, in Bewegung zu kommen. Dann
noch zu wissen, wie man seinen Fahrstil anpassen muss, macht die Sache recht komplex.
Es geht daher kaum ohne Unterstützung. Und schon gar nicht, wenn man auf die anderen

angewiesen ist und darauf, dass die auch mitziehen. Wenn nur einer „stehenbleibt", hängen auch die anderen fest. Selbst wenn jeder Einzelne erahnt, wo sein Anpassungsbedarf liegt, denkt doch *jeder*, dass sein Fahrstil klasse ist. Lassen Sie uns schauen, was wir hier vom Stau lernen können.

8.7   Jeder muss seinen Fahrstil anpassen

Als ich vor einiger Zeit mit einem Kollegen meine Aha-Erlebnisse im Stau und die daraus resultierenden vier beziehungsweise fünf Bedingungen diskutierte, fand der das ganz bemerkenswert und erzählte mir von einem Verkehrsflussexperiment einer deutschen Universität. Er hatte davon im Fernsehen gesehen, konnte sich aber leider nicht mehr daran erinnern, um welche Universität es sich dabei gehandelt hatte. Die Universität hatte auf ihrem Gelände einen großen Kreisverkehr errichtet. Einige Autofahrer hatten nun die Aufgabe, anzufahren, zu beschleunigen und dann möglichst die Geschwindigkeit zu halten und im Fluss zu bleiben. Zur Unterstützung hatte das Forscherteam eine ampelähnliche Anlage aufgebaut, die den Autofahrern immer anzeigte, wie schnell sie gerade fahren sollten. Dahinter stand eine Rechenanlage, die die aktuelle Fahrsituation im Kreisverkehr feststellte und die optimale Geschwindigkeit errechnete. Mit Hilfe dieser Information gelang es den Fahrern auch tatsächlich, die Geschwindigkeit kontinuierlich zu erhöhen und dann irgendwann gleichmäßig vor sich hinzufahren.

Dann schalteten die Forscher die Anlage schlagartig ab. Die Forscher wollten sehen, ob beziehungsweise wie lange es die Fahrer schaffen würden, auch ohne diese Informationen die Geschwindigkeit und den Verkehrsfluss beizubehalten. Um sicher zu gehen, dass die Ergebnisse valide sind, wurde dieses Experiment mehrfach mit anderen Fahrern wiederholt. Das Ergebnis war beeindruckend. In *keinem* einzigen der Versuchsaufbauten schafften es die Fahrer, längere Zeit im Fluss zu bleiben. Unweigerlich stellte sich kurze Zeit nach dem Abschalten immer wieder ein Stop and Go ein. Die Autofahrer konnten sich anstrengen wie sie wollten, man bremste sich nach einer Weile immer wieder gegenseitig aus. Die Forscher kamen zu dem Schluss, dass ein System von Autofahrern *immer* einen externen Impuls braucht, um den optimalen Verkehrsfluss aufrecht zu erhalten. Ohne die ampelähnliche Anlage war es nicht möglich. Dabei spielte es keine Rolle, wer im Stau stand. Der Versuchsaufbau kam bei allen Testfahrern zu dem gleichen Ergebnis.

Wenn Autofahrer es schon in einem überschaubaren Kreisverkehr ohne externes Signal nicht schaffen, wie dann viele Menschen in einer sehr komplexen Organisation? Völlig unmöglich. So wie ein Orchester einen Dirigenten braucht, braucht auch eine Organisation, die eine Veränderung anstrebt, einen externen Impuls. Je mehr mitspielen, umso mehr braucht man diesen Impuls.

Die Steuerungsanlage schaffte es auf ganz einfache Art, dass alle ihren Fahrstil anpassten. Jeder Fahrer war gehalten, exakt die vorgegebene Geschwindigkeit zu fahren. Diese Anpassung des eigenen Fahrstils ist natürlich denkbar simpel: Eine einzige Geschwindigkeit für alle. In Organisationen sind die Gegebenheiten komplexer und man kann zum Beispiel nicht verlangen, dass alle Führungskräfte ihren Führungsstil exakt an einen allseits vorgegebenen anpassen. Ein Führungsstil ist immer individuell verschieden. Deswegen wäre in einer Organisation eine solch einfache Regel unrealistisch.

In einer Organisation verhält es sich eher so, dass die Anpassung des eigenen Fahrstils davon abhängt, mit wem man zusammenarbeitet (beziehungsweise „im Stau steht"). Die individuelle Anpassungsleistung ist quasi kontextabhängig. Wer ist involviert, was wollen wir gemeinsam erreichen, wo stehen wir heute und was sind die nächsten Schritte? All das ist von Organisation zu Organisation höchst unterschiedlich. Steht man beispielsweise mit lauter Gelegenheitsfahrern im Stau, ist es etwas anderes, als nach einem Rennen auf dem Nürburgring, wo jeder sich für den besten Rennfahrer der Welt hält. Wäre jemand in einer bürokratischen Organisation mit starren Hierarchien tätig, hätte er einen ganz anderen Anpassungsbedarf als in einer dynamischen Organisation mit flexiblen Hierarchien und kurzen Entscheidungswegen.

Hier sind wir wieder an einen Punkt, an dem es sehr schwer ist, als Organisation ohne ein begleitendes Coaching in den Fluss zu kommen. Die vorhandenen individuellen Fahrstile zu erkennen und zu beurteilen, inwieweit sie zu dem gemeinsamen Ziel passen, ist eine Aufgabe, die nur ein eingespieltes Team an Coaches übernehmen kann. Dann für jede Einzelperson einen Anpassungsbedarf vorzuschlagen und mit den Menschen umzusetzen, erfordert wiederum eine große Coaching-Erfahrung.

Entscheidend in einem Stau ist, dass der Einzelne sich hier *zügig* weiterentwickeln muss. Solange das nicht erfolgt, droht er die anderen immer wieder auszubremsen. Das gilt für alle. Ansonsten kommt es unweigerlich zum nächsten Stau. Eine Organisation als Ganzes funktioniert nicht wirklich gut ohne Coaching. Ohne externe Unterstützung kommt sie nicht in den Fluss und kann nie ein ausreichendes Maß an Leistung und Leichtigkeit erreichen. Ein guter Klang entsteht erst mit dem Dirigenten. Die Musiker des Orchesters brauchen jemanden, der ihnen von außen einen Impuls gibt. Ansonsten würden nur Missklänge entstehen.

8.8 Alle müssen das auch wollen, sprich „in die gleiche Richtung fahren"

Dass alle das Gleiche wollen, ist eher die Ausnahme als die Regel. Das gilt auch dann, wenn das gemeinsame Ziel vermeintlich deutlich besser ist als der aktuelle Zustand. Das klingt zunächst kontraintuitiv, ist es aber nicht. Führen wir uns nochmal den Straßenverkehr vor Augen. Wer einmal als Europäer in Indien war und versucht hat, auf einer vielbefahrenen Straße einigermaßen zügig voranzukommen, weiß, wie schwierig das sein kann. In Indien scheinen Verkehrsregeln nicht zu existieren. Es gilt das Recht des Schnelleren oder Skrupelloseren. Die Hupe ersetzt mangelnde Umsicht. Wer hupt, braucht nicht mehr nach den anderen zu schauen. Die wissen ja nun, dass man sich nähert. Selbst schuld, wenn man ihm nun in die Quere kommt.

Auch wenn man als Europäer über solche Verkehrssitten den Kopf schütteln mag, eines muss man sich doch eingestehen: Die Inder kommen damit vermutlich wunderbar zurecht. Ja vielleicht macht ihnen solch eine wilde Fahrerei viel mehr Spaß als unser durch Ampeln, Schilder und Kontrollen reglementiertes System. Chaos kann ja auch Vergnügen bereiten. Die Menschen sind sehr verschieden und zumindest ein Teil kann einer Situation immer etwas Positives abgewinnen. So muss man sich davor hüten, auch bei einer aus eigener Sicht sehr schlechten Situation (wie zum Beispiel dem Stau an geräumter Unfallstelle) davon auszugehen, dass alle das Gleiche wollen (zum Beispiel in Fahrt zu kommen).

Damit alle das Gleiche wollen, stellen Organisationen oftmals ihre Strategien und Visionen öffentlich zur Schau, drucken sie beispielsweise auf Plakate und hängen diese überall in den Räumlichkeiten auf. Das soll nicht nur motivieren, sondern auch sicherstellen, dass alle diese Ziele kennen, sich mit ihnen identifizieren und in die gleiche Richtung laufen. Aber so einfach ist das in der Regel nicht. Diese Visionen kommen meistens von der Geschäftsführung, wurden vielleicht sogar von externen Beratern erarbeitet. Warum sollte ein Mitarbeiter beziehungsweise eine Führungskraft automatisch das Gleiche wollen? Das ist zunächst einmal eher fraglich, wenn man bedenkt, wie unterschiedlich die Menschen sind, welch unterschiedliche Einstellungen, Haltungen und Vorlieben sie haben.

Wenn man schon bei so etwas scheinbar trivialem wie einem Stau, mit seinem scheinbar klaren Ziel, dem Fluss, noch lange nicht davon ausgehen kann, dass alle Beteiligten das Gleiche wollen, heißt das aber doch, dass wir unser erstes Prinzip der tollen wertvollen Idee noch entsprechend ergänzen müssen, nämlich um den Aspekt „alle". So toll eine Idee auch sein mag, man darf nicht automatisch annehmen, dass sie von allen so gesehen wird.

Eine Idee wird nur dann von „allen" getragen, oder zumindest als *relevant* erachtet, wenn man den Betroffenen die Möglichkeit gibt, sich mit ihr intensiv auseinanderzusetzen. Zum Beispiel müssen die Menschen den Nutzen erkennen, der mit dieser tollen Idee verbunden ist. Sie müssen sie als toll auch für sich entdecken. Natürlich muss man diese Idee auch für realistisch erachten. Eine Idee kann noch so toll sein, wenn man nicht an die Machbarkeit glaubt, verpufft sie. Das geht nur über den persönlichen Austausch und offenen Dialog mit den einzelnen Menschen und den Teams in einer Organisation. Zumindest mit allen Beteiligten und allen Teams einer Organisation, die man für die tolle Idee braucht oder die sie zumindest als für sich relevant erachten müssen.

Unser 1. Prinzip lautete bislang „Tolle wertvolle Idee, die nur als Team umsetzbar ist". Das bedeutet, dass eine tolle Idee nicht nur toll sein muss, sonder erst dann ihre volle Wirkung entfaltet, wenn sie nur mit anderen Menschen *gemeinsam* umgesetzt oder zumindest mitgetragen werden kann. Die tolle Idee muss also zumindest alle *betreffen*. Wie viele Mitarbeiter gehen tagtäglich an dem Mission Statement ihrer Organisation vorbei (meistens hängen sie gleich neben dem Eingang), ohne sie auch nur eines Blickes zu würdigen, sie für sich als relevant zu erachten, geschweige denn nach ihr zu handeln?

1. **Prinzip (ergänzt)** Tolle wertvolle Idee, **die alle betrifft** und die nur als Team umsetzbar ist

Zur Verdeutlichung möchte ich noch einmal eine Sportmannschaft heranziehen. Dabei spielt es keine Rolle, welcher Sportart sie angehört. Angenommen, die Spieler und das Management haben sich noch nicht mit dem Inhalt dieses Buches auseinandergesetzt. Wenn man sie fragen würde, welcher tollen Idee sie folgen, könnte man wahrscheinlich ganz unterschiedliche Antworten hören. Manche der Spieler wollten vielleicht einen Aufstieg erreichen, andere den Abstieg vermeiden. Das Management hätte vielleicht das tolle Ziel, mehr Zuschauer oder Sponsoren zu gewinnen, um die finanzielle Situation zu verbessern. Der Mannschaftsarzt das Ziel, dass die Spieler sich besser aufwärmen, weniger hart in die Zweikämpfe gehen, um so das Verletzungsrisiko und den Krankenstand zu senken; die Stürmer, mehr Tore zu schießen und in die Nationalmannschaft berufen zu werden; die Abwehrspieler das Ziel, vielleicht so wenig wie möglich Gegentreffer zu bekommen.

Die Bandbreite der tollen Ideen wäre vermutlich gewaltig. Aber eines haben alle gemeinsam: Eine tolle Mannschaft zu sein! Dieses Gemeinsame, das alle betrifft, gilt es zu finden. Das geht nur über den Dialog miteinander.

8.9   Das Signal von außen

Das Signal von außen ist nichts anderes als Feedback. Es ist nicht nur für den Verkehrsfluss oder ein Orchester essenziell, sondern auch für Individuen. Ohne Feedback ist eine zielgerichtete Weiterentwicklung nicht denkbar, weder für den Einzelnen, ein Team oder eine ganze Organisation. Das Prinzip des Feedbacks ist allumfassend und absolut unverzichtbar.

Auch dieses Prinzip wird leider in der Praxis nicht immer gelebt. Ein Change Manager eines kleinen Mittelständlers, mit dem ich vor einiger Zeit einmal die Möglichkeit eines Organisations-Coaching besprach, erzählte mir, dass sein Geschäftsführer die zweite Führungsebene als Lehmschicht (oder auch „Lähmschicht") bezeichnet hatte. Nichts ging hindurch, weder von oben nach unten, noch umgekehrt. Der Geschäftsführer schien darüber sehr frustriert. Seine Anweisungen kamen scheinbar nicht bei den Mitarbeitern an, und umgekehrt erfuhr er von seinen direkten Vorgesetzten nichts über den wahren Zustand seiner Firma. Er war quasi jeglicher Rückmeldung beraubt und saß abgeschottet in seinem Büro. Das war sicherlich nicht nur unangenehm, sondern auch gefährlich für seine Organisation. Wie sollte er die Firma wirksam leiten, ohne ein offenes und ehrliches Feedback?

Leider sah er dabei die Ursache weniger bei sich selbst, als vielmehr bei der Lehmschicht, also seinen ihm direkt berichtenden Führungskräften. Auch erzählte mir der Change Manager, dass sein Geschäftsführer beratungsresistent sei. Es wäre eher unwahrscheinlich, dass ich bei ihm einen Gesprächstermin bekäme. Ich versuchte es trotzdem, wurde aber von seiner Sekretärin gekonnt abgewimmelt. Auch hier hatte er es irgendwie geschafft, unbehelligt von externen Impulsen zu bleiben. Ich verzichtete auf weitere Bemühungen, mit ihm in Kontakt zu treten. Selbst wenn ich einen Termin erhalten hätte, erschien mir ein Coaching unter solchen Umständen wenig erfolgversprechend.

Aber einige erfolgreiche Unternehmen bedienen sich zunehmend des Feedbacks, also dem Signal von außen. Herr Professor Dr. Gunther Olesch, Mitglied der Geschäftsführung von Phoenix Contact, einem internationalen Elektrotechnikunternehmen mit Hauptsitz in Blomberg, erzählte mir folgendes dazu: Phoenix Contact holt sich turnusmäßig Feedback aus diversen Quellen, zum Beispiel Kunden- und Mitarbeiterbefragungen. Um dabei jegliche Möglichkeit der Selbsttäuschung auszuschließen, werden damit externe Institutionen beauftragt. Das Unternehmen stellt sich durchaus schonungslosen Fragen, wie etwa „Sind wir wirklich so innovativ und kundenfreundlich wie wir glauben?" oder „Sind unsere Kunden wirklich zufrieden?".

Zusätzlich werden Unternehmensportale herangezogen, in denen Mitarbeiter anonym ihre Meinung mitteilen können, wie zum Beispiel Kununu und die selbst dann ernst genommen werden, wenn nur eine kleine Minderheit der dort abgegebenen Stimmen negativ ausfällt. All dieses Feedback ist extrem wertvoll und wird nach entsprechender Prüfung umgesetzt. Die Mitarbeiter und Führungskräfte werden durch Coaching und andere Beratungsleistungen dabei unterstützt. Der Erfolg gibt ihm Recht. „Wir haben nur 0,8 % Fluktuation im Vergleich zum Bundesdurchschnitt von 8,2 %. Wir sind einer der Weltmarktführer in unseren Märkten und wurden in der Vergangenheit des Öfteren als bester Arbeitgeber des Jahres ausgezeichnet."

Unser viertes Prinzip zu Leistung und Leichtigkeit „Uneingeschränkte Unterstützung für die Mannschaft und die Einzelnen" können wir nun um den Aspekt des Signals von außen ergänzen, denn auch die Organisation *als Ganzes* braucht ein Feedback, genauso wie jede Mannschaft, jedes Team und jeder einzelne Mitarbeiter in ihr.

Damit können wir das 4. Prinzip folgendermaßen formulieren:

4.   Prinzip Uneingeschränkte Unterstützung für die Mannschaft und die Einzelnen **ergänzt um das Signal, das Feedback für alle gemeinsam**

Dieses Prinzip wurde auf einer Coaching-Konferenz in einer Aufführung des Annesci Quartett deutlich illustriert. Das Quartett besteht – wie der Name schon sagt – aus einer Gruppe von vier (begnadeten) Musikern, die nicht nur auf Konzerten auftreten, sondern auch auf Konferenzen zu Themen wie Führung und Teamplay. Sie spielten mehrere Stücke und zeigten den Zuhörern zunächst, wie sie heute, nach über 20 Jahren gemeinsamen Spiels und Trainings, miteinander musizierten. Es war einfach ein Genuss, ihnen zuzuhören, auch wenn man wie ich kein Freund der klassischen Musik ist. Dann schickten sie die Zuhörer auf eine Reise in die Vergangenheit. Sie gingen circa 20 Jahre zurück und spielten eines der Stücke noch einmal, aber diesmal so, wie sie es damals nach zwei bis drei Jahren gemeinsamen Übens aufgeführt hätten, also eher am Anfang der gemeinsamen Karriere. Es war deutlich zu hören, dass diesmal das Stück irgendwie nicht so gut klang, aber man konnte nicht genau sagen, woran das lag. Zumindest ich nicht. Aber ich denke, den meisten ging es wie mir.

Das war auch genau die Absicht der Musiker. Die Zuhörer sollten herausfinden, was konkret sich in den circa 20 Jahren verbessert hatte. Nach einer Weile des Ratens und des nochmaligen Vorspielens wurde schließlich das Rätsel gelüftet. Es war die Art und Weise, wie die Musiker aufeinander *achteten*. Ein klassisches Musikstück besteht aus vielen kleinen Stimmen der einzelnen Instrumente, die auf die Millisekunde abgestimmt sein müssen, damit ein guter Klang entsteht. Erst durch das perfekte Timing der einzelnen Instrumente entsteht die Sinfonie, so wie man sie kennt. Die Musiker waren am Anfang ihrer gemeinsamen Karriere schon sehr gute Solisten gewesen, jeder auf seinem Instrument, jedoch ihr Mannschaftsspiel war noch nicht so gut entwickelt. Erst durch das Achten – nicht nur auf das eigene Spiel, sondern auch auf das Spiel der anderen –, war das Quartett in der Lage, auf solch hohem Niveau zu spielen.

Dann spulten die Musiker die Zeit noch einmal ein paar Jahre nach vorne und spielten das Stück so, wie sie es circa zehn Jahre später gespielt hatten, also in der Mitte ihrer Karriere. Deutlich besser als am Anfang, aber immer noch nicht so gut, wie jetzt. Die Zuschauer sollten wieder herausfinden, woran das lag. Wiederum war es schwer zu benennen. Die Musiker erklärten, dass sie auf diesem Niveau eine ganze Weile lang spielten, aber nicht wirklich besser wurden. Eine kritische Zeit für das Quartett, denn es war frustrierend nicht weiterzukommen. Schließlich baten sie einen Profimusiker (heute würde man vielleicht sagen: „Orchester-Coach"), sich ihr Spiel anzuhören und ihnen ein Feedback zu geben. Das tat der auch und das Quartett konnte sein Spiel dadurch auf das heutige Niveau heben. Jeder im Saal wollte natürlich nun wissen, welches Feedback der Profimusiker ihnen gegeben hatte. Um die Spannung noch weiter zu steigern und den Zuhörern die Möglichkeit zu geben, selbst dahinterzukommen, spielten die Musiker noch einmal das Stück in der Zehn-Jahre-Version und in der heutigen Version. Da dämmerte es mir langsam und das Rätsel wurde gelüftet.

Es waren die Emotionen. Der Profi hatte ihnen gesagt, dass sie nicht nur gemeinsam genau aufeinander abgestimmt spielen müssen, sondern das Stück *fühlen* müssen, und zwar so, wie es der Komponist seiner Zeit vorgesehen und geschrieben hatte. Gemeinsam spielen und gemeinsam fühlen. Das war sein Feedback und gleichzeitig der Durchbruch zur heutigen Leistung. Ohne dieses Feedback, so die Meinung der Musiker, wären sie nicht auf das heutige Niveau gekommen.

So wie dem Annesci Quartett geht es allen Organisationen. Ohne ein Feedback von außen ist die Top-Liga nicht erreichbar.

8.10   Ausblick

Die Welt des Sports ist einfach und knallhart. Einfach deshalb, weil Ziele relativ direkt definierbar und ihre Erreichung leicht überprüfbar ist. Entweder man hat die Meisterschaft gewonnen oder nicht. Entweder man hat die WM-Qualifikation geschafft oder nicht. Knallhart deswegen, weil es da wenig rumzudeuten oder schön zu reden gibt.

In einem Stau wird es schon ein wenig schwieriger, weil, wie gesagt, nicht jeder Beteiligte wirklich in Fahrt kommen möchte. Manche genießen ja auch den Stau regelrecht. Aber gleichwohl genügt ein Blick auf die Tachonadel, um festzustellen, ob der Verkehrsfluss erreicht wurde oder nicht. Die Zieldefinition und -überprüfung ist immerhin noch relativ einfach über eine Geschwindigkeitsangabe und Geschwindigkeitsmessung darstellbar.

In Organisationen wird es nochmal kniffliger. Der Sport und der Stau zusammen helfen uns zwar, die Trägheit zu überwinden. Aber ein Problem bleibt bestehen. In Organisationen wird man mit einer weitaus komplexeren Vielfalt an Problemen und möglichen Zielen konfrontiert. Lohnenswerte „Baustellen" gibt es an allen Ecken und Enden: Kundenzufriedenheit erhöhen, Produktinnovationen voranbringen, Geschäftsabläufe verbessern, Image nach außen erhöhen etc. Wo soll man anfangen? Und mit welchen Menschen soll man dann die angestrebte Veränderung am besten in die Wege leiten? Und wie kann man dann am Ende wirklich sicher sein, dass man seine Ziele erreicht hat? Hier sind die Ziele „weicher". Wie soll man zum Beispiel die Erhöhung der Innovationskraft einer Organisation messen?

Das Ganze ist in Organisationen eben viel chaotischer als im Sport oder im Stau und lange habe ich darüber gegrübelt, wie man angesichts dieser Problematik vorgehen kann. Die zündende Idee kam mir auf einer Geschäftsreise im Flugzeug. Neben mir saß ein Mann, der auf den Weg zu einem Urwald war, um dort ein kleines Kraftwerk zu bauen. Von ihm sollte ich einiges lernen. Mehr dazu in Kap. 9.

Die Prinzipien zu Leichtigkeit und Leistung – Erweiterung II „Stau und Verkehrsfluss"
Die uns bereits bekannten Prinzipien zu Leistung und Leichtigkeit, nun ergänzt um die Erkenntnisse aus dem Stau und dem Verkehrsfluss:
1. Tolle wertvolle Idee, die nur als Team umsetzbar ist und **die alle betrifft**
2. Jeder hat für seine Aufgabe nur eine begrenzte Zeit zur Verfügung, **ansonsten bremst er die anderen immer wieder aus**
3. Maximale persönliche Weiterentwicklung auf Basis eines individualisierten Auftrags angepasst an den OA und die Organisation
4. Uneingeschränkte Unterstützung für die Mannschaft und die Einzelnen und **ein Feedback für alle gemeinsam**
5. **Gleichzeitig losfahren**

Katastrophen und Chaos: Kreise ziehen

9

Zusammenfassung

Im Flugzeug nach Südafrika. Was der Urwald mit Organisationen gemeinsam hat. Die Rolle der Prävention und ihre Grenzen. Chaos. Skateboards und eine Podiumsdiskussion. In Kreisen denken. Vertikales und horizontales Wachstum. Schockstarre überwinden. Erfolgreiches Unternehmertum und Softwareentwicklung. Das Fußballfeld. Mehrere Kreise. Die Rolle eines Budgets.

In Unternehmen herrscht oft das blanke Chaos. Strategische Neuausrichtungen, Unternehmensübernahmen, Budgetkürzungen, Einstellungsstopps – eine Katastrophe jagt die andere. Die Folge: Hohe Krankenstände, unzufriedene Mitarbeiter, wenig Innovation, viel Stress und nervenaufreibende Konflikte. Die Liste der Problemfelder ist lang. Jeder weiß, dass dringend Verbesserungen nötig sind, doch die einen haben unterschiedliche Vorstellungen davon, wo man ansetzen müsste. Sie wären zwar bereit, etwas zu riskieren und die Dinge anzupacken, sind sich nur uneins, wo zu starten ist. Einzelne preschen mutig voran, nur fehlt ihnen die breite Unterstützung. Die anderen halten das alles für hoffnungslos. Zu oft schon wurden sie enttäuscht, zu oft schon wurden verschiedene Maßnahmen ins Leben gerufen, die doch allesamt im Sande verlaufen sind. Nun sind sie frustriert und wie gelähmt.

Jetzt ist ein gutes Mannschaftsspiel gefragt. Nur mit einem *gemeinsamen* Vorgehen hat die Organisation eine realistische Chance, in die nächste Liga aufzusteigen. Nur wo ansetzen? Was tun?

© Springer Fachmedien Wiesbaden 2015
T. Schulte, *Leistung und Leichtigkeit,* DOI 10.1007/978-3-658-08646-6_9

9.1   Im Flugzeug nach Südafrika

Vor einigen Jahren war ich unterwegs nach Südafrika, damals noch nicht als Coach, sondern als Unternehmensberater im Auftrag meines früheren Arbeitgebers. Neben mir im
Flugzeug saß ein Geschäftsmann, von dem ich erfuhr, dass er für einen Großkonzern mit-
ten in einem Urwald ein Kraftwerk bauen sollte. Das klang sehr spannend und wir kamen
ins Gespräch. Er erzählte mir einige sehr interessante Details und aufregende Anekdoten,
die mir von erstaunlichem Nutzen sein sollten.

Auch ich war auf dem Weg zu einem kleinen Abenteuer, nur nicht in einem Urwald,
sondern in einer Bank. Diese hatte meinen Arbeitgeber damit beauftragt, eine neue Soft-
warestrategie zu entwickeln. Die Bank hatte im Laufe der Jahre mehrere Finanzunterneh-
men übernommen und dabei die Softwareprogramme der aufgekauften Firmen weitestgehend behalten und weiterlaufen lassen. So waren mittlerweile unzählige Programme
in Betrieb, einige total veraltet, andere überflüssig. Es war höchste Zeit zu handeln, denn
die Kosten waren explodiert und kaum jemand hatte noch einen Überblick. Das weitere
Wachstum der Bank, ja sogar ihre Existenz, war gefährdet. In telefonischen Vorgesprä-
chen hatte man mir schon in Deutschland die bedenklichen Zustände beschrieben. Die
Softwarelandschaft war von Mitarbeitern der Bank in mühsamster Kleinarbeit analysiert
und zu Papier gebracht worden. Diese Bestandsaufnahme sollte bereits mehrere vollbe-
druckte „Tapeten" füllen. Ich sollte nun dem Kunden dabei helfen, Licht in das Chaos zu
bringen. Bei dem Gedanken war mir schon etwas mulmig zumute.

Das Vorhaben meines Sitznachbarn und mein eigenes konnten also kaum unterschiedlicher sein. Er unterwegs zu einem Kraftwerksbau in der Wildnis, ich zu einem Soft-
wareprojekt in einer Bank. So schien es zumindest am Anfang unseres Gesprächs. Dann
jedoch nahm das Gespräch eine überraschende Wendung.

Mein Sitznachbar erzählte mir, dass momentan noch gar nichts vor Ort sei, weder Stra-
ßen, noch fließend Wasser, Strom oder Nahrung, nichts außer Bäumen, Regen und jeder
Menge wilder und vermutlich sehr hungriger Tiere. Plötzlich kam mir meine Aufgabe bei
der Bank gar nicht mehr so schwierig vor. Während ich auf dem Weg war zu einer Firma mit tausenden von Mitarbeitern, unzähligen Arbeitsprozessen, Softwarehandbüchern,
Datenbank und Rechnern, war mein Sitznachbar auf dem Weg zu einem Chaos der ganz
anderen Art, nämlich dem Nichts, der völligen Abwesenheit jeglicher Infrastruktur. Und
doch sollten unsere beiden Aufgaben gar nicht so unterschiedlich sein.

Auf meine ungläubige Frage, wie man unter solch widrigen Umständen ein Kraftwerk
bauen könne, antwortete er, dass man als erstes eine Straße an die Stelle legt, wo das Kraft-
werk stehen soll und dort eine kleine Unterkunft errichtet. Dann kümmert man sich um
Strom und Wasser und fängt an, das Areal zu roden. Sukzessive macht man das Gelände
immer weiter zugänglich, bis man schließlich mit dem eigentlichen Bau beginnen kann.
Klang ganz einfach. Das fand ich total faszinierend. Dieser Mann ging mit einer enormen
Portion *Leichtigkeit* an diese gewaltige Aufgabe heran. Wenn das bei einem Kraftwerk im
Urwald möglich ist, dann sollte mein Auftrag ja auch irgendwie machbar sein.

Als ich bei meinem Kunden später die aktuelle IT-Landschaft sah, stockte mir der Atem. Die „tapetenähnlichen" Zustände waren nicht übertrieben. Bewundernswert fleißige Menschen hatten akribisch sämtliche Softwareprogramme und Datenbanken zusammengetragen und dokumentiert. Dünne Linien zwischen den Programmen und Datenbanken veranschaulichten die Datenströme zwischen ihnen. Das ganze hatte gewaltige Ausmaße, mindestens zehn Meter Wand war behangen von der Decke bis zum Fußboden mit diesen sogenannten Datenflussdiagrammen. Da wurde mir klar: Ein „Dschungel" kann überall sein, nicht nur im Urwald, sondern (oder gerade) auch in Organisationen. In diesem Moment – ich muss es gestehen – war meine Leichtigkeit verschwunden.

Schlimmer noch. Je länger ich meinen „Urwald" betrachtete, den ich lichten sollte, umso mehr packte mich die Verzweiflung. Ich dachte unwillkürlich: „Warum ich? Da geht doch nur eines: Abschalten und kompletter Neuaufbau. Ich bin dann mal weg: Ab in den Urwald." So schön diese Fantasie war, leider, leider war sie so nicht machbar, denn der laufende Betrieb der Bank musste ja weitergehen und das Management der Bank machte auch gleich klar, dass eine komplette Neuentwicklung viel zu teuer wäre. Außerdem war es als Berater Ehrensache, auch vor scheinbar unmöglichen Dingen nicht zurückzuschrecken. Auftrag ist Auftrag. Punkt.

In diesem Moment kam mir mein Sitznachbar in den Sinn. Ob er wohl schon angekommen war? Wie es ihm wohl gerade erging? Vielleicht dachte er ja genau umgekehrt an meine Großstadt mit fließend Wasser, Strom und den sonstigen Annehmlichkeiten. Und ich erinnerte mich, dass er ja gar nicht zunächst vom Roden („Abschalten") gesprochen hatte. Sondern er hatte gesagt, dass er zunächst mal eine Straße baut, dann eine kleine Unterkunft usw. Also erst einmal in kleineren Kreisen denkt, die er dann immer weiter ausbauen würde. Das war ein guter Gedanke, der mich daran erinnerte, wie man bei solch komplexen Situationen vorgehen kann.

Glücklicherweise war ich auf diesem Projekt nicht allein. Ein knappes Dutzend Berater meiner Firma waren schon vor Ort, teilweise aus Südafrika direkt, teilweise aus anderen Ländern. So konnten wir die „Tapeten" unter uns aufteilen und jeder für sich erst einmal seinen „Kreis" ziehen. Jeder von uns identifizierte in seinem Kreis erste Teilschritte, das heißt Systeme, die am ehesten entfallen oder mit anderen Systemen vereint werden konnten. So wuchsen unsere Kreise um immer mehr Systeme, bis wir die Kreise schließlich später mit anderen zusammenfügten und dann die ganze Bank abdecken konnten.

Überhaupt kann man in einem so komplexen Gebilde wie einer Organisation in der Regel nie „roden und neuanfangen", oder direkt mit einem großen, allumfassenden Auftrag ohne Weiteres loslegen. Denn: Wo soll man anfangen? Wie den laufenden Betrieb sicherstellen? Eine Organisation hat immer einen Weg hinter sich gebracht. Die Menschen in ihr haben Jahre oder Jahrzehnte nicht nur *für*, sondern auch *an* ihrer Organisation gearbeitet. Natürlich sind die Dinge nie optimal, aber das ist kein Grund, die Flinte ins Korn zu werfen. Ein Sprichwort sagt, dass noch kein Meister vom Himmel gefallen ist. Das gilt auch für Organisationen. Athleten und Sportmannschaft brauchen Jahre, um Weltklasseniveau zu erreichen. Genauso brauchen auch Organisationen Zeit, um sich weiterzuentwickeln und in der Top-Liga zu spielen. Die Kunst ist nur, an den geeigneten Stellschrauben damit anzufangen.

9.2   Prävention und ihre Grenzen

Zugegebenermaßen sind die meisten Organisationen bemüht, solche chaotischen Zustände erst gar nicht entstehen zu lassen. Oft erlebe ich, dass Organisationen ihr Bestes tun, um Katastrophen möglichst schon im Keim zu ersticken. Herr Professor Dr. Olesch von der im vorigen Kapitel erwähnten Firma Phoenix Contact beispielsweise versucht, schwierige Situationen erst gar nicht aufkommen zu lassen. „Es gilt zu handeln, wenn das erste kleine Steinchen rollt, bevor das Ganze sich zu einer Lawine entwickelt, die man nicht mehr aufhalten kann." Um das „kleine Steinchen" möglichst frühzeitig zu erkennen, lässt sich Phoenix Contact sehr stark von der Unternehmensvision leiten, die mit dem Feedback (siehe Kap. 8) verglichen wird. Aus möglichen kleinen Abweichungen lassen sich so schon frühzeitig Gegenmaßnahmen ableiten. Damit ist Phoenix Contact sehr präventiv orientiert. Eskalationen sind äußerst selten.

Die Prävention ist sicherlich die Königsdisziplin. Am besten man lässt also Katastrophen gar nicht erst zu. Kein Zweifel.

Unglücklicherweise lassen sich Chaos und Katastrophen nicht immer vermeiden. Manchmal sind sie selbstgemacht, wie bei meinem südafrikanischen Kunden, und das Ergebnis eines über viele Jahre hinweg eingeübten Verhaltens (beispielsweise die Software neu hinzugekaufter Unternehmen einfach weiterlaufen zu lassen). Manchmal jedoch brechen Katastrophen von außen über einen herein. Externe Ereignisse, die eine Organisation ins Chaos stürzen können, gibt es nämlich viele: Ein wichtiger Kunde geht zu einem Wettbewerber, Mitarbeiter werden von der Konkurrenz abgeworben, neue Technologien machen den eigenen Produkten das Leben schwer. Meistens sind die Menschen in Organisationen nicht sehr gut darin, solche Ereignisse zu bewältigen, weil sie sie nicht *bewusst* üben. Feuerwehrleute oder Katastrophenhelfer proben regelmäßig den Ernstfall mit Hilfe von Übungsalarmen und Katastrophensimulationen. Selbstverständlich werden danach Lagebesprechungen durchgeführt und für den Notfall Lehren gezogen. Ich habe noch keine Organisation kennengelernt, die einen Übungsalarm beispielsweise zum Verlust der wichtigsten drei Kunden ausgerufen hätte. Geschweige denn danach eine Lagebesprechung gehabt hätte.

Hinzu kommt ein Dilemma: Je schlimmer eine Katastrophe und umso gravierender ihre Auswirkungen, desto seltener sind sie. Kleinere und mittlere Erdbeben gibt es viele. Die Erdbeben mit Stärke zehn sind selten. Einerseits ist das gut so, andererseits hat kaum jemand Erfahrung mit ihnen. Das heißt, je schlimmer das Chaos, umso stärker der Schaden, den es anrichten kann und umso weniger Übung hat die Organisation, es zu bewältigen. Mit anderen Worten: Umso wahrscheinlicher ist der Exitus. Schnell kann so die Existenz einer ganzen Firma gefährdet sein, weil eben keiner mit dieser Katastrophe auf Stufe zehn umgehen kann. Es lohnt sich also, sich mit Chaos und Katastrophen auseinanderzusetzen.

Man kann damit sogar zwei Fliegen mit einer Klappe schlagen. Erstens kann man sie wie gesagt bewusst üben, auch im kleineren Rahmen, um seine „Chaos-Fitness" zu erhöhen. Das ist wahrscheinlich die beste Prävention überhaupt. Zweitens gibt es in Organisationen stets nahezu unendlich viele Baustellen. Wie bei meiner südafrikanischen Bank zeigt jede Organisation hin und wieder chaotische Züge. Das bedeutet, dass die Auswahl der zu verbessernden Missstände angesichts der Fülle der Möglichkeiten schwierig ist. Manchmal extrem schwierig. Ohne einen Startpunkt schafft man aber nicht den Aufstieg in die Top-Liga. Und hat man den abgearbeitet, braucht man wieder einen neuen usw. Durch die Auseinandersetzung damit entsteht ganz nebenbei ein langfristiger Verbesserungsprozess als bester Garant dafür, mit zukünftigen Katastrophen fertig zu werden. Die zentrale Frage ist also: Wo soll man bezüglich der Verbesserung des Mannschaftsspiels anfangen? Wir werden im Detail noch dazu kommen, hier aber schon mal ein Beispiel:

Beispiel sture Geschäftsführung

Ein Manager bat mich einmal um Rat. Er war bei einer mittelständischen Softwarefirma beschäftigt, die seit einigen Jahren immer wieder kleinere Firmen aufgekauft hatte, um die Produktpalette zu vervollständigen und neue Kunden zu gewinnen. Allerdings hatte sich die Geschäftsführung wenig um die neu hinzugekommenen Mitarbeiter gekümmert. Man ging angesichts der Größe des eigenen Unternehmens davon aus, dass sich die neuen Mitarbeiter schon von alleine gut integrieren würden, denn sie hätten ja gar keine andere Wahl. Getreu dem Motto: „Der Hund wedelt mit dem Schwanz und nicht umgekehrt." Gleichzeitig hatte die Geschäftsführung offiziell verkündigt, dass „kein Berater über unsere Türschwelle kommt". Offensichtlich hatte man in der Vergangenheit schlechte Erfahrungen gemacht und wollte nun mit dieser „präventiven" Maßnahme diesmal alles richtig machen. Das ging leider gründlich schief.

Denn unglücklicherweise prallten mit den vielen neuen kleineren Firmen immer wieder ganz unterschiedliche Kulturen auf die aufkaufende, größere Firma meines ratsuchenden Managers. In den kleineren Firmen herrschte im Allgemeinen ein wesentlich kollegialerer Umgang untereinander. Der „strenge" Ton war ungewohnt und führte zu einer Menge Missstimmung und Konflikten. In der Folge kündigten die neuen Führungskräfte, entnervt und desillusioniert, da sie in der Firma kein Weiterkommen sahen. Ein Großteil ihrer Mitarbeiter ging gleich mit, die froh waren, ihren früheren Chefs folgen zu können. Es kam zu enormen Fluktuationsraten. Nach einer Weile merkten auch die Kunden, dass ihre Ansprechpartner sehr oft wechselten und die Nachfolger nur ungenügend mit der Materie vertraut waren. So wurden auch die Kunden sehr unzufrieden und wanderten in Scharen ab.

Die Firma befand sich nun schon fast ein Jahr in dieser Krise und mein ratloser Manager war hin und her gerissen, ob er die Situation verbessern könnte. Leider war die Geschäftsführung immer noch nicht von dem „präventiven" Ansatz abgerückt. Man wollte sich nicht die Blöße geben, dass die Aufkäufe gründlich in die Hose gegangen waren. Einzelne mutige Führungskräfte hatten den Vorstand auf die bedrohliche Situation angesprochen und wurden gefragt, ob sie denn nicht genügend Arbeit hätten, dass sie sich in die Belange der Geschäftsführung einmischten. Wo soll man in solch einer Situation mit einem Organisations-Coaching ansetzen? Bei dem Vorstand, den Führungskräften, Mitarbeitern, den Kunden? Die Lage erinnerte mich an meine Bank mit den „Tapeten", wo ich vor lauter Baustellen nicht wusste, womit man anfangen sollte.

Ich gab dem Manager den Hinweis, dass die präventive Maßnahme nunmehr zu einer Belastung geworden war. Die Tatsache, dass er mich als externen Berater nun doch um einen Rat bat, zeigte doch, dass diese Parole „keine Berater" gerade eben ihre Gültigkeit verloren hatte. Da die Geschäftsführung aber noch daran festhielt, konnte er nur seinen kleinen persönlichen „Kreis" ziehen und versuchen, die Mitarbeiter seines Verantwortungsbereichs mit einem flexibleren Führungsstil für seine Firma zu gewinnen. Auch könnte er sich vielleicht ein Mitglied der Geschäftsführung herauspicken, von dem er am ehesten ein Einsehen erwarten konnte, den Kreis also auch nach „oben" hin erweitern. Sprich: Erst einmal im Kleinen anfangen und dann sukzessive ausbauen.

Ich bin ein großer Freund des Lernens von anderen Menschen und übertrage sehr gerne Lerninhalte auch von scheinbar ganz anders gelagerten Gebieten auf Organisationen. Bei einer bemerkenswerten Podiumsdiskussion, bei der Titus Dittmann mitwirkte, konnte ich dies einmal tun.

9.3   Wo anfangen?

Titus Dittmann ist ein Skateboard-Pionier und Unternehmer und Gründer der Titus Dittmann Stiftung, die Skateboard-Projekte in Entwicklungsländern durchführt (siehe hierzu [3]). Ich erlebte ihn auf einer Podiumsdiskussion, bei der es um Familienpolitik und die Vereinbarkeit von Beruf und Familie ging. Auf der Bühne neben ihm saßen zwei Familienpolitikerinnen und eine Unternehmerin. Die drei Damen waren sich einig darin, dass es eine sehr wichtige Aufgabe des Staates sei, Frauen durch eine Reihe unterstützender Maßnahmen bei ihrer Berufsausübung zu begleiten. Elternzeit, Kitas, alles große Errungenschaften unserer Gesellschaft. Dann ging das Wort an Titus Dittmann. Zur Überraschung der wohl meisten Anwesenden, inklusive der Diskussionsteilnehmer, vertrat er die Ansicht, dass der Staat sich da eher raushalten sollte. So gut diese Maßnahmen gedacht seien, sollte doch jeder seine Kinder in erster Linie selbst großziehen.

In diesem Moment hätte man im Saal eine Stecknadel fallen hören.

Ich rechnete fest damit, dass eine der Damen nun ein Nudelholz herausholen und Titus Dittmann eins überbraten würde. Aber nichts dergleichen geschah. Vielleicht kannten die Damen auch seine Einstellung schon. Ich empfand seine Äußerungen nicht nur beachtenswert, sondern angesichts der Zusammensetzung des Podiums (ein Mann, drei Frauen – noch dazu Familienpolitikerinnen), als außerordentlich spannend und mutig. Das machte mich sehr neugierig und ich wollte mehr über sein Vorgehen erfahren. Bei der Podiumsdiskussion hatte er schon bewiesen, dass er keine Angst vor chaotischen Zuständen haben konnte. Sein Auftreten auf der Bühne war vielversprechend und Skateboards im Niemandsland auch und da wollte ich unbedingt wissen, wie er das macht. Also bat ich ihn um ein Interview und er sagte zu.

Ein Skateboard-Projekt sieht vor, dass skate-aid zum Beispiel in Afghanistan eine Skateboard-Anlage aufbaut und den einheimischen Jugendlichen Skateboards zur Verfügung stellt und auch eine Einweisung gibt, wie man die Bretter richtig nutzt. Ohne Zweifel eine gewagte Herausforderung in einem islamischen Land, in dem solch westliche Sportarten von vielen alles andere als gerne gesehen werden. Gleichzeitig aber auch eines der erfolgversprechendsten Möglichkeiten, den Jugendlichen in diesen Ländern eine sportliche Herausforderung zu bieten und ihnen gleichzeitig ein Betätigungsfeld zu geben, um die westliche Lebensart, zumindest was den Sport anbetrifft, kennenzulernen. Titus Dittmann vertritt die Meinung, dass Jugendliche, die die Freiheit und Möglichkeiten eines Skateboards zu schätzen gelernt haben, nur noch schwerlich Extremisten oder religiösen Fanatikern auf den Leim gehen.

Angesichts meiner Faszination für unübersichtliche Situationen wollte ich natürlich wissen, wie seine Stiftung einen Standort aussucht. Über einen Mangel an Skateboard-Anlagen können die meisten Länder wohl nicht klagen. Es muss tausende von Städten weltweit geben, die keinerlei Anlagen haben. Wo anfangen? Für jede Anlage, die man baut, müssen tausende andere warten. Ähnliche Situationen sind mir in Organisationen nur zu gut bekannt. Baustellen gibt es extrem viele. Die Auswahl und Priorisierung ist das große Problem. Titus Dittmann sagte mir dazu, dass hierbei ein konkreter Anknüpfungspunkt sehr wichtig sei: „Nicht den großen Themen oder Symbole nachjagen, wie zum Beispiel der Krieg in Syrien. Bei Afghanistan war es ein Spiegelbericht über zwei Jugendliche." Dann kam eines zum anderen. Es wurde etwas recherchiert, vor Ort Kontakt aufgenommen, Gelder eingesammelt. Der konkrete erste Schritt ist das, was zählt.

Um angesichts der schier unüberwindbaren organisatorischen Hindernisse nicht den Mut zu verlieren, empfahl er mir: „Setze die Latte erst einmal eher niedrig an, und dann, wenn du merkst, dass du mehr erreichst, schnell ein wenig höher." Außerdem: „Dabei gibt es keine Fehlentscheidungen, denn du würdest ja immer wieder so entscheiden, wenn du in der gleichen Situation wärst." Auch was er mir zum weiteren Vorgehen sagte, fand ich sehr empfehlenswert: „Einen Plan muss man nicht so ernst nehmen. Fang erst einmal an und schau wie es weitergeht. Klar muss man planen, aber wo ich starte, ist dann oft auch reiner Zufall, dort wo etwas zu machen ist." Perfektionismus ist dabei kontraproduktiv. „Das Optimum zu erreichen ist zwar ein geheimer Wunsch, aber unmöglich." Seine Erfolgsbilanz ist bemerkenswert, wie man auf der Homepage von skate-aid eindrucksvoll sehen kann.

9.4 Vorgehen

„Fang erst einmal an und schau wie es weitergeht." „Einen Plan muss man nicht so ernst nehmen." Worte, an die ich mich bei einem ganz entsetzlichen Ereignis erinnerte.

Als am 12. Januar 2010 in Haiti mit der Stärke sieben die Erde bebte, wurde eines der ärmsten Länder der Erde getroffen. Die Folge war ein unvorstellbares Leiden, denn die Hütten in den Slums der ärmsten der Armen konnten diesen Erschütterungen nicht standhalten. Wasser und Strom brachen zusammen. Im Fernsehen sah man Bilder von Landstrichen, in denen, soweit das Auge blicken konnte, kein Stein mehr auf dem anderen stand. Die Regierung war total überfordert. Marodierende Banden, die vor gewalttätigen Übergriffen, Mord und Totschlag nicht zurückschreckten, machten es den Helfern so gut wie unmöglich, wirksam einzugreifen. Die Regierung des Landes war total überfordert und wusste nicht, wie sie ihrem eigenen Land beistehen sollte.

Ich muss gestehen: Ich war schockiert, als ich die Berichte darüber im Fernsehen sah. Dem Fernsehteam gelang es, einen deutschen Katastrophenhelfer vor die Kamera zu bekommen. Er wurde gefragt, wie er denn in diesem Chaos und extremen Leid vorgeht. Er sagte, dass er zunächst einmal die nächste Umgebung betrachtet, d. h. einen Kreis mit einem Radius von zehn Metern gezogen hatte, diesen von Schutt und Unrat befreit und dann ein Zelt errichtet hatte. Ausgehend von diesem ersten Zehn-Meter-Kreis würde er dann weitere Kreise immer größerer Radien ziehen, bis sein Team schließlich ein komplettes, kleines Zeltdorf errichtet hätte. Das fand ich ungeheuer beeindruckend, da relativ einfach und trotzdem ungemein wirkungsvoll. So einfach es klang, aber hätte ich inmitten dieser schrecklichen Situation meine Leichtigkeit und Handlungsfähigkeit bewahrt?

Zusammenfassend können wir festhalten, dass es sich in unübersichtlichen Situationen mit einer Vielzahl an möglichen „Baustellen" bewährt hat, folgendermaßen vorzugehen:

A. Mit einem konkreten Anhaltspunkt zu starten, dann

B. einen Kreis zu ziehen, mit einem Radius, den man beeinflussen kann und

C. dort dann die Dinge in Ordnung bringen oder angehen, die es zu verbessern gilt, und

D. dann den Kreis größer ziehen, sofern man noch nicht mit dem Ergebnis zufrieden ist.

Solch ein Vorgehen hilft, nicht nur die Schockstarre zu überwinden, angesichts einer chaotischen Situation oder einer Katastrophe, sondern es ist meines Erachtens auch die einzige Möglichkeit, eine wirkliche Verbesserung zu erzielen. Oder genauer gesagt, zu einem mehr an Leistung und Leichtigkeit zu kommen. Man beachte, dass hier eines nicht vorkommt: Ein ausgefeilter Plan. Denn die Realität ist oft so hochgradig komplex, dass jede Planung nicht nur sehr schwer ist, sondern sogar unrealistisch. Während man die aktuelle Situation versucht zu verstehen, um darauf aufbauend einen Plan zu entwickeln und dann die ersten Schritte einzuleiten, hat sich die aktuelle Situation bereits verändert. Der allseits bekannte und scheinbar über jeden Zweifel erhabene Ansatz, ein Ziel dadurch zu erreichen, dass man zunächst analysiert, dann plant und danach umsetzt, funktioniert nur in relativ *stabilen und überschaubaren* Situationen. Erstens müssen die Situationen relativ *stabil* sein, damit sie sich während der Analyse und Planungsphase nicht laufend verändern und immer wieder nachanalysiert werden müssen. Ansonsten kommt man nämlich aus der Analysephase nie heraus. Zweitens muss die Situation *überschaubar* sein, da die Analysephase auch nicht zu lange dauern darf, da früher oder später *jede* Situation (auch eine relativ stabile) einer Veränderung unterworfen ist.

Fast alle Organisationen, die ich kennengelernt habe, zeigen weder das eine noch das andere. Sie sind weder stabil (auch nicht relativ stabil), noch überschaubar. Dies schon gar nicht, wenn man die *Umwelt* der Organisation einbezieht, d. h. die Kunden, Märkte und politischen Rahmenbedingungen, die ebenfalls auf die Organisation einwirken und zu ihrer Instabilität und Unübersichtlichkeit beitragen. Daher ist das obige Vorgehen, das einzige, das zu Leistung *und* Leichtigkeit führt.

Bei meiner Bank in Südafrika gingen wir ähnlich vor. Wir suchten uns kleinere Systeme oder Systeme, die mit nur wenigen anderen in Wechselbeziehungen standen. Diese Systeme behandelten wir zuerst, indem wir sie entweder in andere größere integrierten oder durch andere modernere Systeme ersetzen. So entstanden immer größere Kreise relativ stabiler, redundanzfreier und modernerer Systeme, die dann schließlich die ganze Bank umfassten.

Ich möchte dieses pragmatische Vorgehen noch etwas untermauern und einige andere Disziplinen aufzeigen, die mit wissenschaftlichen Methoden zu ähnlichen Ergebnissen gekommen sind: die Erforschung erfolgreichen Unternehmertums und die Entwicklung von Software.

9.5 Erfolgreiches Unternehmertum

Die Professorin Saras Sarasvathy von der Universität Virginia hat sich intensiv mit der Frage auseinandergesetzt, was einen erfolgreichen Unternehmer auszeichnet. Mit umfangreichen Studien untersuchte sie die Frage, welche Eigenschaften, Gewohnheiten und Verhaltensweisen ein Unternehmer haben muss, um sein Unternehmen zum Erfolg zu führen [1]. Sie wollte auch herausfinden, ob es dabei Prinzipien gibt, die sie ihren Studenten vermitteln kann, d. h. ob man erfolgreiches Unternehmertum lehren kann.

Die Ergebnisse ihrer Studien sind sehr umfangreich und ich beschränke mich hier auf den Kern ihrer Forschungsergebnisse und Aussagen. Sarasvathy fand heraus, dass alle untersuchten erfolgreichen Unternehmer zunächst damit anfingen, sich zu fragen, wer sie sind und was sie können und wissen. Auch fragten sich die Unternehmer, welche Personen sie kennen, die sie bei der Realisierung ihres Unterfangens unterstützen können und natürlich auch, wie viel Kapital sie einsetzen möchten.

Ausgehend von dieser *kurzen* Analyse gingen dann die untersuchten Unternehmer daran, sich zu überlegen, was sie in einem ersten Schritt mit diesem „Kapital" (Wissen, Können, Geld und anderen Menschen) sinnvolles anfangen können. Wie viel Geld sie zum Beispiel nun investieren und natürlich auch riskieren wollen. Sie begannen unmittelbar mit konkreten Handlungen, weniger auf Basis eines ausgearbeiteten Plans, sondern vielmehr als Resultat einer ganz einfachen Frage: Was kann ich mit dem, was ich habe und weiß, Sinnvolles anfangen?

Natürlich hatten diese Unternehmer eine Geschäfts*idee,* jedoch keinen ausgefeilten Geschäfts*plan,* der über die nächsten Jahre hinweg beispielsweise den erwarteten Umsatz, Gewinn, Kunden, Marktanteile und Investitionen dargestellt hätte. Sarasvathy fand dies zunächst einmal sehr kontraintuitiv. Lehrten doch die bekannten Universitäten ihren

Studenten genau das Gegenteil: Starte mit einem Plan (je ausgefeilter, umso besser), dann erst fange an!

Heutzutage sind Sarasvathys Prinzipien als *Effectuation* recht bekannt geworden und viele erfolgreiche Unternehmer, die ich kenne und mit denen ich diese Prinzipien diskutiert habe, sind der Meinung, dass sie dieses Vorgehen schon immer gewählt haben. Und da haben sie nicht unrecht. Es ist nur, wie gesagt, etwas ungewohnt, „keinen Plan zu haben". Wer traut sich schon, das zuzugeben, in einer Zeit, wo man zu einem Plan A mindestens noch einen Plan B haben muss (besser noch einen Plan C, man weiß ja nie …), will man nicht als Harakiri-Junkie gesehen werden. Nichtsdestotrotz ist dies in komplexen Situationen gar nicht erforderlich, geschweige denn sinnvoll, solange man seine Ressourcen kennt und weiß, wie viele man davon für sein Ziel einsetzen kann.

Die Effectuation ist also zu ähnlichen Ergebnissen und Schlussfolgerungen gekommen wie der Kraftwerksexperte neben mir im Flugzeug oder Titus Dittmann. Sie starten mit einem konkreten ersten Schritt, also mit kleinem „Kreis", den Ressourcen, die man hat und die man sich leisten kann notfalls zu verlieren.

9.6   Agile Softwareentwicklung

Jahrzehntelang wurde in der Softwareentwicklung ausschließlich nach traditionellen Verfahren (zum Beispiel dem sogenannten Wasserfallmodell) vorgegangen. Dessen Kernprinzip lautet, dass zunächst alle Anforderungen an die Software ebenso wie die zu erstellenden Programme genau zu dokumentieren und zu spezifizieren sind und *dann* erst mit der Programmierung begonnen werden darf. Motto: Erst der Plan, dann die Umsetzung. Der Ausdruck Wasserfall leitete sich daraus ab, dass bei solchen Projekten die verschiedenen Projektphasen (Analyse, Entwurf, Implementierung etc.) nacheinander, von oben nach unten durchlaufen wurden, genauso wie Wasser, das von oben nach unten fließt.

Dieses Vorgehen zeigte nur im Laufe der letzten Jahre einen gravierenden Nachteil: Die Entwicklung von Software dauerte immer länger, denn die Anforderungen an neue Software wurden zunehmend komplexer. Die vorgeschaltete Analyse und Dokumentation wurde immer umfangreicher, detaillierter und zeitintensiver. Hinzu kam, dass sich noch während der Dokumentationsphase oftmals die Anforderungen der Kunden änderten. Man musste immer wieder neue Anforderungen nachdokumentieren und kam kaum noch aus der Dokumentationsphase hinaus. Es entstanden chaotische Situationen, in denen sich die Menschen abrackerten und dennoch die Anforderungen nie vollständig dokumentiert waren. Oder aber man brach die Dokumentationsphase irgendwann ab, um zur Entwicklung überzugehen, entwickelte dann aber Software für etwas, das zum Zeitpunkt der Fertigstellung von den Kunden so gar nicht (mehr) benötigt wurde. Das war ein Dilemma.

Bei meiner südafrikanischen Bank hätten wir diesem Vorgehen zufolge nicht nur zunächst den Status quo dokumentieren (die „Tapeten", Sie erinnern sich), sondern auch die komplette zukünftige Systemlandschaft (weitere „Tapeten") definieren müssen. Dies inklusive aller neuen Schnittstellen und Datenanforderungen als auch eines kompletten

Plans (noch eine „Tapete") für die Umsetzung, um von der Tapete „Status quo" zur Tapete „Soll" zu kommen. Theoretisch wäre das sogar möglich gewesen. Eine gewaltige Aufgabe (viele gigantische Tapeten) zwar, aber machbar. Theoretisch. Denn in der Realität hätte sich der Status quo über den gesamten Zeitraum immer wieder geändert. Was, wenn das Management der Bank munter weiter Finanzinstitute aufkauft? Oder umgekehrt, Teile der Bank verkauft? Was, wenn neue gesetzliche Anforderungen in die bestehenden Systeme integriert werden müssen? Immer wieder hätte sich der Status quo verändert und mit ihm alle anderen „Tapeten".

Als Antwort auf dieses Dilemma entstanden die sogenannten agilen Methoden der Softwareentwicklung. Diese haben eine Fülle unterschiedlicher Prinzipien und Vorgehensweisen erarbeitet. Beispielsweise wird anstatt eines allumfassenden Plans zunächst mit der Entwicklung einiger *Kern*anforderungen begonnen und diese möglichst zügig zur fertigen Software weiterentwickelt. Es geht also mehr um Geschwindigkeit als um Vollständigkeit. Vorteil: Der Kunde hat nach kurzer Zeit schon etwas, das er gebrauchen kann, allerdings deckt es noch nicht alles ab. Dann geht man in die nächste Runde und fügt weitere Anforderungen („Baustellen") hinzu und so weiter. Hierzu wurde auch das Prinzip des „Sprints" entwickelt. Das sind kurze Zeiträume (etwa vier Wochen), in denen immer wieder neue funktionierende und sinnvolle Softwarekomponenten erstellt und auslieferbereit werden und so der Kreis der abgedeckten Anforderungen immer größer wird.

Das erinnert stark an das bereits beschriebene Vorgehen in chaotischen Situationen. Die ersten Kernanforderungen der Kunden sind dabei nichts anderes als die ersten konkreten Anhaltspunkte, um die man dann den Kreis zieht. Dabei überlegt sich das Entwicklerteam ganz genau, was es mit seinen Ressourcen innerhalb des vorgegebenen Zeitraums auch wirklich an funktionierender Software erstellen kann. Entsprechend dem bereits aus der Effectuation her bekannten Prinzip, sich zu überlegen, was man hat und was man Sinnvolles damit anfangen kann. Man kommt so schnell in die Umsetzung, hat weniger Bürokratie und weniger Planung. Auch für die nachfolgenden weiteren Kreise gilt das Gleiche: Die konkreten Anknüpfungspunkte sind immer wieder die jeweiligen neuen oder nun anstehenden Bedürfnisse der Kunden und das, was das Entwicklungsteam wiederum leisten kann.

9.7 Kreise

Kreise spielen auch bei unserem FC Bigcity aus dem ersten Kapitel eine wichtige Rolle. Haben Sie sich schon einmal gefragt, warum bei einem Fußballspiel um den Anstoßpunkt ein Mittelkreis gezogen wird, in dem sich zum Zeitpunkt des Anstoßes nur zwei Spieler aufhalten dürfen? Das hat einen guten Grund. Stellen Sie sich nur einmal vor, es gäbe keinen solchen Kreis: Kaum auszumalen, welche Auswirkungen dies haben würde. Alle Spieler der beiden Mannschaften würden sich vermutlich um den Ball herum gruppieren, um ihm beim Anpfiff möglichst nahe zu sein und ihn sich gleich unter den Nagel zu reißen. Mord und Totschlag wären die Folge. Also auch hier erfüllt der Kreis eine wichtige

Funktion, nämlich ein geregeltes und für die Zuschauer attraktives Spiel in Gang zu setzen.

Überall werden Kreise benötigt und gezogen, im Urwald wie bei einer Bank, bei der Softwareentwicklung wie bei der Unternehmensführung, bei Katastrophen wie beim Aufbau von Skateboardanlagen in Entwicklungsländern. Immer dann, wenn die Situation unübersichtlich und wenig stabil ist (was bei den meisten Organisationen und bei den meisten Veränderungsprojekten der Fall ist), braucht man einen Kreis, in dem man damit anfängt, die Dinge zu verbessern oder voranzubringen.

Inwieweit beeinflusst diese Erkenntnis unsere bislang erarbeiteten Regeln für Leistung und Leichtigkeit in Organisationen? Lassen Sie uns zu diesem Zweck noch einmal die fünf bislang erarbeiteten Punkte Revue passieren:

I.   Tolle wertvolle Idee, die nur als Team umsetzbar ist und die alle betrifft
II. Jeder hat für seine Aufgabe nur eine begrenzte Zeit zur Verfügung, ansonsten bremst er die anderen immer wieder aus
III. Maximale persönliche Weiterentwicklung auf Basis eines individualisierten Auftrags, angepasst an den Organisationsauftrag (OA) und die Organisation
IV. Uneingeschränkte Unterstützung (inklusive Feedback) für die Mannschaft und die Einzelnen
V.   Gleichzeitig losfahren

Erstens haben wir herausgearbeitet, dass man in chaotischen Situationen mit einem *konkreten Anhaltspunkt* starten sollte (Punkt A, siehe Abschn. 9.4). Dies erfüllt unsere Bedingung I), die tolle wertvolle Idee, die nur als Team umsetzbar ist und die alle betrifft. Die meisten großen Unterfangen starten mit einer Idee. Dazu gibt es so viele Beispiele, dass man alleine darüber mehrere Bücher schreiben könnte. Fünf ehemalige IBM-Mitarbeiter beispielsweise gründeten 1972 die Firma Systemanalyse und Programmentwicklung (SAP). Sie hatten die Idee, Unternehmensdaten nicht mehr in Lochkarten einzustanzen und dann später zeitversetzt abzuspeichern, sondern in Echtzeit zum Zeitpunkt der Entstehung zu buchen und außerdem Unternehmen eine kostengünstige Standardsoftware für ihre ganz gewöhnlichen Arbeitsvorgänge anzubieten, etwa die Finanzbuchhaltung. Heutzutage ist SAP eines der erfolgreichsten deutschen Softwareunternehmen.

Solch eine Idee ist – wenn sie gut ist – extrem wertvoll. Das ist der konkrete Anhaltspunkt, den man in Organisationen braucht. Für manche reichen zwei Personen aus (wie beim Anspielkreis im Fußball), für manche braucht man ein Team mehrerer Personen (zum Beispiel fünf, wie bei SAP). Insofern sind unsere fünf Bedingungen bislang noch nicht zu ergänzen, denn die tolle wertvolle Idee ist genau der konkrete Anhaltspunkt, den man benötigt.

Zweitens haben wir veranschaulicht, dass im nächsten Schritt ein Kreis gezogen werden sollte, mit einem Radius, den man beeinflussen kann (Punkt B), und dass man dort die Dinge in Ordnung bringt oder angeht, die es zu verbessern gilt (Punkt C). Ist man dann noch nicht zufrieden, zieht man den Kreis größer (D). Die Bedingungen II), III) und IV) gelten hier selbstverständlich auch und müssen nicht erweitert werden. Denn in diesem Kreis sollte jeder nur eine gewisse Zeit zur Verfügung haben (II), da ansonsten nicht die Motivation entsteht, die man für eine anspruchsvolle Aufgabe braucht. Jeder sollte in diesem Kreis an seiner persönlichen Weiterentwicklung arbeiten (III), da nur so die Aufgaben bewältigt werden können und uneingeschränkt unterstützt werden (IV). Insofern müssen wir diese Bedingungen nicht ergänzen.

Aber die Bedingung (V) müssen wir uns näher anschauen. „Gleichzeitig losfahren" betrifft insbesondere alle Personen, die sich im Kreis aufhalten. So selbstverständlich es klingen mag, in der Realität ist es nicht unbedingt der Fall. Dabei ist das extrem wichtig. An dieser Stelle entscheidet sich nämlich, ob die Veränderungsmaßnahme in der Organisation umsetzbar ist oder nicht. Falls eine Person im Kreis nicht mitzieht, wirkt sich das aus wie im Stau, bei dem einer den anderen ausbremst. Das Ganze kommt nicht in Gang. Diese Person muss entweder überzeugt werden, dies zu tun, oder aber, wenn das nicht klappt, aus dem Kreis (vorübergehend) ausgeschlossen werden. Übertragen auf den Fußball wäre das der Fall, wenn sich einer der Spieler im Anspielkreis weigert, den Ball anzunehmen. Das Spiel käme nicht zustande. Er bekäme zunächst die gelbe Karte und wenn das nichts nützt, die rote. Da die Regeln hier so klar sind, kommt das auch nie vor.

In Organisationen werden solche Regeln kaum klar kommuniziert. Umso wichtiger ist es, dass wir hier die Bedingung (V) deutlich formulieren, denn sie ist entscheidend. In einem Kreis dürfen sich nur Personen befinden, die sich mit der tollen Idee, der persönlichen Weiterentwicklung etc. identifizieren und sie mittragen. Das ist zwingend notwendig für den Erfolg und wir ergänzen die fünfte Bedingung folgendermaßen:

▶   V) Gleichzeitig losfahren und **den Kreis ziehen, für den das möglich ist**

Im Extrem beginnt solch ein Projekt nur mit einem „Team" von *einer* Person, immer dann, wenn es zunächst nicht gelingt, andere zu überzeugen und ins Boot zu holen. Um es noch einmal mit der Sprache des Fußballs auszudrücken: Wenn sich einer der beiden im Anspielkreis weigert, muss er ausgeschlossen werden und durch einen anderen Spieler ersetzt werden. Oder aber man reduziert das Vorhaben, macht den Kreis also kleiner, und erlaubt nur *einem* Spieler, im Kreis „loszulegen"". [1] Allerdings muss man dann auch eventuell bei der tollen Idee (I) Abstriche machen und sie der neuen Teamgröße anpassen.

Dafür, dass sich zunächst nur ein Einzelner im Kreis aufhalten kann, gibt es so viele Beispiele, dass man damit allein ein Buch füllen könnte. Beispielsweise Mahatma Gandhi („Du musst die Veränderung sein, die Du in der Welt sehen willst") oder Rosa Parks: Menschen, die zunächst einmal für sich selbst ein Ziel formulierten und dies im Laufe der Zeit in immer größer werdenden Kreisen erreichten, etwa den gewaltfreien Widerstand gegen die britische Dominanz und Benachteiligung der indischen Bevölkerung beziehungsweise

---

[1] Wer bezweifelt, dass ein Einzelner kein Team ist, sei verwiesen auf Schulz von Thuns Konzept des inneren Teams [2].

die Aufhebung der Rassentrennung im öffentlichen Nahverkehr im US-Bundesstaat Alabama in den Sechzigerjahren.

9.8   Exkurs: Kreis der Akteure und Kreis der Nutznießer

An dieser Stelle möchte ich zur Vermeidung von Missverständnissen und zur weiteren Klarstellung einen kleinen Exkurs einbringen: Wichtig zu unterscheiden ist der Kreis der Akteure und der Kreis der Nutznießer.

Der Kreis der Akteure besteht aus den Personen, für die die fünf Bedingungen gelten. Die sich also mit der tollen Idee identifizieren, bereit sind, die limitierte Zeit zu akzeptieren, maximale persönliche Weiterentwicklung anstreben, sich gegenseitig uneingeschränkt unterstützen und gleichzeitig loslegen. Das ist die Gruppe von Menschen, die wir bislang kurz als „Kreis" bezeichnet haben.

Aber natürlich wirkt dieser Kreis über seine direkten Beteiligten in einer Organisation weit hinaus. Der Kreis der Nutznießer sind all die Mitglieder der Organisation, die durch die angestrebte tolle Idee einen Vorteil haben. Beispielsweise besteht der Kreis der Nutznießer bei Titus Dittmann aus all den Kindern, die im Entwicklungsland seine Skateboardanlagen nutzen. Oder bei meinem ratsuchenden Manager, dessen Geschäftsführung sich trotz massiver Kunden- und Mitarbeiterprobleme weigerte, externe Berater zuzulassen, waren der Kreis der Nutznießer seine ihm direkt zugeordneten Mitarbeiter und die von diesen betreuten Kunden.

Natürlich kann der Kreis der Akteure immer weiter wachsen. Neue Mitglieder können aus dem Kreis der Nutznießer kommen oder aus anderen Kreisen oder einfach nur Menschen, die von der tollen Idee hören, überzeugt sind und sich ihr anschließen. Wichtig ist nur, dass neue Mitglieder die fünf Bedingungen akzeptieren und danach handeln.

Zum Beispiel kann sich bei meinem ratsuchenden Manager herumsprechen, dass seine Mitarbeiter zufriedener sind als die der anderen Manager. Andere Manager haben vielleicht für sich schon einen eigenen Kreis mit der gleichen Idee gezogen und schließen sich nun mit ihm zusammen. Oder andere Mitarbeiter könnten auf die Idee kommen, in seinen Bereich zu wechseln. Manager anderer Bereiche könnten ihn vielleicht darauf ansprechen und erkennen, dass es auch für sie vorteilhaft wäre, einen anderen Führungsstil zu praktizieren. Bei immer mehr Mitgliedern der Geschäftsführung könnte sich die Erkenntnis durchsetzen, dass gravierende Änderungen notwendig sind. So entstehen Kreise auf verschiedenen Hierarchiestufen in der Organisation, die Anzahl der Kreise wächst also vertikal. Genauso wachsen die Kreise horizontal, wenn andere Manager der gleichen Hierarchiestufe ähnlich vorgehen.

Durch dieses gleichzeitige horizontale und vertikale Wachstum der Kreise, werden natürlich irgendwann die Kreise der Akteure auch mit anderen Kreisen verschmelzen und vergrößern. Immer dann, wenn in einer Organisation mehrere Kreise (d. h. mehrere tolle Ideen) wirken, besteht die Chance, dass sie an Einfluss gewinnen und sich irgendwann „begegnen".

Mehrere Kreise sind in Organisationen wohl eher die Regel als die Ausnahme. Allerdings müssen sie nicht immer exakt die gleiche tolle Idee verfolgen. Dann wird es spannend. Es kann etwas Größeres entstehen, muss aber nicht. Daher ein paar Gedanken dazu.

9.9 Mehrere Kreise

Immer, wenn sich in einer Organisation Menschen auf den Weg machen, Verbesserungen zu bewirken und das Mannschaftsspiel aufzubauen, entstehen Kreise. Sofern sie die fünf Bedingungen erfüllen, werden sie keine Eintagsfliegen sein und Erfolg haben. Möglichkeiten, eine Organisation zu verbessern und in einer höheren Liga zu spielen, gibt es viele. So sind in einer Organisation durchaus mehrere dieser Kreise vorstellbar. Da können ganz unterschiedliche Unterfangen dahinterstehen. Dies können „regional" begrenzte Maßnahmen sein, beispielsweise die Verbesserung eines einzelnen Softwareprogramms oder eines einzelnen Arbeitsprozesses oder die Erhöhung der Kundenzufriedenheit nur einzelner Kunden. Dies können aber auch „überregionale" Maßnahmen sein, wie die Durchführung einer neuen Kundenstrategie, die alle Kunden betrifft und einige Organisationseinheiten, wie zum Beispiel den Vertrieb und das Marketing.

Manche dieser Kreise lösen sich nach einer Weile wieder auf, nämlich dann, wenn die tolle Idee umgesetzt wurde *und* niemand in diesem Kreis weitere Möglichkeiten sieht, „noch einen draufzusetzen", d. h. diesen zu erweitern und den Radius auszudehnen. Das ist dann das Ende dieses Kreises. Aber manche Kreise ziehen immer weitere „Kreise", ziehen ihre „Runden", entdecken immer mehr Möglichkeiten und weiten sich aus. Man denke nur an Mahatma Gandhi und seine Initiative, die schließlich aus Sicht der englischen Krone zu einem Flächenbrand wurde, also einem „Kreis", der ganz Indien umfasste und zur Unabhängigkeit Indiens im Jahre 1947 führte. Es kommt einzig auf die Idee an, die in diesem Kreis steckt, und inwieweit die sich in ihm agierenden Personen an die obigen Bedingungen halten, also etwa bereit sind, an ihrer persönlichen Weiterentwicklung zu arbeiten und sich gegenseitig uneingeschränkt zu unterstützen.

Je nach Zielsetzung und Akteuren können also Kreise kleiner bleiben, oder aber, wenn ihre Zielsetzung die gesamte Organisation betrifft und man die Menschen hat, die sich damit identifizieren, letztendlich immer größer werden, immer größer und größer, bis sie sich schließlich unweigerlich irgendwann begegnen. Dann gilt es, die beiden Kreise verschmelzen zu lassen und einen einzigen aus ihnen zu machen.

Beispielsweise ist es denkbar, dass in einer Organisation zwei Kreise agieren, von denen sich einer damit befasst, die Erhöhung der *Kunden*zufriedenheit voranzubringen. Ein anderer hat das Ziel, die *Mitarbeiter*zufriedenheit zu erhöhen. Beides für sich genommen sind sehr lohnenswerte Unterfangen, die die Organisation in Richtung Top-Liga bewegen. Beide Ziele korrespondieren eng miteinander. Zufriedene Kunden machen zufriedene Mitarbeiter und zufriedene Mitarbeiter haben zufriedene Kunden zur Folge. Es entsteht ein Mehr an Leistung *und* Leichtigkeit. Das macht es nicht unwahrscheinlich, dass sich die Akteure irgendwann treffen und ihnen klar wird, dass beide Kreise sich zu einem übergeordneten Kreis zusammenschließen können, um die Organisation noch weiter nach vorne zu bringen.

An den Berührungspunkten der Kreise entstehen dann erhöhte Abstimmbedarfe. Agierten hier doch bislang Menschen, die vielleicht noch gar keinen Kontakt miteinander hatten. Es entsteht die Chance, durch ein weiteres gemeinsames Vorgehen ein noch viel tolleres Ziel zu erreichen, etwa zu dem besten Arbeitgeber Europas zu werden, der die zufriedensten Kunden hat *und* am profitabelsten arbeitet. Das Ziel, profitabel zu sein, war in keinem der beiden Kreise explizit vorhanden. Nun, da die beiden verschmelzen, eröffnen sich ganz neue ungeahnte Möglichkeiten.

Ich bin davon überzeugt, dass nur so ein Spiel in der Top-Liga erreichbar ist. Es müssen immer wieder neue Kreise entstehen, tolle Ideen umgesetzt und Verbesserungen erzielt werden. Kreise müssen wachsen und sich mit anderen Kreisen zu noch tolleren Ideen zusammentun. Nur so entstehen auf Dauer in einer Organisation Leistung *und* Leichtigkeit.

Hierbei ist der Nutzen von Coaching nicht nur enorm, sondern ohne Coaching funktioniert es in der Regel nicht. Es sind neue kommunikative Kompetenzen gefragt, Flexibilität und auch Kompromissbereitschaft. Die Fähigkeit, den Kreis der anderen zu verstehen, die jeweils andere tolle Idee und die Visionskraft, sich eine neue gemeinsame noch tollere Idee vorzustellen. Es kann zu Frustrationen kommen, Enttäuschungen und vielem mehr. Aber es besteht auch die große Chance, gemeinsam noch wesentlich mehr zu erreichen.

9.10 Ausblick und Initiative von „oben"

Wir sind im Laufe dieses Buches einen interessanten Weg zusammen gegangen: Wir haben uns angeschaut, wie non-profit-orientierte Unternehmen agieren, haben vom Sport und vom Stau gelernt und uns mit Chaos und Katastrophen auseinandergesetzt. Herausgekommen ist eine, wie ich es gerne nenne, „soziale Technologie", die Organisationen dazu verhilft, sich als Mannschaften zu begreifen und so zu agieren. Immer mit dem Ziel, zu einem *mehr* an Leistung und Leichtigkeit zu kommen. Die Abb. 9.1 gibt Ihnen dazu einen Überblick.

Was können nun Sie, lieber Leser, mit dieser Technologie anfangen? Wo sind Ihre Möglichkeiten und Ihre Grenzen? Technologien sind und waren in vielen Bereichen unserer Gesellschaft relevant. Oft sind allerdings ihre wahren Potenziale anfangs völlig unbekannt oder werden drastisch unterschätzt. Man denke nur an den berühmten Ausspruch von Thomas J. Watson, der in den Vierzigerjahren den weltweiten Bedarf an PCs angeblich auf fünf geschätzt hat. Auch kann ich mich noch gut an die Zeit der ersten Schachcomputer erinnern, die wir damals in den Achtziger- und Neunzigerjahren in unserem Schachclub ausprobierten. Sie waren keine ernsthaften Gegner und mit einem mitleidigen Lächeln wurden sie regelmäßig besiegt. Dass sie einmal in der Lage sein würden, gegen einen Schachgroßmeister zu gewinnen, hätte niemand für möglich gehalten. Inzwischen hat sich das Blatt gewendet und die allermeisten Schachspieler müssen die Leistung der Schachprogramme drosseln, damit sie noch einigermaßen mithalten können.

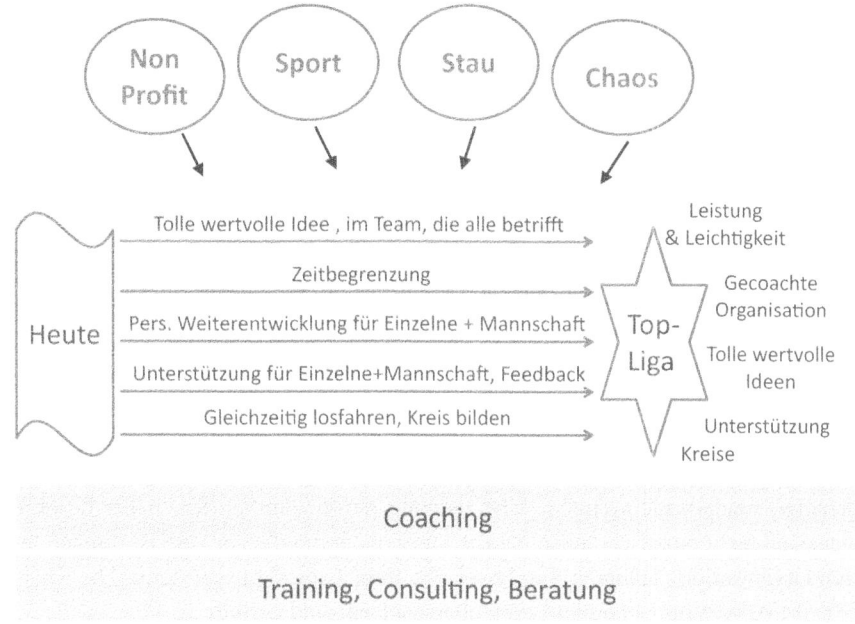

Abb. 9.1 Überblick und Zusammenfassung

In einem Gespräch erzählte er mir Peter Villa, Vorstand der Schufa Holding AG in Wiesbaden, von einem Projekt Anfang der Neunzigerjahre, damals noch bei dem schwedischen Medienkonzern Bonnier. Auf Initiative der EU hin war ein Konsortium gebildet worden, dessen Aufgabe es war, die Entwicklungen im Bereich Telekommunikation und mobile Multimedia-Anwendungen zu betrachten. In diesem Zusammenhang sollten unter anderem Anwendungsmöglichkeiten einer für die damalige Zeit noch relativ unbekannten technischen Neuerung, nämlich der SMS, erforscht werden. Die EU wollte nicht den Anschluss an diese neue Technologie verlieren und so wirkten an diesem Konsortium auch noch einige andere große IT-Unternehmen mit, zum Beispiel IBM, Ericsson, Siemens, Sony, Burda und Deutsche Telekom. Heutzutage ist die SMS kaum noch aus unserem Leben wegzudenken, ja wird vielleicht in der Zukunft wieder von noch moderneren Technologien abgelöst. Aber zum damaligen Zeitpunkt war die SMS eine neue technische Errungenschaft.

Das Konsortium erarbeitete viele Anwendungsgebiete, beispielsweise die Versendung von Börsendaten, Wetterprognosen u. v. m. Unglaublicherweise besaß aber niemand die Fantasie, sich vorzustellen, dass die SMS einmal hauptsächlich als *soziales* Medium fungieren würde und in erster Linie wichtige Nachrichten wie „Schatz, komme fünf Minuten später. Stau." überbringen sollte. Seitdem ist es eine Maxime von Peter Villa, dass es so gut wie unmöglich ist, die zukünftige Bedeutung einer neuen Technologie auch nur einigermaßen realistisch einzuschätzen. Diese Erkenntnis wirkt auch in seinem Unternehmen. So ist es für Peter Villa wichtig, in seinem Verantwortungsbereich Menschen zu haben, die begeistert und neugierig sind und wissen, was sie wollen. Sein Ziel ist es, Kreativität zuzulassen und sich selbst und den Mitarbeitern möglichst wenige Beschränkungen aufzuerlegen. Seine Devise: Innovationen zu erzwingen, ist sehr schwierig, aber man kann die Rahmenbedingungen günstig gestalten. Neue Technologien lassen in der Regel eine Menge zu. Aber gerade in Deutschland, wo man Risiken eher vermeidet und Fehlschläge nur ungern in Kauf nimmt, sollte ein Unternehmen hier entsprechend intern die Weichen richtig stellen, so seine Erfahrung.

Die Schufa Holding ist heutzutage weit mehr als nur Dienstleister zur Bewertung von Kreditrisiken. Die Schufa wird beispielsweise gebeten, unter anderem von der Weltbank, ihre Erfahrung einzubringen, um die Finanzmärkte von Entwicklungsländern weiterzuentwickeln, etwa indem das Vertrauen der Bevölkerung in Kredite und Banken durch den Aufbau von aussagekräftigen Bonitätsmessungen gestärkt wird; also eine Aufgabe, die vor einigen Jahren noch gar nicht mit der Schufa in Verbindung gebracht wurde.

Nichts ist unmöglich. Das ist keine Schleichwerbung für einen bekannten Automobilhersteller, sondern meine tiefste Überzeugung. So möchte ich Sie, lieber Leser, dazu anregen, sich nicht einzuschränken bei der Suche nach möglichen Verbesserungen in und für Ihre Organisation. Träumen Sie, lassen Sie Ihrer Fantasie freien Lauf. Die Chancen, dass Sie die Anwendungsmöglichkeiten überschätzen, sind gering.

Ein Kreis kann überall in einer Organisation entstehen. „Oben" in der Geschäftsführung, in der „Mitte", beim Management, oder „unten", bei einem Mitarbeiter. Natürlich können all diese Kreise für die Organisation hilfreich sein, in die Top-Liga aufzusteigen und zu einem Mehr an Leistung und Leichtigkeit zu kommen. Aber eines kann sicherlich nicht schaden und das ist der Einsatz von *Kapital*. Kreise, die von „oben" kommen, haben den Vorteil, dieses in Form von Budgets nutzen zu können. Damit lassen sich Broschüren drucken, die Kommunikation professionalisieren oder auch einfach nur eine Handvoll Coaches bezahlen. So hat ein Kreis, der von der Unternehmensführung initiiert wird und einen Sponsor in sich trägt, der notwendige Budgets freigeben kann, größere Chancen, irgendwann die gesamte Organisation zu umfassen und diese nach vorne zu bringen.

Die Frage ist nur, wo können *Sie selbst* nun konkret anfangen? Das ist selbst für einen Vorstand oder einen Geschäftsführer, der ganz oben in der Hierarchie sitzt und damit den größten Einfluss hat und die dicksten Budgets freigeben kann, nicht einfach zu entscheiden. Ansatzpunkte gibt es wie gesagt viele. Um Ihnen, lieber Leser, hier eine kleine Unterstützung zu geben, möchte ich im nächsten Kapitel eine kurze Zusammenfassung der notwendigen Schritte geben.

Die Prinzipien zu Leichtigkeit und Leistung – Erweiterung III „Chaos und Katastrophen"

Die uns bereits bekannten Prinzipien zu Leistung und Leichtigkeit, nun ergänzt um die Erkenntnisse aus dem Vorgehen bei Chaos und Katastrophen:

1. Tolle wertvolle Idee, die nur als Team umsetzbar ist und die alle betrifft
2. Jeder hat für seine Aufgabe nur eine begrenzte Zeit zur Verfügung, ansonsten bremst er die anderen immer wieder aus
3. Maximale persönliche Weiterentwicklung auf Basis eines individualisierten Auftrags,
   angepasst an den OA und die Organisation
4. Uneingeschränkte Unterstützung (inklusive Feedback) für die Mannschaft und die Einzelnen
5. Gleichzeitig losfahren und den **Kreis ziehen, für den das möglich ist**

Literatur

1. Sarasvathy, S. D. (2013). *What makes entrepreneurs entrepreneurial?* University of Virginia. http://ieeponline.com/wp-content/uploads/2013/11/saras-what-makes-entrepreneurs-entrepreneurial-sarasvathy.pdf. Zugegriffen am 15. März 2014
2. Schulz von Thun, F. (1998). *Miteinander reden 3 – Das ‚innere Team' und situationsgerechte Kommunikation.* Reinbek: Rowohlt Verlag.
3. www.skate-aid.org. Zugegriffen am 15. März 2014

Organisationen: Es gibt etwas zu tun 10

Zusammenfassung

Albert Einsteins Arbeitsweise und Einstellung. Vorantasten und nicht Verstehen. Wo Coaches sich irren können. Multiple Ansatzpunkte in Organisationen. Ein Mischpult. Feedback. Regler, an denen man etwas verbessern kann. Es gibt mehr Ruderboote als man denkt. Vier Schlüssel zum Erfolg. Wo anfangen? Von der DNA einer Organisation.

Tolle Ideen sind das eine, der nächste Schritt dorthin das andere. Hierzu haben wir bereits den Nutzen von konkreten Anhaltspunkten und Kreisen erörtert. Einstein wurde einmal gefragt, wie er arbeite und zu seinen bahnbrechenden Entdeckungen käme. Er antwortete: „Ich taste mich voran." Er sagte auch: „Man muss die Welt nicht verstehen. Man muss sich in ihr zurechtfinden." Was im Großen für die ganze Welt gilt, gilt auch im Kleinen, in Organisationen. Auch Organisationen sind ihre eigenen Welten, jede ein unübersichtlicher Mikrokosmos, den man kaum vollständig verstehen kann und auch nicht muss. Am besten entwickelt man sie weiter und bringt sie voran, indem man sich Schritt für Schritt *vorantastet*. Wenn eine Organisation sich zum Ziel setzt, in einer „höheren Liga" zu spielen, geht das wie im Sport auch nur in vielen kleinen Stufen. Das Mannschaftsspiel eines solchen Mikrokosmos zu verbessern, zu mehr Leistung und Leichtigkeit zu kommen, um irgendwann in der Top-Liga anzukommen, ist immer wieder einzigartig, vielschichtig und wunderbar komplex. Wer versucht, erst vollständig zu verstehen, kommt nicht vom Fleck. Es geht darum, sich zurechtzufinden und sich „voranzutasten".

© Springer Fachmedien Wiesbaden 2015

T. Schulte, *Leistung und Leichtigkeit,* DOI 10.1007/978-3-658-08646-6_10

10.1 Wie man sich „vorantastet"

Hierzu das Beispiel von Joey's, einer kanadischen Restaurantkette, die 1992 gegründet wurde und in 25 Lokationen vertreten ist. 2011 erhielt Joey's den begehrten PRISM Award für herausragende Coaching-Konzepte, der von der International Coaching Federation (ICF), dem weltweit größten Coaching-Verband, vergeben wird. Kurze Zeit nach der Preisverleihung wurde Joey's zum beliebtesten Arbeitgeber Kanadas gewählt, auch als Resultat dieses Coachings. Auf einer Coaching-Konferenz erzählten die beteiligten Coaches über ihre Erfahrungen.

Beispiel preisgekröntes Coaching

Bei den ersten Gesprächen mit Joey's Unternehmensleitung erfuhren die Coaches, dass die Restaurantkette große Schwierigkeiten hatte, neue Filialen zu eröffnen. Nicht etwa wegen fehlender Kunden, sondern weil das Unternehmen nicht genügend geeignete Mitarbeiter rekrutieren konnte, um die neuen Filialen zu betreiben. Die Mitarbeiterfluktuation war mit 200 % extrem hoch (d. h. Mitarbeiter blieben im Schnitt nur sechs Monate). Die Expansionspläne des Unternehmens waren ins Stocken geraten und das wollte das Management unbedingt ändern.

Anfangs gingen die Coaches selbstverständlich davon aus, dass die Fluktuation gesenkt werden müsse. Wie sonst könnte man der Personalknappheit begegnen? Das war naheliegend, aber die Erfahrung lehrt, dass das Naheliegendste nicht unbedingt die Realität sein muss. So auch hier. Nach weiteren Gesprächen mit der Unternehmensleitung staunten die Coaches nicht schlecht. Die Fluktuation sollte nicht von den schwindelerregenden Höhen herunterkommen. Im Gegenteil, die sollte so bleiben wie sie war. Denn die Arbeit war sehr anstrengend und das Management ging davon aus, dass man in einer Restaurantkette keine ausreichenden Karrierestufen etablieren könne, um Mitarbeiter länger an sich zu binden. Stattdessen wurde als Ziel definiert, die Attraktivität des Unternehmens zu steigern. Die Mitarbeiter sollten zukünftig in den durchschnittlich sechs Monaten ihrer Betriebszugehörigkeit so gefördert werden und es sollte ihnen eine so tolle Zeit verschafft werden, dass sie nach ihrem Ausscheiden in den höchsten Tönen von Joey's sprechen würden. Das würde sich herumsprechen und neue Bewerber anlocken.

Die Coaches tasteten sich weiter heran. Zunächst einmal mussten sie die Umgangsformen des Unternehmens kennenlernen. Die Mitarbeiter waren im Schnitt eine Generation jünger als die Coaches. Man gab sich zum Beispiel regelmäßig „High fives", nonverbal für „Du bist toll und ich auch." Weiter ging es mit der Optimierung von Mitarbeitergesprächen, die nach Ansicht der Coaches sehr verbesserungswürdig waren, einer besseren Delegation durch die Führungskräfte, der Weiterentwicklung der Arbeitsabläufe u. v. m. So arbeitete man eine ganze Weile miteinander.

Am Ende des Coachings hatte man die Basis dafür gelegt, dass Mitarbeiter zukünftig die Möglichkeit haben, das Beste für sich persönlich herauszuholen, auch wenn es weiterhin nur für durchschnittlich sechs Monate war. Ausscheidende Mitarbeiter sprachen nun von Joey's als die beste Zeit, die sie je verbracht hatten und zogen viele neue Mitarbeiter an. Das Image des Unternehmens verbesserte sich drastisch. Die Expansionspläne konnten weitergehen.

Die Lehre aus diesem gelungenen Coaching-Projekt war unter anderem, dass „Wissen" trügerisch sein kann und ein *Herantasten* an den Auftrag der Organisation und das gemeinsame Umsetzen zu viel besseren Resultaten führt. Nur die Organisation selbst kann letztendlich dabei festlegen, wohin die Reise gehen soll und was sie als Nächstes angehen will. Jeder Mensch und jede Organisation sind in erster Linie für sich selbst verantwortlich. Der Impuls von außen, im Sinne dessen, das wir zum Verkehrsfluss herausgearbeitet haben, ist jedoch eminent wichtig und sogar unverzichtbar. Um sich von den eigenen blinden Flecken nicht täuschen zu lassen, ist es sehr zu empfehlen, bei diesen Entscheidungen ein Feedback von unabhängigen Dritten (Coaches) einzubeziehen. Wie zum Beispiel bei dem Fine-Tuning eines Konzertmischpults.

10.2   Die Organisation als Mischpult

Sie haben bestimmt schon mal ein Mischpult auf einem Konzert gesehen: viele Knöpfe und Regler für die unterschiedlichsten Funktionen (Lautstärke, Klang, Balance etc.). Die Kunst des Toningenieurs oder des Musikers besteht darin, all diese Einstellungen so vorzunehmen, dass ein guter Klang entsteht. Dabei sind jeder Raum und jede Musikanlage verschieden und natürlich auch der Geschmack der Zuhörer. Der Toningenieur kann wahrscheinlich einige Einstellungen aus seiner Erfahrung übernehmen, aber für einen perfekten Klang ist immer wieder eine neue, gut ausbalancierte Abstimmung nötig.

Wie schafft der Toningenieur den perfekten Klang? Dreht er einfach „auf gut Glück" drauflos und hofft auf das Beste? Verändert er hektisch mehrere Regler auf einmal, um möglichst schnell zu einem guten Ergebnis zu kommen? Nein. Das Ergebnis wäre Chaos und das Gegenteil von Leichtigkeit. Er überlegt sich ganz genau, welchen Regler er als Nächstes verändert, tut dies und hört sich das Ergebnis an, lernt und entscheidet dann wieder neu. Mit anderen Worten: Er tastet sich heran. Natürlich kann er das nicht alleine. Er muss Menschen fragen, die weiter weg im Raum stehen, wie die Anlage klingt. Sprich: Er holt Feedback ein.

Sie werden es erahnen: In Organisationen verhält es sich genauso. Organisationen sind Mischpulte mit einer Unmenge an Reglern und Managern (d. h. „Toningenieuren"), die die Wahl haben: entweder mit Leichtigkeit einen Wohlklang erzeugen, oder hektisch eine Maßnahme nach der anderen ins Leben rufen (d. h. an den „Reglern" drehen) und damit das Chaos vergrößern. Und auch hier ist für das „Fine-Tuning" Feedback essenziell.

Organisationen haben atemberaubend viele „Regler", d. h. Ansatzpunkte, an denen man etwas verbessern kann. Nehmen wir einmal an, ein Unternehmen will seinen Umsatz steigern. Da stehen die unterschiedlichsten Möglichkeiten zur Auswahl. Man kann beispielsweise den Regler „Vertrieb stärken", „Marketing ausbauen", „neue Produkte ent-wickeln" oder „Mitarbeiterzufriedenheit" betätigen. Das sind allesamt Maßnahmen, die dazu beitragen können, den Umsatz zu erhöhen. Und das ist nur eine kleine Auswahl der möglichen Maßnahmen. Oder das Unternehmen will seinen Gewinn steigern. Hier stehen beispielsweise die Regler „Kosten senken", „Prozesse verschlanken" oder „Führung ver-bessern" zur Auswahl, um wiederum nur einige wenige zu nennen.

Was, wenn eine Organisation viele Ziele hat – und das dürfte die Regel sein – und möglichst viele dieser Regler betätigt? Motto: Viel hilft viel – packen wir es an. Entsteht dann Leichtigkeit? Höchst unwahrscheinlich. Viel eher werden viele Regler auf einmal unerwünschte Nebeneffekte haben und Missklänge hervorbringen. Dann wird hektisch wieder zurück- oder noch weiter aufgedreht. So kommt man nicht zu einem wirklich guten Klang. Die Kunst der Leichtigkeit (und Leistung) besteht darin, den *richtigen* Regler zu finden, ihn im *richtigen* Maße zu betätigen, *dann* den nächsten und so fort. Und natürlich in regelmäßigen Abständen ein Feedback einzuholen. Ansonsten kann man schnell den Boden unter den Füßen verlieren.

Hinzu kommt, dass in der unternehmerischen Realität noch eine Zeitverzögerung zwi-schen der Betätigung des Reglers bis zu seiner Wirkung (d. h. „Hörbarkeit") besteht. Man muss also ein wenig warten, um die Ergebnisse seines Tuns ablesen zu können. Diese Geduld haben Organisationen nur selten und so entsteht besonders leicht chaotisches Ver-halten. Auch hier kann die Zeit, der es bedarf, ein Feedback zu bekommen, recht heilsam sein, denn sie erzwingt Geduld.

10.3   Wie man sich zurechtfindet

Da es so wichtig ist, die richtigen Knöpfe zu drücken und die richtigen Regler auszuwäh-len, finden Sie hier ein paar Anregungen dazu. Nach meinen Erfahrungen sind es insbe-sondere vier Erfolgsfaktoren, die über das Schicksal einer Organisation entscheiden. Diese lassen eine Organisation entweder in der Top-Liga spielen und Leistung und Leichtigkeit erfahren, oder in den unteren Ligen, auch mit Leistung aber mit viel Mühen und Schmer-zen. Erfolg oder Misserfolg hängen davon ab, inwieweit die Organisation eine Unterstüt-zung (S1) hat, eine tolle Idee (S2), einen Aufstiegsplan (S3) und einen Mittelkreis (S4) für den Anstoß (d. h. den ersten Schritt). Siehe hierzu Abb. 10.1 „Vier Erfolgsfaktoren".

10.4   Schlüssel 1: Unterstützung

Unterstützung anzunehmen, fällt vielen Menschen schwer. Die Werbung greift das immer wieder gerne auf und lässt einsame Cowboys über die Prärie reiten. Helden sind einsam. Das muss so sein. Aber die wahren Helden unserer Zeit sind die, die erkennen, dass sie auf sich allein gestellt scheitern. Wer tolle Ideen in einer akzeptablen Zeit mit Leichtig-keit umsetzen will, braucht Coaching. Profisportler, Top-Mannschaften und wahre Helden

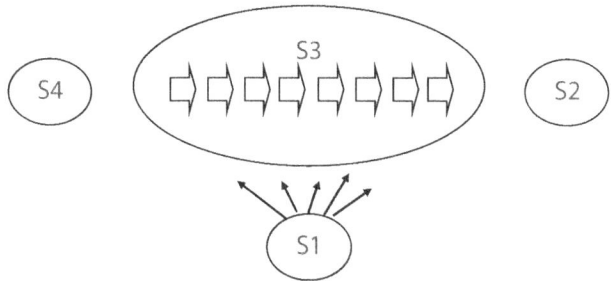

Abb. 10.1 Vier Erfolgsfaktoren

engagieren einen Coach. Um sich an diese Unterstützung langsam heranzutasten – im Folgenden eine Checkliste mit vier Schritten dazu:

1.   Haben wir einen Coach oder Coaching-Stab, der uns unterstützt?
Ich hoffe, es ist mittlerweile klar geworden, dass Organisationen Mannschaften sind und für die Top-Liga genauso einen Coach oder Stab an Coaches brauchen wie Sportmannschaften auch. Mit einem guten Coach fängt alles an. Ist Ihre Organisation größer, wird ein einzelner Coach nicht ausreichen, Sie benötigen dann einen Stab gut eingespielter Coaches. Bitte unterscheiden Sie hier genau zwischen Coaches, Trainern und Beratern. Wenn wir uns mit dem Mannschaftsspiel befassen, meinen wir in erster Linie Coaches (siehe hierzu Abschn. 5.4).

2.   Haben wir uns gegenseitig kennengelernt und Vertrauen aufgebaut?
Mit Coaching kann man in der Regel nicht einfach loslegen. Erst muss ein ausreichendes Maß an Vertrauen aufgebaut werden. Zur Rolle von Vertrauen im Coaching siehe Abschn. 5.9. Joey's Restaurant brauchte einige Zeit, um zu den Coaches Vertrauen zu fassen. Dass die Coaches ihre Sprache und Umgangsformen anpassten, half in diesem Fall ungemein. Ohne Vertrauen kein Coaching, ohne Coaching kein Mannschaftsspiel in der Top-Liga.

3.   Wie sehen uns die Coaches im Hinblick auf die Top-Liga?
Ganz entscheidend für den Erfolg ist es, seine Organisation von einer unabhängigen, außenstehenden Person betrachten zu lassen. Menschen brauchen Feedback für ihre Weiterentwicklung. Das gilt genauso für Teams und ganze Organisationen. Ohne Feedback geht es nicht, weder im Verkehrsfluss (Kap. 8), noch bei der persönlichen oder organisatorischen Weiterentwicklung. Geben Sie den Coaches Gelegenheit, Ihre Organisation kennenzulernen und fragen Sie sie nach deren Eindrücken. Wo sind Ihre Stärken und Schwächen und was wären Möglichkeiten der Verbesserung aus deren Sicht?

Phoenix Contact (siehe Abschn. 8.9) legt großen Wert auf eine solche Sicht von außen. Dies hilft der Organisation schon seit vielen Jahren, sich immer weiterzuentwickeln.

4. Sind wir eine „Schachmannschaft" oder ein „Ruderboot" und passt das zur Führung?

Bei meinem Lieblingssupermarkt gehe ich deswegen so gerne einkaufen, weil ich gleich beim Eingang am Brotstand persönlich begrüßt werde und weil beim nachfolgenden Einkauf jeder Mitarbeiter sein Bestes gibt, um mir ein gutes Einkaufserlebnis zu verschaffen (etwa, wenn ich etwas nicht finde) und ich an der Kasse mit Blickkontakt und einem Lächeln verabschiedet werde. Das Ganze macht einen riesen Spaß. Alle Mitarbeiter scheinen wie ein gutes Team zu agieren, auch wenn sie ganz unterschiedliche Aufgaben wahrnehmen. Dieser Supermarkt ist ein Ruderboot.

Viele Organisationen sind Ruderboote, ohne es zu wissen. Oder sie sollten besser eines sein. Ob man aber tatsächlich eines ist, kann ein Außenstehender manchmal besser beurteilen als die Mitarbeiter selbst. Auch wenn die eigentliche Entscheidung darüber, ob man sich in diese Richtung weiterentwickeln will, die Organisation selbst treffen muss, sollten Sie sich dazu ein Feedback Ihres Coach(-Stabes) einholen.

10.5 Schlüssel 2: tolle Idee

Albert Einstein hat einmal gesagt, dass man eine wirklich gute Idee daran erkennt, dass einem ihre Verwirklichung von vornherein ausgeschlossen erscheint. Über solche Ideen reden wir hier.[1] Eine tolle Idee kann sein, Mitarbeiter zu haben, die am Montagmorgen gerne zur Arbeit fahren, weil sie intern kaum noch Konflikte haben, weil alle Führungskräfte sehr gut delegieren, man sich gegenseitig uneingeschränkt vertraut. Eine tolle Idee erkennen Sie daran, dass sie zu schön ist, um wahr zu sein.

Im Folgenden ein paar Punkte und Anregungen, um sich an diese tollen Idee heranzutasten:

1. Woran erkennen wir selbst, dass wir in der Top-Liga spielen?

Joey's Restaurant setzte sich zum Ziel, zu einem der beliebtesten Arbeitgeber zu werden. Dazu sollten Mitarbeiter maximal gefördert werden. Die abat AG (Abschn. 5.2) wollte von Anfang an Mitarbeiter über Vertrauen und Selbstverantwortung führen und Coaching als ein zentrales Führungsinstrument etablieren. Lassen Sie einmal Ihrer Fantasie freien Lauf. Was wollen Sie und Ihre Organisation, auch wenn sich dies momentan noch illusionär anhört?

Dabei empfiehlt es sich in einem ersten Schritt, sich über Qualitäten Gedanken zu machen und erst später über harte Geschäftsziele. Denn Qualitäten sind die fundamentalen Bausteine des Erfolgs. Einige haben wir schon erwähnt: Vertrauen, Verantwortung und Respekt. Aber auch Kreativität, Mut, Innovation, Schnelligkeit, Harmonie, Kunden-

---

[1] Der geneigte Leser sei an dieser Stelle noch einmal an das Kapitel zu den NPNPOs und die motivierende Kraft von Zielen (Abschn. 6.3) erinnert.

orientierung, Image und Mitarbeiterförderung und andere gehören dazu. Hier nun ein paar Fragen, um darüber zu reflektieren:

- Von welchen dieser Qualitäten brauchen wir mehr (auch wenn das zu schön wäre, um wahr zu sein)?
- Von welcher dieser Qualitäten würde unser Mannschaftsspiel (Leistung und Leichtigkeit) am stärksten profitieren?

2.   Welchen Einfluss hat das auf unsere Kunden, Wettbewerber, Jobsuchende, Arbeitsprozesse, Produkte, Innovationen, Finanzlage, Mitarbeiter etc.?

Tolle Ideen und sagenhafte Qualitäten hin oder her, eine Organisation muss Geld verdienen. Die Umsetzung der Idee darf nicht nur Geld kosten, sondern muss sich auch in absehbarer Zeit in monetären Erfolgen niederschlagen. Das versteht sich von selbst. Für viele Menschen klingen die zuvor aufgelisteten Qualitäten aber wie die oft zitierten weichen Ziele. Und die werden mitunter nicht ernst genommen. Dabei sind das gerade die eigentlichen harten Ziele, denn daran scheitern letzten Endes organisatorische Veränderungsvorhaben. Hier müssen wir sogar noch eins draufsetzen, denn selbst diese sind meistens noch nicht „hart" genug. Man braucht nämlich, denken wir einmal ganz pragmatisch, *Budgets* für den Aufstieg in die Top-Liga. Um dorthin zu kommen, brauchen Sie und Ihre Organisation nicht nur Zeit, sondern auch Geld für Coaching und andere Ressourcen. Die Frage also ist, wie man die weichen Ziele in eine harte Sprache übersetzen kann.

Auf der Suche nach dieser tollen (und harten) Idee – und den Budgets dafür – ist es hilfreich, sich in die Lage der Kunden, Wettbewerber und anderer Personenkreise zu versetzen. Was sollen diese Personen in der Zukunft von Ihrer Organisation halten und welche Aussagen sollen sie treffen? Natürlich sind auch Sie, Ihre Kollegen, Führungskräfte und Mitarbeiter hier gefragt.

Joey's Restaurant stellte fest, dass sich nach einiger Zeit viel mehr Jobsuchende auf die Stellenanzeigen bewarben als früher. Man sparte bares Geld, ganz davon abgesehen, dass man weiter expandieren konnte. Die Qualität Mitarbeiterförderung hatte sich ausgezahlt. Bei der abat AG trug die weiche Qualität Selbstverantwortung monetäre Früchte. Sie hat traditionell sehr niedrige Personalbeschaffungskosten.

Für viele Unternehmen spielen stressbedingte Ausfall- und Krankheitskosten eine immer größere Rolle. Die Qualität Mitarbeiterführung beispielsweise kann diese Kosten drastisch senken. Oder bei einem Supermarkt kann die Entwicklung hin zu mehr Mannschaftsspiel und sich als ein Ruderboot zu sehen, Kunden zu Stammkunden werden lassen und den Umsatz drastisch steigern. Das beste Beispiel ist mein bereits erwähnter Lieblingssupermarkt.

3.   Wie definieren wir unseren Top-Liga-Organisationsauftrag (SMART)?

„Wir wollen zu den Besten gehören." „Bei uns steht der Kunde im Mittelpunkt." Solche Aussagen machen sich gut auf Werbeplakaten und in Imagebroschüren, sind jedoch als Anhaltspunkt für den Aufstieg in die Top-Liga ungeeignet. Sie sind zu schwammig formuliert, als dass sie als echtes Ziel taugen. Meistens bewirken sie nicht viel in der Organisation, sind lediglich Absichtserklärungen und dienen in erster Linie dem Seelenfrieden der Verantwortlichen.

Erst der *smarte* Auftrag ist ein lohnenswertes Ziel (zu dem Akronym SMART siehe Abschn. 5.10). Insbesondere das „M" für messbar sei an dieser Stelle noch einmal besonders erwähnt. Denn es macht aus weichen harte Ziele.

Beispiel Coachingziele messbar in Euro

Was bedeutet es, wenn eine Organisation beispielsweise die Mitarbeiterförderung voranbringt? Wie wirkt sich das auf die Personalbeschaffungskosten *konkret* aus? Angenommen, die Neueinstellung eines Mitarbeiters kostet alles in allem circa 50.000 €, angefangen bei den Kosten für die Stellenanzeige, der Durchführung von Interviews, den Kosten für die Einarbeitung und Schulung bis hin zu den anteiligen Kosten, die dadurch entstehen, dass ein Teil der Mitarbeiter innerhalb der Probezeit kündigt und der ganze Prozess erneut durchgeführt werden muss. Wenn es der Organisation durch die Förderung der Mitarbeiter nun gelänge, die Fluktuation um die Hälfte zu reduzieren, kann man leicht ausrechnen, inwieweit sich das monetär rechnet. Sinkt die Fluktuation etwa von 20 auf zehn Prozent bedeutet das bei 10.000 Mitarbeitern, dass pro Jahr 1.000 Mitarbeiter weniger eingestellt werden müssen. Daraus ergibt sich eine Kostenersparnis von 50 Mio. € (1.000 Mitarbeiter * 50.000 €) jährlich.

So lassen sich zu jeder Qualität harte und smarte Ziele finden. Beispielsweise kann die Qualität „mehr Kreativität" um das harte Ziel „Anzahl neuer Produkte" und dem „Neuproduktumsatz" ergänzt werden. Oder die Qualität „bessere Führung" um das harte Ziel „Reduktion der stressbedingten Krankheitskosten". Smart wird das Ganze dann, wenn diese Ziele durch konkrete und realistische Zeitvorgaben ergänzt werden.

10.6   Schlüssel 3: Aufstiegsplan

Es mag Sie überraschen, dass an dieser Stelle nun von einem Plan die Rede ist. Schließlich hatten wir das „*Vorantasten*" betont. Der Grund dafür ist ganz leicht zu erklären. Wenn sich eine Organisation aufmacht, in die Top-Liga aufzusteigen, gibt es zwei Möglichkeiten: Entweder sie stellt fest, dass sie *viele* tolle Ideen und Ansatz- und Verbesserungsmöglichkeiten hat, wahrscheinlich weit mehr als sie umsetzen kann. Oder sie hat *ein* überragendes tolles Ziel, das aber so groß ist, dass es in mehrere Teilschritte aufgeteilt und nacheinander angegangen werden muss.

Bei beiden Szenarien hat eine Organisation mehr lohnenswerte Ansätze und mögliche Teilschritte als Ressourcen und Zeit, um sie alle gleichzeitig umzusetzen. Also braucht sie eine Priorisierung, d. h. Klarheit darüber, was entweder wichtiger ist oder eine Voraussetzung darstellt für andere Teilschritte. Der Aufstiegsplan ist deshalb weniger ein Plan als vielmehr ein Konsens darüber, was als Erstes ansteht und was auf später verschoben wird. Er ist eine gedankliche Übung, mehrere konkurrierende Ziele zu priorisieren und in eine zeitliche Reihenfolge zu bringen oder ein großes Ziel in mehrere kleiner Unterziele aufzuteilen und dann nacheinander anzugehen.

Im Folgenden wiederum ein paar Anregungen dazu:

1.   Wie könnte eine zeitliche Abfolge des Aufstiegs gemäß der Priorisierung ausse-hen?

Wie im Sport auch, müssen für große Ziele oft erst einmal die Grundlagen geschaffen werden. Bevor man schwere Hanteln im Sportstudio stemmt, sollte man sich erst einmal seiner Rückenmuskulatur annehmen. Oder bevor man sich an einen Marathon wagt, erst die Grundkondition und Beweglichkeit des Bewegungsapparats erhöhen.

Übertragen auf Organisationen kann das bedeuten, dass, bevor man an die Innovations-kraft einer Organisation geht, im Rahmen derer die Marktführerschaft wiedererlangt wer-den soll (tolle Idee), beispielsweise zunächst einmal das Vertrauen untereinander gestärkt werden muss, einige Konflikte ausgeräumt werden und die Führungskultur neu definiert wird. Also:

- Vertrauen stärken
- Konflikte ausräumen
- Führung neu definieren

2.   Sind die ersten Aufträge und Teilaufträge zeitlich eng begrenzt (zum Beispiel auf drei Monate)?

Weder sind Organisationen noch die Märkte, in denen sie agieren, überschaubar und sta-bil. Änderungen sind an der Tagesordnung. Jede Veränderung kann auch eine Veränderung der Priorisierung beim Aufstiegsplan bedeuten. Daher macht es wenig Sinn, Veränderun-gen auf Basis mehrjähriger Unterfangen umzusetzen. Viel besser ist es, in dreimonatigen Schritten zu denken und immer wieder neue Aufträge, die die Organisation Schritt für Schritt voranbringen, umzusetzen. Beispielsweise die ersten drei Monate dafür zu nutzen, das Vertrauen innerhalb des Kernprojektteams zu erhöhen und danach das Vertrauen in der gesamten Organisation. Also:

- Vertrauen stärken (in den ersten drei Monaten)
  - Vertrauen im Kernprojektteam
  - Vertrauen im Unternehmen (die unmittelbar Beteiligten und Nutznießer)

10.7   Schlüssel 4: erster Kreis und Sprint

Wenn Sie die Unterstützung haben (S1), die tolle Idee (S2) und alles in eine zeitliche Reihenfolge gebracht haben (S3), können Sie den letzten logischen Schritt angehen: den ersten Kreis ziehen. Vielleicht könnte man hier schon vom zweiten Kreis sprechen. Denn den ersten haben Sie gerade mit dem Lesen dieses Buches erfolgreich abgeschlossen. Sie haben womöglich für sich persönlich die Voraussetzung geschaffen, nun loszulegen. Falls Ihr Kreis bislang nur aus Ihnen selbst bestand, können Sie ihn nun erweitern. Im Folgenden eine kleine Checkliste, um sich auch hier leichter herantasten zu können:

1. Sind die drei Tugenden ausreichend?
Verantwortung, Vertrauen und Respekt sind nicht nur die Kerntugenden im Coaching (siehe Abschn. 5.9), sondern generell notwendig, um gemeinsam etwas Tolles auf die Beine zu stellen. Alle Personen, die an dem ersten Auftrag arbeiten und sich im Kreis befinden, müssen über ein ausreichendes Maß dieser drei Tugenden verfügen. Das ist keineswegs selbstverständlich.

In vielen Organisationen fehlt es an *Vertrauen*. Es wurde über Jahre hinweg mit Angst geführt. Kündigungen, Abmahnungen, Mobbing, rigide Budgetkürzungen beziehungsweise nicht verhandelbare alljährliche Erhöhungen der Ziele waren die Norm. In so einem Klima ist es sehr schwer, eine tolle Idee umzusetzen. Hier müssen Sie zunächst die Angst auf ein gesundes Normalmaß reduzieren und vertrauensbildende Maßnahmen einleiten. Etwa, indem Sie für sich ganz bewusst die Entscheidung treffen, auf solche Instrumente in Zukunft zu verzichten und dies wenn möglich zu kommunizieren.

In vielen Organisationen sind es die Mitarbeiter und Führungskräfte nicht gewohnt, *Verantwortung* zu übernehmen. Jeder Mensch, jedes Team und auch jede Organisation braucht Zeiten für Weiterentwicklung. Die muss eingeplant und auch in Krisenzeiten möglichst beibehalten werden. Wer bei einem unerwarteten Umsatzrückgang sofort als Erstes seine Weiterbildungsvorhaben stoppt, Reisekosten kappt und alle geplanten und laufenden Change-Management-Projekte pausieren lässt, darf sich nicht wundern, wenn die Organisation kein Vertrauen in angekündigte Maßnahmen mehr hat und niemand Verantwortung übernehmen möchte.

In vielen Organisationen mangelt es an *Respekt* füreinander. Schwelende oder offen ausgetragene Konflikte, Mobbing und mangelnde Führungsfähigkeiten sind nur wenige Beispiele, die zu einem Mangel an Respekt führen können. Erhöhen Sie den Respekt in Ihrem Kreis, indem Sie abweichende Meinungen anderer noch stärker tolerieren und vielleicht sogar wertschätzen.

Bitte denken Sie immer daran: *Alle* Personen, die mit Ihnen im ersten Kreis agieren, müssen diese drei Tugenden pflegen.

2. Von der Schachmannschaft zum Ruderboot. Ist das in den Köpfen und Herzen angekommen?
Falls Ihre Organisation bislang noch zu sehr „auf Schachmannschaft" gepolt war und sich für die Umsetzung mehr in Richtung Ruderboot entwickeln muss, haben Sie nun die Gelegenheit, dies in die richtigen Bahnen zu lenken. Überlegen Sie sich, ob Ihr erster Kreis besser als Mannschaft agiert, bei der der gemeinsame Erfolg mehr zählt als individuelle Erfolge. Falls dies bislang noch nicht der Fall war, können Sie nun mit dem ersten Kreis anfangen als Ruderboot zu agieren.

3.   Sind die Flow-Bedingungen erfüllt?

Haben Sie einen ersten Kreis gewählt, das heißt, zu der tollen Idee und dem ersten Schritt die richtigen Menschen an Bord geholt, dann müssen alle auch gemeinsam losfahren, alle bereit sein, ihren Fahrstil anzupassen und dabei ein Feedback von außen zu integrieren. Die Mitglieder im Kreis müssen verstanden haben, dass sie sich ansonsten immer wieder ausbremsen und nie wirklich in den Fluss kommen. Man kommt zwar immer noch voran, aber nur in der Geschwindigkeit eines Stopp-and-gos. Reicht Ihnen das?

4.   Hat jeder seine persönliche Weiterentwicklung und seine Coaching-Unterstützung?

Oft tun sich gerade sehr gute und erfahrene Leute schwer damit, zu verstehen, dass die persönliche Weiterentwicklung nie aufhört und schon gar nicht bei der Verfolgung anspruchsvoller Ziele. Genauso schwer ist es für manche, sich auf ein Coaching einzulassen. Wie gesagt, Helden sind einsam. Und Helden können schon alles, was sie brauchen. Mindestens.

Der frühere CEO von Google, Eric Schmidt, wurde einmal von John Doerr, einem Mitglied des Vorstands, darauf hingewiesen, dass dieser sich doch einen Coach suchen solle. Eric Schmidt erwiderte: „Warum brauche ich einen Coach? Stimmt etwas nicht? Ich bin doch ein anerkannter CEO." John Doerr antwortete: „Du brauchst einen Coach, weil jeder einen Coach braucht." (Erik Schmidts Interview bei CNN [1]). Eric Schmidt engagierte daraufhin einen Coach für sich.

10.8   Beispiel und Abschluss

Wie man gekonnt mit unübersichtlichen Situationen umgeht, konnte ich einmal in einem Gespräch mit Herbert Bockers, Vorstand von Dimension Data Germany AG & Co. KG, lernen. Vor einiger Zeit nahm er auf Einladung der Unternehmenszentrale zusammen mit den anderen Top-Führungskräften des weltweiten Konzerns an einer Safari in Südafrika teil. Als sie plötzlich in der Savanne einem großen Elefanten direkt gegenüberstanden, der über den unerwarteten Besuch offensichtlich reichlich ungehalten war, sagte der CEO: „Leute, so ein Elefant ist auch nichts anderes als ein großes Problem. Beide isst man Stück für Stück." Das war zwar eine etwas makabre Vorstellung, aber sie blieb irgendwie hängen und sollte ihm noch von Nutzen sein.

Ein paar Jahre später entschloss sich seine Firma zum Kauf eines Mitbewerbers. Herbert Bockers war sich bewusst, dass der damit einhergehende Merger mit einem hohen Risiko verbunden ist. Viele Merger erfüllen nicht die in sie gesetzten Erwartungen. Das konnte ich nur zu gut nachvollziehen, denn ich hatte in meiner beruflichen Laufbahn mehrere Merger durchlaufen. Einen Merger kann man sich durchaus als eine chaotische Situation vorstellen. Es knirscht an alles Ecken und Enden gleichzeitig und man weiß nicht, bei welcher „Baustelle" man anfangen soll.

Angesichts dieses bevorstehenden Mergers kam Herbert Bockers wieder die Vorstellung eines großen Elefanten in den Sinn. Den schafft man auch nicht auf einmal. So entschloss er sich als ersten Schritt, seine Mitarbeiter schon frühzeitig auf die neue Situation vorzubereiten. Erschwerend kam allerdings hinzu, dass er aufgrund rechtlicher Bestimmungen offiziell noch nicht darüber sprechen konnte. Also nutzte er die nächste Mitarbeiterversammlung zu folgender wahren Geschichte:

> Ein guter Bekannter hat eine Tochter, die seit ihrer Geburt mit dem linken Bein hinkt. Kein Arzt konnte ihr helfen und die Familie hatte die Hoffnung schon fast aufgegeben. Auf Empfehlung eines Freundes gingen ihr Vater und sie aber noch einmal zu einem weiteren Arzt, der das Mädchen untersuchte. Dann gab der Arzt dem Mädchen eine kleine weiße Pille zum Schlucken und sagte ihr, dass er in zehn Minuten wiederkomme. Der Vater und seine Tochter waren verblüfft. Was soll eine kleine weiße Pille bei einem hinkenden Bein ausrichten? Dann kam der Arzt zurück und bat das Mädchen, aufzustehen und loszulaufen. Das Mädchen stand auf und lief. Das hinkende Bein funktionierte perfekt. Das Problem war weg. Unglaublich. Der Arzt hatte erkannt, dass das Problem ein fehlendes Enzym war, das die DNA des Mädchens nicht selbst produzieren konnte. Durch die Pille war nun das Enzym vorhanden und die Nerven des Beines funktionierten wieder.

Herr Bockers wies dann noch darauf hin, dass andere DNAs oftmals Dinge enthalten, die für die eigene sehr wichtig sein können. Seine Mitarbeiter kannten ihn und wussten, dass er bezüglich ihrer Organisation schon des Öfteren von einer DNA gesprochen hatte und damit die Werte, Kultur und andere positive Eigenschaften meinte. Den Mitarbeitern war an dieser Stelle klar, dass etwas bevorsteht, das die Strukturen ihres Unternehmens in einer wichtigen Art und Weise ergänzen würde.

Ich fand die Geschichte des Mädchens sehr bewegend und verwende sie heute noch ab und zu, wenn ich Menschen erkläre, was Coaching und Organisations-Coaching ist. Es ist auch im Coaching oft nur eine Kleinigkeit, die fehlt. Man muss nur wissen welche und sich dann darum kümmern.

Tasten wir uns voran. Schritt für Schritt. Gemeinsam. Für mehr Leistung *und* Leichtigkeit.

Literatur

1. http://www.youtube.com/watch?v=yVfeezxmYcA. Zugegriffen: 26. Juni 2014.

Anhang: Zehn Dinge, an denen ein Coach erkennt, ob ein Unternehmen in der Top-Liga spielt

11

Mannschaften, ihr Selbstverständnis und die Rolle von Coaching. Lösungen eingebettet in die Strategie. Die eigenen Schwächen und der nächste Schritt zur höheren Liga. Sponsoren und Mitwirkende. Niemand bleibt stehen.

1. **Man begreift sich als Mannschaft.**
   Eine Organisation funktioniert in der Regel am besten, wenn sie sich als Mannschaft begreift, d. h. wenn jeder „Spieler" auf seiner Position sein Bestes gibt *und* sich im Sinne der Mannschaft verhält. Nur wenige Organisationen (zum Beispiel reine Vertriebsorganisationen) können es sich leisten, als eine Gruppe von Einzelkämpfern zu agieren, die nur ihre individuellen Zielvorgaben umsetzen. Ein Coach erkennt ein Unternehmen in der Top-Liga daran, dass dies den Mitarbeitern und Führungskräften bewusst ist und sie danach handeln. Das Mannschaftsspiel in einer solchen Organisation strebt nach Leistung und Leichtigkeit.

2. **Man lässt sich coachen.**
   Das klingt banal, ist aber dennoch nicht unbedingt die Regel. Eine Top-Organisation lässt sich vom Mannschaftssport inspirieren. Dort werden die besten Ergebnisse erzielt, wenn ein Coach, vielleicht sogar ein Stab an Coaches, die Mannschaft als Ganzes *und* jeden einzelnen Spieler begleitet. Beides zielgerichtet und miteinander koordiniert. Erst dadurch ist ein „Spiel" auf Top-Niveau denkbar. Das bedeutet, eine Organisation spielt in der Top-Liga, wenn sie sich als eine gecoachte Organisation betrachtet, in der die Unternehmensführung, Teams und Gruppen regelmäßig ein auf die Organisationsziele hin ausgerichtetes Coaching erhalten. Dabei gehen in der Top-Liga die Verantwortlichen mit gutem Beispiel voran.

3. **Man weiß, wie man von der Umwelt gesehen wird.**

   Sie haben gute Produkte. Wie sehen Ihre Kunden das? Sie sind ein attraktiver Arbeitge-ber. Sehen das zum Beispiel Hochschulabsolventen genauso? Wie sieht es mit der Mei-nung anderer Außenstehender aus, beispielsweise der der ehemaligen Mitarbeiter, von Meinungsforschungsinstituten, Aktionären und natürlich – wenn wir schon dabei sind – Beratern, Trainern und Coaches? In der Top-Liga darf man sich nicht abschotten und auf Autopilot schalten. Stillstand bedeutet das nahende Ende. Jede Organisation muss sich permanent weiterentwickeln. Dazu muss man wissen, wie man von der Umwelt wahrgenommen wird. In der Top-Liga fordert man deswegen proaktiv Rückmeldungen zu seiner Organisation, aber auch zu seinem Team und in aller Konsequenz zu seiner Person ein.

4. **Man sucht seine eigenen nachhaltigen Lösungen.**

   In der Top-Liga weiß man, was das eigene Mannschaftsspiel braucht. Man kennt den Unterschied zwischen Coaching, Training, Consulting und Beratung und setzt diese Beratungsformen sinnvoll ein. Fehlt Wissen und Know-how, empfiehlt sich ein Trai-ning. Können die Probleme von Dritten gelöst werden, kommen Beratung und Con-sulting in Betracht. Individuelle Themen, die ein gewisses Maß an Eigenerarbeitung benötigen, werden gecoacht. Insbesondere für das Mannschaftsspiel ist die Beratungs-form Coaching unentbehrlich. Entfällt nur ein geringer Anteil auf Coaching, sieht man daher in der Top-Liga genauer hin. Denn die meisten Verbesserungen am Mannschafts-spiel sind – sofern sie nachhaltig sein sollen – so individuell, für die Mannschaft als auch die Einzelnen, dass sie nur mit einem Coaching nachhaltig erarbeitet werden können.

5. **Man koordiniert alle Veränderungsmaßnahmen mit der übergeordneten Strategie.**

   In der Top-Liga finden keine isolierten Coachings, Trainings oder andere Beratungs-leistungen statt. Alles dient dem Erfolg des Unternehmens und alle Spieler wissen, wie sie mit diesen Maßnahmen die Strategie des Unternehmens unterstützen. Zwar sind insbesondere die Coachings vertraulich, jedoch äußerst wirksam und sollten gerade deswegen in die übergeordnete Strategie des Unternehmens eingebunden werden.

6. **Man kennt seine Schwächen und weiß, wo man eventuell noch in der Kreisklasse spielt.**

   Ein Coach erkennt eine Top-Organisation daran, dass man dort regelmäßig auf Ent-deckungstour geht. Wo überall in der Organisation gibt es Anzeichen für ein Mann-schaftsspiel unterhalb der Top-Liga? Wo werden unnütze Wege gegangen? Wo stimmt der Ballfluss nicht? Wo wird mehr für die Galerie gespielt als für das Ergebnis? Wo gibt es unzufriedene Zuschauer (Kunden)? Die Auswirkungen sind oftmals konkreter und allgegenwärtiger als vermutet: Burn-out, Konflikte, Mangel an Innovation, Fehlzei-ten, Fluktuation etc. In der Top-Liga kennt man seine Stärken und Schwächen auf das Genaueste.

7. **Man kennt den nächsten natürlichen Schritt zur höheren Liga.**

   Das ist nicht das Gleiche wie unter Punkt 6. Man kann an vielen Dingen arbeiten, vielleicht sogar an unendlich vielen. In der Top-Liga wird nicht lange gefackelt. Man verharrt nicht in Ratlosigkeit oder gar in Schockstarre, sondern man tastet sich immer weiter vor. Zu jedem Zeitpunkt gibt es immer einen natürlichen nächsten Schritt für den Einzelnen als auch für die Organisation, und der ist in der Top-Liga bekannt und lässt Motivation entstehen. Neben der übergeordneten langfristigen Strategie gibt es immer ein Interimsziel, getreu der Weisheit: „Auch der längste Weg beginnt mit dem ersten Schritt." Wenn eine Organisation beispielsweise dazu neigt, bei einer Krise, etwa bei einem Umsatzeinbruch, in die Wege geleitete Veränderungsmaßnahmen automatisch zu stornieren und die Kosten einzusparen, ist das ein Zeichen dafür, dass das Mannschaftsspiel der Organisation noch keine ausreichende Krisenfestigkeit aufweist. Das anzugehen, wäre dann ein natürlicher Schritt auf dem Weg in die organisatorische Top-Liga.

8. **Man findet zeitnah einen Sponsor für die wirklich wichtigen Veränderungen.**

   In der Top-Liga wird Verantwortung übernommen. Der Ball wird nicht einfach so laufen gelassen. Mindestens einer kümmert sich immer um ihn. Genauso ist es in Organisationen. Gibt es eine Verbesserungsmaßnahme, die nachhaltig umgesetzt werden muss, findet sich jemand, der diese verantwortet, Budgets freigibt und als Sponsor fungiert. In der Top-Liga werden Entscheidungen nicht auf die „lange Bank" geschoben. Es wird keine Zeit verschwendet, das nächste Spiel kommt bestimmt. Deshalb wird zeitnah ein (Organisations-)auftrag für das Coaching definiert und von allen gemeinsam umgesetzt.

9. **Man hat alle an Bord, die man für den nächsten Schritt braucht.**

   Hat eine Organisation einen Handlungsbedarf erkannt und den nächsten Schritt definiert, finden sich auch die Personen, die man dazu braucht. Zu jeder Strategie und zu jedem Interimsziel gibt es einen Kreis von Beteiligten, die diese umsetzen können. In der Top-Liga hat man keine Probleme, die Führungskräfte und Mitarbeiter zu finden, die den natürlichen nächsten Weiterentwicklungsschritt zusammen angehen. Auch wenn die Kapazitäten anderweitig gebunden sind, kann kaum etwas so wichtig sein, wie die als nächstes anstehende Aufgabe.

10. **Man fährt gemeinsam an, niemand bleibt stehen.**

    In der Top-Liga geben alle ihr Bestes, vom Anpfiff an. Auch eine Organisation kommt nur voran, wenn alle gleichzeitig mit dem Coaching und dem Organisationsauftrag beginnen. Sonst bremst man sich immer wieder gegenseitig aus – wie im Stau, wo einem der Vordermann im Weg steht. Man darf dabei aber nicht übersehen, dass man selbst auch ein(e) Vordermann/frau für den „Fahrer" hinter einem ist. Organisationen haben deshalb ein so großes Beharrungsvermögen, weil genau dies oft nicht beachtet wird.

The manufacturer's authorised representative in the EU is Springer
Nature Customer Service Centre GmbH, Europaplatz 3, 69115 Heidelberg,
Germany. If you have any concerns regarding our products, please
contact ProductSafety@springernature.com

Printed and bound by CPI Group (UK) Ltd, Croydon, CR0 4YY

27/04/2026

02097621-0003